Uni-Taschenbücher 724

UTB
FÜR WISSEN
SCHAFT

Eine Arbeitsgemeinschaft der Verlage

Wilhelm Fink Verlag München
Gustav Fischer Verlag Jena und Stuttgart
Francke Verlag Tübingen
Paul Haupt Verlag Bern und Stuttgart
Hüthig Verlagsgemeinschaft
Decker & Müller GmbH Heidelberg
Leske Verlag + Budrich GmbH Opladen
J. C. B. Mohr (Paul Siebeck) Tübingen
Quelle & Meyer Heidelberg · Wiesbaden
Ernst Reinhardt Verlag München und Basel
F. K. Schattauer Verlag Stuttgart · New York
Ferdinand Schöningh Verlag Paderborn · München · Wien · Zürich
Eugen Ulmer Verlag Stuttgart
Vandenhoeck & Ruprecht in Göttingen und Zürich

Georg Rückriem / Joachim Stary / Norbert Franck

Die Technik wissenschaftlichen Arbeitens

Eine praktische Anleitung

Ferdinand Schöningh
Paderborn · München · Wien · Zürich

Verfasser:

Prof. Dr. GEORG RÜCKRIEM
Dr. JOACHIM STARY
Dr. NORBERT FRANCK

Berlin

CIP-Titelaufnahme der Deutschen Bibliothek

Rückriem, Georg:
Die Technik wissenschaftlichen Arbeitens: eine praktische Anleitung / Georg Rückriem; Joachim Stary; Norbert Franck. –
6. Aufl. – Paderborn; München; Wien; Zürich: Schöningh, 1990
(UTB für Wissenschaft: Uni-Taschenbücher; 724)
ISBN 3-506-99404-2
NE: Stary, Joachim; Franck, Norbert; UTB für Wissenschaft / Uni-Taschenbücher

ISBN 3-506-99404-2

(Verlag Ferdinand Schöningh GmbH, Jühenplatz 1, D 4790 Paderborn)
Printed in Germany
Einbandgestaltung: Alfred Krugmann, Freiberg am Neckar
Herstellung: Ferdinand Schöningh, Paderborn

Vorwort zur 5. Auflage

Drei kleine Szenen aus dem Hochschulalltag:

Eine Stunde vor Beginn der ersten Vorlesung ist der große Platz vor dem Audimax voll von Studentinnen und Studenten. Niemand kommt mehr herein, das Audimax ist überfüllt.

Vierzehn Studentinnen und Studenten rennen durch den Seitenflügel der Hochschule. Sie sind auf dem Weg zur Bibliothek. Für das Seminar, das sie gemeinsam besuchen, brauchen sie ein Buch, das 48,90 DM kostet. Aus Erfahrung wissen sie, daß — wenn überhaupt — nur ein Exemplar in der Bibliothek steht.

Anmeldung zum Praktikum. Vor der Anmeldestelle eine lange Schlange. Nach drei Stunden ist die Studentin A bis auf zehn Meter zur Anmeldestelle vorgerückt — da wird das Büro geschlossen.

— Die Studienbedingungen werden schlechter,
— das Studium wird verschult,
— der Zwang zum Jobben nimmt zu,
— die Berufsperspektiven sind unsicher.

Sie haben dieses Buch gekauft oder geliehen, um sich Hinweise und Tips für Ihr Studium zu holen. Und Sie lesen als erstes Hinweise auf die Misere an den Hochschulen, mit der Sie ohnehin, nehmen wir an, bestens vertraut sind. Warum das? Wir haben uns bemüht, Ihnen möglichst viele praktische Anleitungen für das Studium zu geben. Eine Schwierigkeit, die sich dabei ergab, möchten wir nicht verschweigen — und deshalb die Schlaglichter auf die aktuelle Situation an den Hochschulen: Sollten wir die Vermittlung der Techniken wissenschaftlichen Arbeitens orientieren

— an den vielfach schlechten Studienbedingungen oder
— daran, wie sie möglichst vollständig und perfekt eingesetzt werden können?

Sollten wir, beispielsweise, möglichst lückenlose Informationen über die Systematik einer Bibliothek und die Strategie ihrer Benutzung anstreben oder darauf vorbereiten, daß in der Regel die Kataloge einige Jahre hinterherhinken und immer seltener neue Bücher angeschafft werden?

Wir haben uns für den „Perfektionismus" entschieden. Wir hielten und halten es nicht für vertretbar, sich mit der gegenwärtigen Misere zu arrangieren. Eine Anleitung, die sich auf ein solches Arrangement einläßt, wäre ein „Durchschummel-Buch". Ein solches Schummel-Buch mag kurzfristig durchaus nützlich sein — nur wir sind dafür nicht die richtigen Autoren.

Die vorliegende Ausgabe ist die fünfte Auflage, der 1977 zum ersten Mal erschienenen „Technik wissenschaftlichen Arbeitens". Wir haben jede Neuauflage überarbeitet. Für diese Auflage haben wir, dort wo es uns vertretbar erschien, einiges gekürzt.

Zwei Überarbeitungen haben wir bisher noch nicht vorgenommen:

1. Wir haben den männlichen Sprachgebrauch nicht verändert. Das Buch liest sich noch immer so, als würden nur Männer studieren. Wir bitten alle Leserinnen um Nachsicht.
2. Im Kapitel „Von der Themenwahl bis zur Niederschrift" ist die neueste Literatur nicht berücksichtigt. Wir halten das für vertretbar, da es hier in erster Linie um die exemplarische Demonstration einer Vorgehensweise geht und weniger um die Behandlung des gewählten Beispielthemas.

Es bleibt anzumerken, daß dieses Buch im Rahmen des „Projekts Studientechniken" entstand. Interessierte Leserinnen und Leser finden auf den Seiten 257 und 258 Hinweise auf weitere Veröffentlichungen aus diesem Projektzusammenhang.

Berlin, im März 1989 N. Franck, G. Rückriem, J. Stary

Inhaltsverzeichnis

1. Psychologische Aspekte des wissenschaftlichen Arbeitens

Techniken des wissenschaftlichen Arbeitens betreffen nicht nur die sachlichen Aspekte der Aneignung bestimmter Verfahrensweisen, sondern auch deren subjektive Seite: Besondere psychische Faktoren, auf deren Grundlage wissenschaftliches Arbeiten überhaupt erst möglich ist bzw. die die Effektivität der Anwendung von Techniken bestimmen.

Obwohl psychische Aspekte in der einschlägigen Literatur durchaus angesprochen werden – allerdings in eher beiläufiger, selten wissenschaftlicher Form –, ist auch hier ein Wort zum Forschungsstand notwendig, um unsere Behandlungsweise dieser Fragen verständlich zu machen.

Problem 1

Überprüft man im Hinblick auf die hier anstehenden Fragen den Stand der lernpsychologischen Forschung, so fällt schon auf den ersten Blick auf, daß sie weit überwiegend den Bereich schulischen Lernens – neuerdings auch auf den Bereich außerschulischen Lernens bzw. der Erwachsenenbildung – konzentriert ist. Im Bereich des Lernens von Studenten sind allenfalls punktuelle Analysen vereinzelter Detailfragen feststellbar, die darüber hinaus noch nicht so weit fortgeschritten sind, daß ihre Ergebnisse schon handlungsleitend wären, das heißt zur Umsetzung in Strategien und Techniken des wissenschaftlichen Arbeitens taugen würden.

Angesichts dieser Tatsache ist es verständlich, daß die Behandlungsweise der psychischen Aspekte in der einschlägigen Literatur meist auf der Ebene der Mitteilung von „Tips“ und „Tricks“ auf der Grundlage individueller Erfahrungen verbleibt (etwa nach dem Motto: „Hobelspäne aus der Werkstatt des Wissenschaftlers“. Gelegentlich allerdings wird sogar noch diese Ebene der gängigen Simplifizierung unterschritten. Was dann an Scharlatanerie vorgetragen wird, unterscheidet sich in nichts von den „Lebenshilfen“ aus der Spalte: „Fragen Sie Frau Gudrun“.)

Konsequenz

Wer nun diese Ebene vermeiden und nur positives Wissen über die Bedeutung psychischer Faktoren für das wissenschaftliche Arbeiten vermitteln will, andererseits aber das eigene lernpsychologische Lehrbuch nicht schreiben kann, das angesichts der Forschungslage bzw. der Relevanz dieser Faktoren dazu nötig wäre, der ist in seinen Aussagen erheblich eingeschränkt; besonders wenn die lernpsychologischen Grundlagen nicht bloß in ihrer allgemeinen Relevanz, sondern vor allem hinsichtlich ihrer direkten handlungsanleitenden Konsequenz – etwa für die Techniken des Zuhörens und Mitschreibens (bzw. den Bereich des „Aufnehmens" insgesamt, der eigentlich *nur* auf der Grundlage lernpsychologischer Erkenntnisse behandelt werden kann) – thematisiert werden sollen. Obwohl wir im folgenden auf diejenigen psychischen Probleme der Techniken und Verfahrensweisen eingehen werden, die nach allen vorliegenden Erfahrungen besonders drängend sind, werden unsere Aussagen dazu – darauf muß schon vorab und soll im folgenden wiederholt hingewiesen werden – oft genug im Grundsätzlichen verbleiben.

Problem 2

Diese grundsätzliche Schwierigkeit wird noch verstärkt durch den – meist übersehenen – Umstand, daß studentisches Lernen bzw. wissenschaftliches Arbeiten immer im Kontext konkreter gesellschaftlicher Verhältnisse stattfindet. Psychische Faktoren des wissenschaftlichen Arbeitens müssen also eigentlich immer in ihrem konkreten gesellschaftlichen Zusammenhang reflektiert werden: Alle Erkenntnisse über die Möglichkeiten der Steigerung der Konzentration oder der Verbesserung der Gedächtnisleistungen sind nur begrenzt bedeutsam, wenn die hemmende Wirkung solcher Verhältnisse überwiegt, die durch den einzelnen nicht verändert werden können: Numerus clausus, Studienplatzzuweisungen entgegen dem eigentlichen Berufswunsch, zwangsweise Wahlfachzuteilung, Berufsverbote, Arbeitslosigkeit usw. Gesellschaftlich bedingte äußere Faktoren der Studiensituation behindern oft nicht nur die psychischen Prozesse der Aneignung entscheidend, sie verhindern ebenso die wirksame Anwendung lernpsychologischer Erkenntnisse zur Verbesserung der psychischen Prozesse. Das bestätigen die Erfahrungsberichte der Beratungsstellen in eindrucksvoller Weise.

Was aber hat diese Erkenntnis für Konsequenzen für unsere Behandlungsweise der psychischen Aspekte?

Konsequenzen

Eines scheint uns klar: Da die Hemmfaktoren stets konkrete Faktoren sind, müssen sie – wenn es um Handlungsanleitungen zu ihrer Überwindung geht – auch konkret reflektiert werden. Das aber ist im Rahmen eines Buches schlecht möglich, das selbst nur allgemeine Aussagen treffen kann. Trotzdem halten wir folgende – zugegebenermaßen allgemeine – Aussagen für sinnvoll:

1. Man sollte lernpsychologische Erkenntnisse über hemmende und fördernde Bedingungen so weit ausnutzen, wie das unter gegebenen Bedingungen irgend möglich ist. Zwar kann man mit lernpsychologischen Erkenntnissen die ungünstigen Verhältnisse weder verändern noch auch voll ausgleichen, wohl aber – unter sonst gleichen Bedingungen – besser bestehen. Anders: Angesichts der miserablen Umstände ist die Beherrschung der lernpsychologischen Erkenntnisse immer noch besser als ihre Unkenntnis.
2. Bei starker Beeinträchtigung der psychischen Leistungsfähigkeit empfiehlt es sich allemal, zunächst auf individuelle Strategien, wie zum Beispiel die Beratungsstellen, zurückzugreifen und deren Möglichkeiten voll auszuschöpfen. Auch dies halten wir für besser, als sich fatalistisch den Wirkungen der Umstände zu unterwerfen und nichts zu tun.
3. Letztlich kann die Erkenntnis, daß die äußeren Faktoren gegenüber den psychischen Aspekten des Studierens gewichtiger sind, – soll sie in eine Handlungsanleitung einmünden – nur zu der Empfehlung führen, diese Faktoren selbst zu ändern, das heißt, gemeinschaftlich und solidarisch an ihrer Beseitigung aktiv mitzuwirken.

Problem 3

Ein letzter Kompromiß ergibt sich aus folgender Tatsache: Es lernt und studiert immer die *gesamte* Persönlichkeit. Es nehmen nicht erst die Sinnesorgane Informationen auf, erinnert sich nicht isoliert ein unabhängiges Gedächtnis usw., vielmehr ist stets die Persönlichkeit als ganze an Lernprozessen beteiligt. Mit anderen Worten, die psychischen Faktoren stehen prinzipiell in Wechselwirkung. Diese Komplexität und Wechselseitigkeit der Faktoren läßt sich jedoch in ihrer Gesamtheit nicht darstellen,

Konsequenz

jedenfalls nicht in unserem Zusammenhang. Wir werden daher die zentralen psychischen Prozesse, die für unseren Zusammenhang wichtig sind, *nacheinander* darstellen.

Die dabei zwangsläufig produzierten Einseitigkeiten können wir solange in Kauf nehmen, wie dem Leser klar ist, daß auch das beste Gedächtnis wenig nützt, wenn man sich nicht konzentrieren kann.

1.1. Zur Bedeutung von Lerngewohnheiten für den Studienerfolg

Ein wesentliches Ergebnis lernpsychologischer Forschung ist, daß der Studienerfolg in hohem Maße von den Lerneinstellungen und Lerngewohnheiten abhängt, die Studenten aus ihrer familiären und schulischen Sozialisation mitbringen.
Hemmende Lerneinstellungen kommen zum Beispiel in folgenden Meinungen zum Ausdruck:

Hemmende Lerneinstellungen

- das Studieren ist keine Arbeit im normalen Sinne,
- die für das Studium unumgänglichen, weil erzwungenen Arbeitstechniken oder Lernverhaltensweisen werden für den späteren Beruf nicht mehr gebraucht,
- die notwendigen Voraussetzungen des geistigen Arbeitens kann man mit hinreichender Intelligenz und zureichendem moralischen Einsatz leicht ersetzen.

Konsequenzen

Einstellungen dieser Art hindern daran, die vorhandenen individuellen Lerngewohnheiten zu erkennen und zu verbessern, so daß selbst jene Kommilitonen, die sich über Formen und Techniken des geistigen Arbeitens informieren, um sie zu erwerben, an hemmenden und schlechten Lerngewohnheiten scheitern können. Die Feststellung schlechter und der Erwerb adäquater Lerngewohnheiten bilden daher eine wichtige Voraussetzung für die Einübung in das wissenschaftliche Arbeiten.

Definition Lerngewohnheit (LG)

Unter Lerngewohnheiten sind „. . . umgrenzte oder komplexe automatisierte Handlungsvollzüge . . .“ zu verstehen, die sich sowohl „. . . spontan als auch durch bewußte zielgerichtete und systematische Gewöhnung entwickeln können. Sie tragen zur Entlastung der bewußten willkürlichen Handlungssteuerung (hier: Lernhandlung, d. Verf.) bei und dienen der Stabilisierung des Verhaltens (hier: Lernverhalten, d. Verf.).“ (KOSSAKOWSKI, S. 60)

Bedingungen positiver LG

Dabei ist zu berücksichtigen, daß man diese Lerngewohnheiten nicht durch bloße Erkenntnis, sondern in der Regel nur durch angestrengtes und kontinuierliches Training erwirbt.

Beispiel

Eine oft gebrauchte Redewendung heißt: Ich kann nur unter Druck arbeiten! Tatsächlich warten viele Studenten mit der Vorbereitung auf ihre Prüfung oder mit der Fertigstellung ihrer schriftlichen Arbeit bis zur letzten Minute, um dann mit übermäßigen Anstrengungen, durchgearbeiteten Nächten und unter Verwendung von Psychopharmaka das Pensum doch noch zu schaffen.

Dies ist nur eines von vielen Beispielen schlechter Lerngewohnheiten. Daß bei einer solchen Lerngewohnheit ein wesentlich höheres Maß an psychischer und physischer Energie benötigt wird als bei angemessenen Gewohnheiten, liegt auf der Hand. Eine solche Lerngewohnheit erfordert täglich neue Entscheidungen, ständig Überwindungen, fast übermäßiges Durchhaltevermögen. Die banalsten Arbeitsvorgänge und -abläufe, die aber im Zusammenhang wissenschaftlichen Arbeitens unentbehrlich sind, müssen ununterbrochen neu organisiert werden. Auf diese Weise geht unverhältnismäßig viel Zeit verloren, die nur wiederum durch zusätzliche Energie kompensiert werden kann, abgesehen von der ohnehin nur geringen Lerneffektivität.

Wie läßt sich das vermeiden?

These

Indem man durch kontinuierliches Training bessere Lerngewohnheiten erwirbt, die die erforderlichen Abläufe, Entscheidungen, Orientierungen, Organisationsprozesse usw. so weit „automatisieren", daß sie nicht mehr jeweils neu und voll bewußt durchgeführt zu werden brauchen, folglich auch nicht mehr so viel physische Energie verschleißen, nicht mehr so viel Zeit verbrauchen. Dazu muß man sich allerdings erst einmal bewußt machen, welche Lerngewohnheiten für den Studienerfolg förderlich sind, worauf sie sich beziehen und wie man sie herstellen kann. Bevor wir darauf näher eingehen, wollen wir zunächst einige (nach unserer Meinung nur in diesem Zusammenhang anzuführende) Aussagen über das Problem der Aufmerksamkeit voranstellen.

Exkurs: Aufmerksamkeit

Der bekannte sowjetische Lerntheoretiker GALPERIN schreibt: „... die Frage nach der ‚Natur' der Aufmerksamkeit (ist) bis heute eine der dunkelsten Probleme der Psychologie geblieben ...". (S. 392)

Problem

Dieser Tatbestand steht in Widerspruch zu der Erkenntnis, daß die Aufmerksamkeit eine Grundvoraussetzung der geistigen Arbeit ist. Wird der Gegenstand „Aufmerksamkeit" in der einschlägigen psychologischen Literatur schon unzureichend thematisiert, so bewegen sich Empfehlungen zur Verbesserung der Aufmerksamkeit bzw. zur Beseitigung von Aufmerksamkeitsschwierigkeiten in der sich mit dem Bereich der Lern- und Arbeitstechnik befassenden Literatur nahezu ausschließlich auf der Ebene moralischer Appelle.[1] Letztlich auf dem gleichen Niveau befinden sich die „Trainingsprogramme" zur Steigerung der Aufmerksamkeitsleistungen.[2] Gegenüber dieser Literatur ist aus zwei Gründen Skepsis geboten. Erstens wird das Problem der Beseitigung von Aufmerksamkeitsschwierigkeiten zu einem rein individuellen Problem verkürzt, indem äußere (soziale) Faktoren, die die Aufmerksamkeit beeinflussen, zumeist nicht berücksichtigt werden. Zweitens vollzieht sich das „Training" an zum Teil sinnlosem Zahlen- und Wortmaterial, was die Übertragbarkeit (den Transfer) der dort erworbenen Fähigkeiten auf konkrete Lernsituationen in Frage stellt.

Konsequenz

Angesichts des niedrigen Forschungsstandes lassen sich für das Niveau studentischen Lernens sinnvolle Empfehlungen zum Gegenstand „Aufmerksamkeit" nach unserer Auffassung nur im Kontext von Lerngewohnheiten formulieren. Dazu bedarf es jedoch zunächst einer näheren Bestimmung des Begriffs „Aufmerksamkeit".

---

1 „Zeigen Sie stets hohe Lernbereitschaft, Willensstärke, Ausdauer, Konsequenz und Disziplin! Bleiben Sie eisern!" (AURAS, S. 33). Vgl. auch: Zielke, W.: Leichter lernen – mehr behalten. 5. Aufl. München 1972. S. 66. Beer, U.: Methoden der geistigen Arbeit. 6. Aufl. Tübingen 1966. S. 17 ff.

2 Vgl. z. B.: Werneck, T.; Ullmann, F.: Konzentrationstraining. 7. Aufl. München 1972.

Unter Aufmerksamkeit ist eine bestimmte Form der Erkenntnistätigkeit zu verstehen (KOSSAKOWSKI, S. 63) Die Literatur unterscheidet zwischen willkürlicher und unwillkürlicher Aufmerksamkeit. Von **willkürlicher** Aufmerksamkeit spricht man dann, wenn der Mensch seine Aufmerksamkeit bewußt und zielgerichtet auf einen von ihm ausgewählten Gegenstand lenkt. Die willkürliche Aufmerksamkeit ist das Ergebnis eines mittelbaren Interesses, d. h. sie wird von der Zielsetzung der Tätigkeit bestimmt. **Unwillkürliche** Aufmerksamkeit meint jene Form der Aufmerksamkeit, die unabhängig von der bewußten Absicht des Menschen durch einen Gegenstand hervorgerufen wird. Sie ist in hohem Maße durch das Vorhandensein eines unmittelbaren Interesses bedingt und trägt zur Entlastung der bewußten Anstrengung bei. (RUBINSTEIN 1971, S. 562 ff.) Nicht jeder Gegenstand vermag jedoch ein unmittelbares Interesse in uns hervorzurufen. Viele Tätigkeiten sind durch ein mittelbares Interesse (Prüfungsvorbereitungen, Scheine usw.) bestimmt und machen damit die willkürliche Aufmerksamkeit erforderlich.

Unterscheidung

Definition 1

Definition 2

Zusammenhang mit LG

Positive Lerngewohnheiten, vor allem solche die den Umgang mit der Arbeitszeit (Zeitplanung und Arbeitsrhythmus) betreffen, können in diesem Fall zu einer systematischen Erziehung zu willkürlicher Aufmerksamkeit beitragen.

Darüber hinaus kann die Aneignung von Techniken des wissenschaftlichen Arbeitens und die Automatisierung bestimmter Operationen (etwa das Bibliographieren, Zitieren usw.) zu einer Entlastung der willkürlichen Aufmerksamkeit führen.

Im folgenden werden die wichtigsten Lerngewohnheiten, die den Umgang mit dem Arbeitsort, dem -platz, den -mitteln, der -kraft und der -zeit betreffen, thematisiert.

1.1.1. Der Arbeitsort

Viele geistig Arbeitende sind hinsichtlich des Arbeitsortes festgelegt: Sie arbeiten im Institut oder im Büro. Demgegenüber haben Studenten in der Regel die Wahl, ob sie im eigenen Zimmer oder im Lesesaal der Bibliothek der jeweiligen Ausbildungsstätte arbeiten wollen.

Hier soll es zunächst darum gehen festzustellen, was dieser oder jener Arbeitsort an positiven oder negativen Faktoren für die Herstellung förderlicher Gewohnheiten des geistigen Arbeitens aufweist.

Beginnen wir mit dem Arbeitsort im **eigenen Zimmer**. Seine *Vorteile* bestehen darin, daß

Vorteile

- sämtliche Arbeitsmittel schon bereitstehen,
- alle Unterlagen, Hilfsmittel und sonstigen benötigten Instrumente einen festen Platz haben,
- keine überflüssige Zeit verloren geht durch Überlegungen, was etwa mitgenommen werden muß.

Andererseits bestehen seine oft nicht unerheblichen *Nachteile* darin, daß

Nachteile

- man leicht erreichbar ist für Eltern, Geschwister oder Freunde,
- man erheblichen Ablenkungen ausgesetzt ist durch Telefon, Türklingel oder Radio,
- der Rhythmus der geistigen Arbeit ständig unterbrochen werden kann, beispielsweise dadurch, daß man sich neu entdeckte wichtige Literatur erst besorgen muß bzw. man sich an den Rhythmus der Familie (z. B. beim Essen) anzupassen hat.

Je nachdem wie stark diese Nachteile sind bzw. in welchem Maße man sich ihrer ablenkenden Wirkungen entziehen kann oder nicht (ganz abgesehen von dem Fall, daß man über kein eigenes Zimmer verfügt), wird man daher das Arbeiten im **Lesesaal** vorziehen. Hier bestehen die *Vorteile* darin, daß

Vorteile

- man nur schwer oder sogar gar nicht erreichbar ist,
- die geschilderten Ablenkungsmöglichkeiten ausgeschlossen sind,
- die allgemeine Ruhe und konzentrierte Arbeit der übrigen Benutzer ausgesprochen stimulierend wirken,
- hier auch noch diejenigen Bücher zur Verfügung stehen, von denen man vorher noch nicht wissen konnte, daß man sie gebrauchen würde.

Andererseits gibt es aber auch hier *Nachteile*. Sie bestehen darin, daß

Nachteile

- alle eigenen Unterlagen, Notizen, Karteien und sonstige Hilfsmittel jeweils mitgenommen werden müssen.

- ein nicht unerheblicher Zeitverlust in Kauf genommen werden muß durch die allmorgendliche Organisation sowie die Fahrt zum Lesesaal,
- die Zeiteinteilung des Tages in gewissem Maße festgelegt ist durch die Öffnungszeiten des Lesesaals.

Ob man nun diese oder jene Möglichkeit wählt, hängt von den konkreten Umständen ab, muß nach einem entsprechenden Abwägen aller Vor- und Nachteile von jedem selbst entschieden werden. Hier kann nur auf die Tatsache hingewiesen werden, daß erstens die Beachtung der erwähnten Umstände für eine effektive geistige Arbeit wichtig ist und daß zweitens nur die kontinuierliche Arbeit am immer gleichen Ort sich derart auswirken kann, daß das gewohnte Arbeitsklima bereits eine anregende, stimulierende Wirkung ausübt. Dies ist insofern förderlich, als auf diese Weise Zeit und Energie gespart wird, die man sonst auf das „Aufwärmen", die Anlaufphase zum geistigen Arbeiten (auch „Warming-up-Effect" genannt) braucht. Allerdings hängt das in erheblichem Maße ab von dem entsprechenden Umgang mit dem Arbeitsplatz.

1.1.2. Der Arbeitsplatz

Vorab: Die Herstellung adäquater Lerngewohnheiten ist nur zu erreichen bei deutlicher Trennung von Arbeit und Entspannung, also auch von Arbeitsplatz und Entspannungsplatz. Auf dem Sofa läßt sich in der Regel kein wissenschaftliches Buch studieren; wer sich entspannt, kann sich nicht auf sachliche Fragestellungen konzentrieren.

Zum Arbeitsplatz gehört ein Schreibtisch und ein Schreibstuhl. Folgende Gesichtspunkte sind hierbei hervorzuheben:

Schreibtisch

Aspekt 1

- *Größe:* Der Schreibtisch muß groß genug sein, d. h. er muß eine hinreichende Fläche aufweisen, um sämtliche benötigten Hilfsmittel und Entwürfe auflegen zu können. Dabei muß immer noch genügend Platz für eine bequeme Schreibhaltung bleiben. Diese Fläche ist dabei wichtiger noch als Schubladen oder Fächer, die notfalls auch an der Wand angebracht werden können. Immer mehr Studenten gehen daher in richtiger Einschätzung dieses Gesichtspunktes dazu über, an entsprechend großen Tischlerplatten zu arbeiten, die auf Holzböcke aufgelegt werden, und die erforderlichen Schubläden an der Wand aufzustapeln oder aufzuhängen. Das hat obendrein den Vorteil, daß man im Falle eines nur kleinen Zimmers die Platte jederzeit ohne große Umstände an die Wand lehnen kann, wenn einmal mehr Platz gebraucht wird. Die Funktion des Schreibtisches ist wichtiger als sein Statussymbolcharakter.

– *Ordnung:* Auf der Schreibplatte sollte nichts liegen, was nicht für die jeweils aktuelle Arbeit auch tatsächlich gebraucht wird. Dafür sprechen folgende Gründe: Erstens sollte man sich nicht selbst auch noch ablenkende Dinge vor die Augen legen, zweitens wird die anregende Wirkung eines Arbeitsklimas nur erreicht, wenn stets die gleiche Ordnung angetroffen wird. Dies betrifft vor allem die **Aspekt 2**

– *Hilfsmittel:* Aus der Erfahrung heraus, daß ganz bestimmte Dinge beim geistigen Arbeiten immer gebraucht werden, empfiehlt es sich, sie deshalb gleich in einer bestimmten festgelegten Ordnung auf den Schreibtisch zu legen, um nicht jedesmal wieder aufstehen zu müssen. Es sind dies folgende Hilfsmittel: Terminkalender, pädagogisches Nachschlagewerk, Duden, einige Schreibutensilien. Außerdem sind noch folgende Hilfsmittel griffbereit unterzubringen: Verschiedene Papiersorten (Konzeptpapier, Karteikarten, Kohlepapier usw.), Büroklammern, Locher, Hefter, Schere, Leim und Tesafilm. **Aspekt 3**
Die für das Studium unverzichtbare Schreibmaschine sollte neben dem Schreibtisch einen festen Platz haben.

– *Beleuchtung:* Zu große Helligkeit ermüdet ebenso wie zu geringe. In der Regel sollte man mindestens zwei Lichtquellen anbringen: Ein Raumbeleuchtung und eine direkte Beleuchtung des Schreibplatzes, die beweglich gehalten werden sollte. **Aspekt 4**

Schreibstuhl:

Aspekt 1 – *Beschaffenheit:* Harte Stühle, die eine leichte Muskelanspannung bewirken, sind für das geistige Arbeiten förderlicher als ausgesprochene „Relax"-Möbel.

Aspekt 2 – *Höhe:* Es ist zu beachten, daß man bei unrichtiger Höheneinstellung bald verkrampft und Rückenschmerzen bekommt. In unserem Zusammenhang ist wichtig, daß selbst bei nur leichter, gar nicht bewußter Verkrampfung Energie verlorengeht.

Zusatzaspekt Zum Arbeitsplatz gehört noch eine weitere Einrichtung, eine Art erweitertes Notizbuch zur Entlastung des Gedächtnisses. Man befestigt eine etwa 5 cm dicke Styroporplatte an der Wand, auf der man nun mit Nadeln Notizzettel in fast beliebiger Anzahl anbringen kann. Außer dem Wochenstundenplan können hier alle zusätzlichen Termine, wichtigen Erinnerungen an noch zu erbringende Arbeiten, Besorgungen, Bestellungen, Korrespondenzen sichtbar gemacht werden, und dies in einer Form, die weit effektiver ist als der Eintrag ins Notizbuch.

Zum Arbeitsplatz im weiteren Sinne sind noch folgende Faktoren zu zählen, die nicht unterschätzt werden sollten:

Faktor 1 – *Belüftung:* Schlechte Luft senkt die Arbeitsleistung. Ebenso wirkt sich auch zu trockene Luft ungünstig aus. Zu einer adäquaten Regelung der Lüftung gehört daher je nach Heizungstyp auch eine entsprechende Berücksichtigung der Luftfeuchtigkeit.

Faktor 2 – *Beheizung:* Mit diesem Stichwort soll nicht auf die Banalität hingewiesen werden, daß man eine Heizung braucht, sondern vielmehr davor gewarnt werden, sie allzu nachhaltig zu gebrauchen. Zu hohe Temperaturen ermüden nur. Eine leichte Untertemperatur dagegen ist für das geistige Arbeiten ausgesprochen förderlich. Bevor man also anfängt zu arbeiten, sollte man kräftig durchlüften, auch wenn es dabei für einen Normalaufenthalt etwas zu kühl wird. Für das geistige Arbeiten ist es dann gerade richtig.

Faktor 3 – *Ruhe:* Über die Ablenkungsmöglichkeiten ist bereits gesprochen worden. Hier müssen nur noch die Auswirkungen von Dauerlärm auf die geistige Arbeitsfähigkeit benannt werden. Aller vorliegenden Erfahrung nach ist für die Ausschaltung der die Konzentration senkenden Lärmwirkung ein erhebliches Maß an geistiger Energie erforderlich, auch dann, wenn man sich an den Lärmpegel gewöhnt hat und ihn nicht mehr bewußt wahrnimmt. Dagegen scheint die Auswirkung von Musik differenzierter beurteilt werden zu müssen. Bei ausgesprochenen Routinearbeiten erwies sich Musik als direkt förderlich, bei Arbeiten hingegen, die konzentriertes Denken erfordern, als hinderlich.

1.1.3. Ordnungsmittel

Wissenschaftliches Arbeiten bedeutet u. a. Sammeln und Wiedergeben von Informationen. Man sammelt Materialien, Unterlagen, Notizen, Übersichten, Literaturangaben usw. und man produziert solche. Um angesichts der Masse an gesammeltem und produziertem Material die Übersicht zu behalten, d. h. neue Informationen richtig zuordnen und bereits vorhandene Informationen unmittelbar auch abrufen zu können, braucht man bestimmte Ordnungssysteme. Die Gewohnheit der ordnungslosen Aufhäufung von Material behindert die Wiedergabe von Informationen außerordentlich und kostet auch erheblich Zeit.

Wie sehen adäquate Ordnungssysteme aus?
Das hängt vom Gegenstand der Ordnung ab. Man kann grob unterscheiden zwischen Materialien und Informationen, die geordnet werden sollen. Ordnungssysteme für **Materialien**, also für hektographierte Papiere, Zeitschriften, Programme, Protokolle, Nachschriften, Fotokopien, Korrespondenzen usw. können sein: **Ordnungssysteme**

- *Ordner:* Sie lassen sich übersichtlich aufstellen. Die Materialien werden gelocht und eingeheftet. Mit Hilfe zusätzlicher Einlagen können sie dann nach dem Alphabet geordnet werden.
- *Schachteln:* Falls aber die Beschaffenheit der Materialien zu unterschiedlich ist – sei es, weil sie größer als DIN A 4 sind, sei es, weil sie wegen ihrer Dicke nicht gelocht werden können, kann man entweder selbstklebende Heftstreifen (Klassierband) oder auch

Schachteln verwenden. Schachteln gebraucht man in Archiven zur Aufbewahrung von Nachlaßmanuskripten, die nicht gelocht werden dürfen bzw. nur noch liegend aufbewahrt werden können. Auch Schachteln, die in unterschiedlicher Größe zu haben sind und immer aus stabilem Karton bestehen, können sehr übersichtlich gestapelt und wie die Ordner beschriftet werden.

– *Hängeregistratur:* Für den Studienbeginn ist dieses Ordnungssystem sicher das empfehlenswerteste. Es besteht aus Papiertaschen, die von oben geöffnet werden können und alphabetisch geordnet sind. Sie haben alle Vorteile der Ordner wie der Schachteln und darüber hinaus noch zusätzliche wie: Lochen ist überflüssig; die Übersichtlichkeit ist noch besser; das Herausnehmen und Zurücklegen ist einfacher; vor allem: man kann sie sich selbst anfertigen!

Das Ordnungssystem für **Informationen** aller Art ist die Kartei, die wir in 1.3.2. ausführlich behandeln.

Relativierung

Auch hier wie bei jedem der in diesem Zusammenhang behandelten Gesichtspunkte geht es nicht darum, ob man sich für diese oder jene Empfehlung entscheidet, sondern darum, daß man das für seine individuellen Bedürfnisse als passend festgestellte Ordnungssystem dann ständig und systematisch einhält, d. h. zur Gewohnheit macht. Ist die Einhaltung einer bestimmten, als zweckmäßig befundenen Ordnung erst einmal zur festen Gewohnheit geworden, wird sie ohne jede bewußte Anstrengung durchgehalten. Der Gewinn besteht aber nicht nur darin, daß man sich nun nicht mehr erst entscheiden und überwinden muß, einmal wieder Ordnung herzustellen, auch nicht bloß darin, daß man die Ergebnisse der eigenen Arbeit schneller (bzw. überhaupt) wiederfindet, also rationeller und effektiver arbeitet, sondern vor allem auch darin, daß man die Gewohnheit, seine Arbeitsmittel immer nach einem bestimmten Ordnungsschema zu behandeln, überträgt auf den Lernvorgang selbst in dem Sinne, daß man Lernen nicht als eine unstrukturierte Aufhäufung von Inhalten versteht, sondern als eine Strukturierung dieser Inhalte unter ganz bestimmten Gesichtspunkten.

1.1.4. Die Arbeitszeit

Einer der wichtigsten Faktoren für die Erzielung von adäquaten Lerngewohnheiten ist der Umgang mit der Arbeitszeit. Gerade hier liegt eine Hauptursache der Arbeitsschwierigkeiten der überwiegenden Mehrzahl der Studenten. Die häufigsten subjektiven Schwierigkeiten sind dabei folgende:

Schwierigkeiten

- *Zeitverschwendung:* Viele Studenten tun zu viel auf einmal, das was sie tun jedoch nicht lange und intensiv genug, um wirklich brauchbare Resultate zu erzielen. So erreichen sie im Grunde gar nichts und ihre Arbeitszeit wird verschwendet.
- *Anfangshemmungen:* Die Entscheidung und damit verbundene Überwindung, nun endlich anzufangen, fällt vielen außerordentlich schwer. Sie lassen sich von jeder sich bietenden Möglichkeit ablenken oder verzetteln sich in überflüssigen oder vorgeschobenen Tätigkeiten, die sie als Alibi benützen.
- *Schlechtes Gewissen:* Dieses Alibi brauchen sie, weil die durchaus dabei das Gefühl haben, eigentlich nicht genug zu leisten bzw. mehr leisten zu können. Dieses Gefühl peinigt sie konsequenterweise auch dann, wenn sie sich entspannen wollen und hindert sie dann zusätzlich auch noch an einer wirklich effektvollen Entspannung. So verpassen sie beides: Arbeit und Entspannung.

Ursache

Die Ursache solcher schlechter Gewohnheiten ist der inadäquate Umgang mit der Arbeitszeit, die mangelnde Zeitplanung. Der Effekt einer Arbeit ist weniger eine Funktion der Menge an investierter Zeit als vielmehr der Qualität und Organisation der Arbeit. Auch Studenten, die für ihre Prüfungen Tage und Nächte durcharbeiten, erreichen deswegen nicht mehr als andere, denn oft vergeuden sie ihre Zeit nur.

Einschränkung

Unsere nachstehenden Hinweise zur Zeitplanung berücksichtigen folgende Momente nicht:
Die materielle Situation zwingt viele Studenten, während ihres Studiums zu arbeiten. Die oft großen Entfernungen von der Ausbildungsstätte bzw. die Anfahrtswege zu den Bibliotheken kosten viel Zeit, die nachher effektiv nicht mehr zur Verfügung steht. Hier arbeiten viele Kommili-

tonen unter objektiv ungünstigen Bedingungen. Sind diese Umstände kurzfristig nicht zu verändern, bleibt eine genau geplante Zeitökonomie oft die einzige Möglichkeit, sich die Ausgangsbedingungen für einen besseren Studienerfolg zu schaffen. Hinzu kommt die unumgängliche Notwendigkeit hochschulpolitischer Betätigung, ohne die erfahrungsgemäß die soziale Situation der Studenten sich noch weiter verschlechtert.

Was ist nun bei der Zeitplanung zu berücksichtigen?

Konsequenzen

Zunächst eine wichtige Voraussetzung: Wer seine Zeit einteilen will, muß wissen, welche Tätigkeiten und in welchem Umfang sie innerhalb einer Zeiteinheit überhaupt anfallen. Hier können nur Prioritäten gesetzt werden, wenn die einzelnen Tätigkeitskategorien bekannt sind. Voraussetzung für eine gute Zeitplanung ist daher eine Analyse des Tagesablaufs, ein **Zeitplan** (vgl. Abb. 1), der sinnvollerweise wenigstens über eine Woche durchgeführt werden sollte, um einigermaßen zuverlässige Werte zu

1. Schritt

bringen. Für einen solchen Zeitplan zeichnet man jede einzelne Tätigkeit sowie ihre genaue Dauer in Minuten vom Zeitpunkt des Aufwachens bis zum Schlafengehen

2. Schritt

auf. Nach diesem ersten Schritt versucht man, die einzelnen Tätigkeiten zu kategorisieren: Schlafen, Arbeiten, Essen, Besorgungen machen, Entspannen, Sozialkontak-

3. Schritt

te usw. Danach kann man zusammenzählen, wieviel Zeit man für die unter diesen Kategorien zusammengefaßten Tätigkeiten im Wochendurchschnitt braucht. Jetzt kann

4. Schritt

man überprüfen, ob die im Rahmen der einzelnen Tätigkeitskategorien verwendete Zeit unverhältnismäßig ist oder adäquat. Verbraucht man also z. B. etwa zuviel Zeit für Fernsehen oder allgemein für Entspannung? Wo könnte sinnvoll gekürzt werden? Stehen Einzel- und Gruppenstudium in einem angemessenen Verhältnis? Jetzt erst

5. Schritt

kann dazu übergegangen werden, eine sinnvolle Einteilung der Zeit sowohl für den Tagesablauf als auch für die Woche zu planen.

Nur wenn man seine tatsächlichen Gewohnheiten kennt, kann man schlechte abstellen.

Planungsgesichtspunkt

Die Planung der Zeiteinteilung kann nicht in erster Linie nach dem Gesichtspunkt der Ausgewogenheit von Arbeit und Entspannung ausgeführt werden, sondern hängt vielmehr primär von dem, was man und wann man es erreichen will ab. Die Tages- und auch Wocheneinteilung

Abb. 1: Zeitplan

Angaben in Min. für:	Montag	Dienstag	Mitt-woch	Donners-tag	Freitag	Samstag	Sonntag	Total	Bemerkungen/ Änderungen (Soll/Haben)
Schlaf									
Toilette									
Essen									
Hausarbeit i.w.S.									
Seminare u.a.									
Gruppenstudium									
Selbststudium									
Lohnarbeit									
Polit. Betätigung									
Fahrtzeit									
Kommunikation									
Sport/Bewegung									
Hobby									
Fernsehen									
Anderes									
. . .									
Gesamt									

Unterscheidung

kann also erst nach der Planung der inhaltlichen Tätigkeit durchgeführt werden. Konsequenterweise unterscheidet man zwischen langfristiger Planung, die sich auf bestimmte Vorhaben, Projekte, auf Studien- oder Berufsziele richtet, und kurzfristiger Planung, die die Tages- und Wocheneinteilung betrifft.

Die **langfristige Planung** vollzieht sich im allgemeinen in drei Phasen:

1. Klärung des Fernzieles,
2. Klärung der Reihenfolge der erforderlichen Maßnahmen und
3. Aufstellung eines Programms.

Klärung des Fernzieles: Diese Phase umfaßt im einzelnen folgende Aktivitäten:

Planungsaspekte 1. Phase

- Feststellung der offiziellen Anforderungen,
- Information über die erforderlichen Kurse oder Lehrgänge, die zu besuchen sind,
- Orientierung über notwendige Materialien und Hilfsmittel,
- Erkundung eventueller Zwischenziele wie Zwischenprüfungen, Scheine, Praktika oder sonstige Notwendigkeiten,
- Überprüfung des eigenen Standes, d. h. der eventuell bereits erfüllten Voraussetzungen.

Nach der Klärung der mit dem Fernziel überhaupt verbundenen Anforderungen kann nun in der zweiten Phase die *Reihenfolge der erforderlichen Maßnahmen* untersucht werden; dazu gehört:

Planungsaspekte 2. Phase

- die Reihenfolge der vorgeschriebenen Zwischenziele oder Etappen,
- die Reihenfolge der Scheine, Referate oder sonstigen Aktivitäten für das erste Zwischenziel,
- Klärung der dafür erforderlichen Veranstaltungen und eventuell ihre Reihenfolge,
- Klärung der für die einzelnen Veranstaltungen erforderlichen Bücher oder sonstigen Studien.

Auf diese Weise kann eine immer detailliertere Aufeinanderfolge von auf die jeweiligen Zwischenziele bezogenen Maßnahmen festgestellt werden, die während der Durchführung ständig korrigiert werden muß.

Auf der Grundlage dieser Übersicht kann man im dritten Schritt der langfristigen Planung und unter Berücksichtigung der unter Umständen bereits vorhandenen Kenntnisse einerseits, der zur Verfügung stehenden Zeit wie sonstigen Umstände andererseits ein *Programm aufstellen,* das im einzelnen festlegt, in welchen Zeiträumen und mit welchen Maßnahmen welche Zwischenziele erreicht werden sollen und wann auf diese Weise das Fernziel erreicht sein wird. Folgende Gesichtspunkte sind dabei wichtig:

Planungsaspekte 3. Phase

- Man sollte für das Jahresprogramm nur ein Minimalziel aufstellen, das lediglich die Ziele enthält, die unter allen Umständen erreicht werden sollten. Eventuell kann man es mit einem dosierten Zusatzprogramm ergänzen.
- Dabei sollte man unter allen Umständen Zeit für tägliche Entspannung und auch für Ferien einkalkulieren.
- Ebenfalls berücksichtigt werden sollten nicht vorhersehbare Umstände (wie Krankheiten oder Besuche), die von der für die Realisierung des Minimalprogramms zur Verfügung stehenden Zeit abgezogen werden sollten.
- Ebenfalls abziehen sollte man auf jeden Fall eine entsprechende Pause vor der Prüfung, um Interferenzerscheinungen zu vermeiden, die sich in der Prüfung sehr unangenehm bemerkbar machen können (vgl. 1.2.6.).

Die **kurzfristige Planung** betrifft den Wochen- und Tagesstundenplan. Für beide gelten folgende Gesichtspunkte:

Planungsaspekte

- Aufteilung in Arbeits- und Entspannungszeit: Positive Angewohnheiten können um so eher erreicht werden, je konstanter eine bestimmte Verteilung von Arbeit und Erholung eingehalten wird.
- Gewichtung des Zeitaufwandes für die einzelnen Tätigkeitskategorien: Dazu ist unter dem Stichwort „Zeitplan" bereits einiges gesagt worden. Für die Abmessung der reinen Arbeitszeit pro Tag wird unten im Zusammenhang der Arbeitspausen noch einiges Wichtige zu ergänzen sein.
- Verteilung der Tätigkeitskategorien über die Woche: Hier wird empfohlen zu überprüfen, ob es sinnvoll ist, bestimmte Tätigkeiten auf einen bestimmten Wochen-

tag zu fixieren, wie z. B.: die Erledigung von Korrespondenz am Montag, Sporttraining am Samstag, Besorgungen dienstags oder freitags, Zeit für Kino und Sozialkontakte mittwochs und sonntags usw. Ob und in welchem Maße solche Aspekte sinnvoll sein können, kann wiederum nur von der jeweiligen individuellen Situation aus entschieden werden, da sowohl Zahl wie Umfang der Tätigkeitskategorien sehr unterschiedlich ausfallen können. Wichtig jedenfalls ist eine solche Verteilung auch noch aus folgendem Grund:

– Berücksichtigung lernpsychologischer Faktoren wie z. B. Verlauf der Leistungskurve (vgl. 1.1.5.) oder Interferenzerscheinungen (vgl. 1.2.6.).

Vorteile

Immer, wenn man ein zeitlich in der Ferne liegendes Ziel ansteuert, ist langfristige Planung unentbehrlich. Der Überblick über die einzelnen Etappen, die das Fernziel in kürzere, leichter erreichbare Teilziele aufgliedern, und die Erfahrung der Erreichung dieser Teilziele eines nach dem anderen verschaffen eine für das Selbstbewußtsein wichtige Bestätigung (vgl. 1.3.2.) und verhindern, daß man das Ziel aus den Augen verliert oder entmutigt aufgibt. Sicherlich aber bleibt geistige Arbeit ohne Planung zufällig und verbraucht unnötig viel Kraft und Zeit.

Kombiniert man die langfristige Zeiteinteilung mit kurzfristiger Planung, so kennt man täglich sein bevorstehendes Arbeitsprogramm und kann sich genau darauf einstellen, eine für die Studienmotivation wesentliche Voraussetzung. Sollte dann einmal mehr Arbeit als erwartet anfallen, kann man aufgrund erworbener Lerngewohnheiten angemessen entscheiden, was wichtig ist und was wohin verschoben werden kann, so daß diese Mehrbelastung i. d. R. besser zu verkraften ist. Auf diese Weise vermeidet man selbstverschuldete Stoßzeiten und Überarbeitung. Abhängig sind diese positiven Effekte jedoch von der genauen Einhaltung der einmal gewählten Zeiteinteilung, weil sich sonst diese Lerngewohnheiten nicht einstellen können. Das bedingt andererseits eine regelmäßige Selbstkontrolle, die obendrein Voraussetzung ist für eine sach- und zeitadäquate Verbesserung der Zeiteinteilung selbst.

Alle die vorgetragenen Empfehlungen müssen von der individuellen Situation aus reflektiert werden und können sicherlich in keinem Fall unmittelbar übertragen werden. Entscheidend ist demgegenüber jedoch, daß positive Effekte nur bei regelmäßiger Einhaltung der auf die individuellen Bedürfnisse abgestimmten Entscheidung zu erreichen sind. Paradoxerweise gilt dies selbst für den Fall, daß jemand über außerordentlich viel Zeit verfügt wie z. B. in den Ferien, sich aber vorgenommen hat, eine begrenzte Teilarbeit in den Ferien durchzuziehen: Wenn er dabei keine genau festgelegte Verteilung von Arbeitszeit und Freizeit konstant einhält, sondern sich seinen Stimmungen überläßt, wird er sich nur ein schlechtes Gewissen einhandeln (wie bereits oben dargestellt) und so weder gute Arbeit leisten, noch sich gut erholen, weil er sich durch sein schlechtes Gewissen auch noch an einer gründlichen Entspannung hindert.

1.1.5. Die Arbeitskraft

Der Umgang mit der Arbeitskraft ist – das scheint aber nur für Ernährungswissenschaftler eine Banalität zu sein – im wesentlichen auch eine Frage der **Ernährung.** Von Studenten jedenfalls wird diese Tatsache oft ignoriert, verharmlost, ja lächerlich gemacht. Nun mögen die individuellen Unterschiede erheblich sein, trotzdem gibt es gewisse objektive Faktoren und Gesetzmäßigkeiten, die auch für optimales geistiges Arbeiten von erheblicher Bedeutung sind. Kommen wir zunächst auf die Ernährung zu sprechen. **Faktor 1**

Die geschichtlich und gesellschaftlich bestimmten Umstände der konkreten Arbeit haben einen starken Einfluß auf Art und Beschaffenheit des Stoffwechsels, was sich wiederum in bestimmten Eßgewohnheiten niederschlägt. Wenn man also noch vor einem Jahrhundert, wie z. B. Bismarck, im Laufe eines normalen Mittagessens einen ganzen Truthahn und zwei Flaschen Champagner verzehren konnte, ohne dadurch spürbar in seiner Leistungsfähigkeit beeinträchtigt zu werden, dann war das nur möglich, weil man damals eben aufgrund der Arbeitsgewohnheiten und der konkreten Umstände, unter denen man zu arbeiten hatte – man hatte z. B. noch keine Autos und noch keine Zentralheizung –, einen schnelleren Stoffwechsel hatte, der die Nahrungsmittel erheblich schneller verbrannte, als es heute bei uns der Fall ist. Obwohl wir also entsprechend der konkreten **Problem**

Form und der konkreten Umstände unserer Arbeit einen erheblich verlangsamten Stoffwechsel besitzen, halten sich unsere Eßgewohnheiten, was Zahl und Umfang der Mahlzeiten sowie die Auswahl der Nahrungsmittel angeht, weitgehend noch an die Gewohnheiten des vergangenen Jahrhunderts.

Aufgrund der erheblich herabgesetzten Geschwindigkeit unseres Stoffwechsels werden die Nahrungsmittel langsamer und ausgiebiger verbrannt, also besser ausgenutzt als früher. Andererseits wird der Stoffwechsel gerade deswegen aber durch zu große Mengen überlastet. Das wirkt sich, bezogen auf das geistige Arbeiten, in Form eines starken Leistungsabfalls unmittelbar nach der

Konsequenzen

Nahrungsaufnahme aus. Unserer Form des Stoffwechsels entspricht es daher sehr viel mehr, von den Gewohnheiten des vergangenen Jahrhunderts abzugehen, also die Nahrung nicht mehr in großen Mengen an wenigen Gelegenheiten konzentriert zu sich zu nehmen, sondern statt dessen nur geringe Nahrungsmengen über den ganzen Tag verteilt aufzunehmen. Auf diese Weise verhindert man das Aufstauen großer Hungergefühle, die ebenfalls das Arbeiten hemmen, und darüber hinaus auch den abrupten Leistungsabfall nach der Aufnahme großer Mengen. Was die Beschaffenheit der Nahrung betrifft, so lautet die einhellige Empfehlung: Wenig Fett, viel Obst und Gemüse! Daß die Qualität des Mensa-Essens den genannten Empfehlungen oft wenig Rechnung trägt, erschwert allerdings ihre Realisierung.

Faktor 2
Feststellung

Fast noch mehr als die richtige Ernährung ist der richtige Einsatz der Arbeitskraft für die **Arbeitsleistung** von Bedeutung. Wie Forschungen ergaben, hat jeder Mensch eine für ihn spezifische Leistungshöhe, d. h. trotz individueller Unterschiede, die groß sein können, bringt der einzelne pro Tag nur eine ganz bestimmte Leistung auf, die nur in Extremfällen überschritten werden kann. Wie groß diese Normalleistung jedes einzelnen ist, muß er selbst herausfinden. Für unseren Zusammenhang ist nun wichtig, daß dieses Normalmaß unter normalen Umständen nicht vergrößert werden kann, ja daß eine Verlängerung der Arbeitsdauer dieses Normalmaß nicht nur nicht vergrößert, sondern die Leistung sogar zum Absinken

Konsequenz

bringt. Durchgearbeitete Nächte vergrößern – möglicherweise – das Prestige eines Studenten bei seinen Kommilitonen, jedoch nicht das Maß an Arbeitsleistung, das für ihn spezifisch ist und das er bei sinnvoller Planung des Tagesablaufes auch in erheblich kürzerer Zeit geschafft hätte. Andererseits darf daraus nicht etwa der Schluß gezogen werden, man könne diese spezifische Leistung in der Hälfte der Zeit erreichen. Wie schon gesagt, ist das Normalmaß der Leistungen an die Zeiteinheit gebunden, also hier an den Tag. Der Versuch, die gleiche Leistung in kürzerer Zeit zu erbringen, führt ebenfalls zum Absinken der Leistung. Ein jeder sollte daher durch Selbstbeobachtung seinen Leistungsspielraum, also das Normalmaß und die Leistungsspitze, herauszufinden versuchen und dann in seine Zeitplanung – die langfristige wie kurzfristige – einbeziehen. Um Mißverständnissen vorzubeugen: Die Grenze der normalen Leistungshöhe gilt sowohl für die einzelne Tätigkeit als auch für den Gesamtumfang der verschiedenen Tätigkeiten im Verlauf eines Tages, obwohl dies verschiedene Dinge sind. Wenn man zum Beispiel am Tage durchschnittlich 20 bis 30 Seiten eines wissenschaftlichen Buches durcharbeiten kann, aber nicht mehr, weil man sonst den Inhalt nicht mehr erfaßt, so kann man durchaus außerdem noch an der Anfertigung einer Bibliographie arbeiten oder andere Tätigkeiten ausführen. Irgendwo ist dann aber auch hier eine Grenze erreicht, überschreitet man sie, wird auch aus der Bibliographie nichts mehr.

Daß der Einsatz der Arbeitskraft an eine bestimmte Leistungshöhe pro Tag gebunden ist, ist jedoch keineswegs die einzige Gesetzmäßigkeit, die es in diesem Zusammenhang zu beachten gibt. Der Mensch ist keine Maschine, er kann also nicht ununterbrochen, d. h. pausenlos, arbeiten. Hier gelten zusätzliche Gesetzmäßigkeiten. Im Unterschied zum Maschineneinsatz muß man bei geistiger Arbeit feststellen: ohne **Pausen** sinkt die Leistung. Die mögliche Leistungshöhe pro Tag hängt daher zusätzlich noch von dem richtigen Einsatz der Pausen ab, d. h. von ihrer Dauer und insbesondere von ihrer Beschaffenheit.

Faktor 3

Vier unterschiedliche Pausentypen werden in der Literatur hervorgehoben:

Pausentypen

– *Unterbrechung:* Dauer 1 Minute, Abstand wechselnd, je nach Bedürfnis. Pausentätigkeit: tief Luft holen, aus dem Fenster schauen, Zurücklehnen oder ähnliches, jedoch ohne vom Arbeitsplatz aufzustehen.

- *Minipause:* Dauer 5 Minuten, Abstand alle 30 Minuten, Pausentätigkeit: Aufstehen, Freiübungen machen, Fenster öffnen, Blumen gießen, Kohlen holen und ähnliches.
- *Kaffeepause:* Dauer 15 bis 20 Minuten, Abstand alle 2 Stunden, Pausentätigkeit: Sozialkontakt suchen, Kaffee trinken, jedenfalls etwas völlig anderes tun.
- *Erholungspause:* Dauer 1 bis 2 Stunden (mehr aber nicht), Abstand nach vier Stunden, mehr als zwei solcher vierstündigen Lernblocks pro Tag sollte man für einen spezifischen Lerngegenstand nicht ansetzen; Pausentätigkeit: Essen, Schlafen, Musik hören, Erholen, Sozialkontakte suchen.

Vorteile

Pausen unterstützen den Lernprozeß um so mehr, je mehr der Pauseninhalt sich von dem Lerngegenstand unterscheidet. Andererseits heißt das nicht, daß es optimal wäre, in der Pause gar nichts zu tun. Abgesehen von Schlafpausen ist es durchaus förderlicher, irgend etwas zu tun, als lediglich herumzusitzen. Allerdings: Wer drei Stunden ein wissenschaftliches Buch gelesen hat und sich dann in der Kaffeepause mit einem Krimi erholen möchte, muß sich nicht wundern, wenn ihm das nichts bringt. Bei richtiger Tagesplanung können unter Umständen sogar einige notwendige Tätigkeiten mit der Lernzeit so kombiniert werden, daß man sie als Pausentätigkeit erledigt. Auf diese Weise wird die Pause in doppelter Weise produktiv.

Das Kriterium des richtigen Pauseneinsatzes ist, daß man auf diese Weise verhindern kann, daß eine totale Abschlaffung überhaupt erst einsetzt. Man bleibt insgesamt erheblich leistungsfähiger auch noch für andere Dinge. Die Kondition ist ausgeglichener, daher die Leistungen langfristig erheblich höher. Pausen verschwenden also keine Zeit, sondern – richtig eingesetzt – erhöhen sie die Leistung. Auch hier ist es wichtig, dies planmäßig zu tun.

Abb. 2

Pausentyp	Dauer	Abstand	Pausentätigkeit
Unterbrechung	1 Min.	nach Bedürfnis	Zurücklehnen
Minipause	5 Min.	nach 30 Min.	Freiübungen o.ä.
Kaffeepause	15–20 Min.	nach 2 Std.	Kaffeetrinken usw.
Erholungspause	60–120 Min.	nach 4 Std.	Essen, Schlafen usw.

Faktor 4

Eine vierte wichtige Gesetzmäßigkeit im Umgang mit der Arbeitskraft betrifft die Erholung, genauer: den **Schlaf.**

Feststellung

Konsequenz

Der individuellen Leistungshöhe entspricht ein individuelles Schlafbedürfnis, das von niemandem auf die Dauer ohne Schaden unterschritten werden kann. Die Folgen eines Schlafdefizits äußern sich je nach Schwere als allgemeine, schwer beherrschbare Reizbarkeit, Arbeitsunlust, mangelnde Initiative bis Apathie, Angstzustand, Depression. Daß man in solchen Zuständen nicht oder nur sehr eingeschränkt geistig arbeiten kann, liegt auf der Hand. Es gibt Menschen, die aus bisher ungeklärten Gründen mit zum Teil erheblich weniger Schlaf auskommen als andere. Hier Konkurrenzgefühle zu entwickeln und in Wettbewerb treten zu wollen, ist sinnlos, ungesund und führt zu nichts. Die Gesetzmäßigkeit der Erholung menschlicher Arbeitskraft ist aber nicht bloß eine quantitative Frage der ausreichenden Schlafdauer, sondern außerdem eine Frage des Zeitpunktes. Es gibt eine physiologische Leistungskurve, d. h. eine Veränderung der Intensität der physiologischen Funktionen der geistigen Tätigkeit in Abhängigkeit von der Tageszeit. Die Spitze der physiologischen Leistungskurve liegt zwischen 9 und 10 Uhr vormittags, sie erreicht ihren ersten Tiefpunkt zwischen 14 und 15 Uhr nachmittags, eine neue aber niedrigere Spitze gegen 17 Uhr, erfährt dann ein kontinuierliches Absinken zu ihrem absoluten Tiefpunkt zwischen 2 und 4 Uhr morgens. Forschungen haben ergeben, daß Nachtarbeit unabhängig von der Art der Tätigkeit und auch unabhängig von der Dauer der Eingewöhnung schlechter ist als Tagesarbeit. Anscheinend liegen hier tatsächlich gesetzmäßige Abhängigkeiten zwischen den physiologischen Funktionen und dem Wechsel der Tageszeit vor, die auch durch Gewohnheit nicht vollständig kompensiert werden können. Sicherlich, wer kennt nicht die Kommilitonen, die beteuern, sie wären eben ausgesprochene Nachtarbeiter und könnten tagsüber nicht arbeiten. Andererseits: Könnte dies nicht eine selbsterzeugte Gewohnheit sein aufgrund von Ablenkungen oder Belästigungen, die man anders nicht zu vermeiden vermochte? Der sogenannte Nachtarbeiter sollte einmal versuchen, wie seine Leistungen ausfallen würden, wenn er sie auf den Vormittag verlegen würde, dafür aber den Tagesverlauf und die übrigen Gesichtspunkte einer adäquaten Lerngewohnheit sinnvoll planen würde.

Zusammenfassung

Um möglichen Mißverständen vorzubeugen, soll abschließend noch einmal ausdrücklich hervorgehoben werden:

1. Dies ist nur eine Zusammenstellung sämtlicher in der Literatur vorgebrachter Gesichtspunkte zum Thema Lerngewohnheiten. Aus ihrer Zusammenstellung an dieser Stelle folgt noch nicht, daß unter allen Umständen alle genannten Faktoren gleichermaßen für jeden entscheidend wichtig wären.
2. Selbstverständlich gibt es individuelle Unterschiede. Sie hängen ab von der physischen Konstitution, sozialen Herkunft, der beruflichen Tätigkeit, dem Alter usw. Was für den einzelnen sinnvoll und nützlich ist, das muß eben jeder einzelne selbst entscheiden. Die hier vorgenommene Zusammenstellung kann daher keine Vorschrift bedeuten, sondern nur die Möglichkeit, sich zu orientieren.
3. Eines kann allerdings nicht relativiert werden: Wenn man günstige Lerngewohnheiten erzielen will, dann ist das nur möglich bei regelmäßiger Einhaltung der entsprechenden Aspekte. Hier gibt es keine individuellen Unterschiede. Konstante Regelmäßigkeit ist die Grundbedingung für die Entwicklung günstiger Lerngewohnheiten.
4. Daß solche adäquaten Lerngewohnheiten jedenfalls erheblich Kraft und Zeit sparen und insofern den Studienerfolg und die spätere berufliche Tätigkeit

günstig beeinflussen können, sollte aus den bisherigen Ausführungen hervorgehen.

1.2. Das Gedächtnis

Wir lesen oder hören den Satz: „Pestalozzi wurde 1746 in Zürich geboren.“ Wochen, Monate oder auch Jahre später fällt mir wieder ein, erinnere ich mich: „Pestalozzi wurde 1746 in Zürich geboren.“ **Ausgangspunkt**

Im Studium ist es Zweck der Aufnahme von Informationen, diese auch weiterhin zur Verfügung zu haben, reproduzieren und anwenden zu können. Dazu gehört als Bedingung, daß die erworbenen Kenntnisse erhalten bleiben, sich also weder bis zur Unbrauchbarkeit verändern noch völlig vergessen werden.

Diese Fähigkeit zum Aufnehmen (Einprägen), Festhalten (Speichern) und Wiedergeben (Abrufen, Reproduzieren) von Kenntnissen, Denkinhalten usw. kennzeichnet das Gedächtnis. **Gedächtnisfunktion**

Wir wollen klären, was man wissen muß und tun kann, um Gedächtnisleistungen zu steigern. **Fragestellung**

Es sind neun Faktoren, die Gedächtnisleistungen maßgeblich bestimmen:

1.2.1. Aktives, sinnbezogenes Einprägen

„Wird auf plastischen Ton ein Druck ausgeübt, so entsteht eine Vertiefung, eine Delle, die man durch Glattstreichen wieder zum Verschwinden bringen kann. Auch beim Trocknen und Brennen des Tons erscheint sie nicht wieder – wohl aber beim Scharfbrennen (1200–1300 °C), so als ‚erinnere‘ sich der Scherben der früheren Behandlung. Noch mehr: Führt man das Eindellen und Glattstreichen vor dem Brennen mehrmals aus, wird der ‚Erinnerungseffekt‘ deutlicher, als würde das ‚Gedächtnis‘ des Scherben durch wiederholtes ‚Lernen‘ sicherer.“ **Beispiel**
(FLECHTNER, S. 26)

Ähnlich diesem Vorgang aus dem Bereich der anorganischen Natur wird oft auch noch heute die Frage des Behaltens und Vergessens behandelt. So kann man z. B. in der Schule und auch in der Lehrerausbildung noch oft hören, daß nur durch „Einschleifen“ von Nervenbahnen die dauerhafte Speicherung eines Stoffes zu erreichen sei. **Übertragung auf die Schule**

Das ist theoretisch falsch (vgl. RUBINSTEIN 1971, S. 364).
Für die Praxis des geistigen Arbeitens hat eine solche Auffassung fatale Folgen.

Richtigstellung

Wie verhält es sich tatsächlich?
Gedächtnisprozesse sind Ergebnis der Auseinandersetzung des Menschen mit den jeweiligen Objekten und Beziehungen der Realität – in unserem Falle also der Wissenschaft. Je aktiver diese Auseinandersetzung abläuft, desto besser prägt sich der jeweilige Stoff oder Gegenstand ein. Optimale Gedächtnisleistungen sind nicht durch mechanisches Büffeln oder „Einschleifen" zu erzielen, sondern – und d. h. *aktive Auseinandersetzung* – durch *sinnvolles Einprägen,* durch das Erfassen des Gehalts, d. h. der *Beziehungen* und *Zusammenhänge* eines Gedankens oder einer Aussage.

Folgerung

Welche praktischen Konsequenzen ergeben sich nun daraus?

Der Prozeß des Einprägens ist vor allem durch folgende (das Verständnis fördernde) Mittel und Maßnahmen zu unterstützen:[3]

- sinnvolles Strukturieren des Materials:
  + komplexe Aufgaben in Teilaufgaben zerlegen, umfangreiche Texte inhaltlich gliedern,
  + Strukturen im Text erfassen bzw. herstellen,
  + Zusammenhänge ermitteln und festhalten;
- Bilden gedanklicher Stützpunkte:
  + Leitsätze und Hauptgedanken herausziehen,
  + Text mit Überschriften versehen;
- Veranschaulichung durch:
  + Beispiele,
  + Vergleiche,
  + Schemata,
  + graphische Darstellungen usw.;
    - einprägsame sprachliche Gestaltung.[4]
    (Weitere Hinweise in 1.2.3.)

---

3 Zu den Untersuchungen, auf denen diese Empfehlungen basieren, vgl. den zusammenfassenden Artikel von SINTSCHENKO, insb. S. 204 ff.

4 Wir prägen uns weder ausschließlich Sinnzusammenhänge noch nur Sprache ein, sondern Bedeutungen, Gedanken,

1.2.2. Zielbezogenes Einprägen

Das zweite wesentliche Moment, das die Qualität (Stabilität, Exaktheit usw.) jeder Gedächtsnisleistung entscheidend beeinflußt, ist die *Zielsetzung geistiger Aktivität.*

Unterscheidung

Unter diesem Gesichtspunkt kann zwischen *unwillkürlichem* und *willkürlichem Einprägen* unterschieden werden. Unwillkürliches Einprägen ist Ergebnis einer Tätigkeit, die nicht von der bewußten Absicht geleitet wurde, sich etwas einzuprägen; willkürliches Einprägen dagegen ein Prozeß, der eben dieses zum bewußt beabsichtigten Ziel hat.

Die Vermutung liegt nahe, daß im Zusammenhang mit wissenschaftlichem Arbeiten das Hauptaugenmerk auf das willkürliche Einprägen zu legen sei. Tatsächlich wird jeder im Laufe des Studiums in manchen Situationen die unterschiedlichsten Stoffe willkürlich einprägen müssen. Indessen ist damit noch nichts darüber ausgesagt, ob die Produktivität von Aufnahme- und Behaltensprozessen primär an willkürliches Einprägen gebunden ist. Untersuchungen haben vielmehr gezeigt, daß die Effektivität von Einprägungsprozessen weit mehr von der *Zielstellung* einer Tätigkeit abhängt, in deren Rahmen sie sich vollziehen, als von der Einstellung, sich etwas bewußt einprägen zu wollen. Dafür ein Beispiel:

Beispiel

SMIRNOW legte Studenten Satzpaare vor, aus deren Gegenüberstellung sie orthographische Regeln ableiten und anschließend eigene Satzpaare für diese Regeln finden sollten. Sie wurden dabei nicht aufgefordert, sich Satzpaare einzuprägen. Am nächsten Tag forderte man die Versuchspersonen (Vpn) auf, alle Sätze, die vorgegebenen und die selbst zusammengestellten, zu reproduzieren.
Ergebnis: Die Vpn erinnerten sich nur an zwei der vorgelegten aber an 28 der selbst ausgedachten Satzpaare.

(Zit. n. RUBINSTEIN 1971, S. 379 und SINTSCHENKO, S. 197)

Ursache

Dies ist darauf zurückzuführen, daß in einem Falle (Finden der Regel) das Einprägungsmaterial nur Mittel zur Erreichung eines Ziels war, während es im anderen Falle (eigene Satzpaare bilden) das Ziel selbst war, das durch

---

Sinnzusammenhänge in sprachlicher Form. Eine gut strukturierte und eingängige sprachliche Form kann daher die Gedächtnisarbeit erleichtern.

eine selbständige Aktivität erreicht wurde (vgl. SMIRNOW, in: SINTSCHENKO, S. 197). Wir prägen uns also vor allem das ein, was das Ziel unserer Tätigkeit bildet. „Wenn darum ein bestimmtes Material in den ganzheitlichen Rahmen einer bestimmten Handlung einbezogen wird, so kann es unwillkürlich besser eingeprägt werden, als wenn – bei willkürlichem Einprägen – das Einprägen selbst als Ziel dargestellt wird." (RUBINSTEIN 1971, S. 380) Der Wirkungsgrad dieses Prozesses ist dabei davon abhängig, welchen Stellenwert ein Gegenstand (Objekt) in der Struktur der jeweiligen Tätigkeit annimmt. Er ist dann am höchsten, wenn das Objekt zum Hauptziel der Handlung des Subjekts gehört (SINTSCHENKO, S. 198).

Konsequenz

Daraus folgt, daß eine hohe Produktivität des Einprägens entscheidend davon abhängt, daß die Teilprozesse einer Arbeit stets bewußt in den Gesamtzusammenhang des jeweiligen Ziels einbezogen werden, daß jede Studienhandlung bewußt unter ein Ziel gestellt wird. Werden verschiedene Teilhandlungen unter einer bewußten Zielperspektive vorgenommen, werden sie weit eher, weil zielbezogen, eingeprägt und behalten. Die Mindestkonsequenz der referierten Erkenntnisse ist auf jeden Fall (vgl. 3.2.2.1.), eine Lektüre nicht ziellos zu beginnen.

Vorzug willkürlichen Einprägens

Der Vorzug des **willkürlichen Einprägens** besteht vor allem darin, daß sich die Materialbehandlung bewußt als Einprägungsprozeß vollzieht, nach dessen Erfordernissen das Material gruppiert und ausgewählt wird, bestimmte Merkverfahren aktiviert werden.[5] Dieser spezifische Vorteil verliert als solcher an Bedeutung, macht man sich die in 1.2.1. genannten Methoden, die als intellektuelle Operation zugleich Methoden des logisch vermittelten Einprägens sind, zur Gewohnheit.[6] (Dabei ist hier die Auseinandersetzung mit wissenschaftlichem Material vorausgesetzt, die keine textgetreue Reproduktion verlangt.)

---

5 Willkürliches Einprägen ist demnach nicht auf eine Anspannung des Bewußtseins zu reduzieren.

6 Womit gleichzeitig angedeutet ist, daß zwischen unwillkürlichem und willkürlichem Einprägen kein unüberbrückbarer Gegensatz besteht.

1.2.3. Transfer

Fragestellung

Nachdem wir die Bedeutung des aktiven, sinn- und zielbezogenen Einprägens hervorgehoben haben, geht es nun um die Einflüsse früher erworbener Denkstrukturen und -methoden, Gewohnheiten und Einstellungen auf spätere geistige Prozesse, d. h. um die Frage, ob die Fähigkeit zur Informationsspeicherung durch bereits vorhandenes Wissen beeinflußt wird.

Beispiel

Erinnern wir uns an die Schulzeit: man hatte gelernt, zweistellige Zahlen zu addieren. Als dann später drei- und vierstellige Zahlen addiert werden mußten, war das ein Kinderspiel.

Verallgemeinert man dieses Beispiel, so kann festgestellt werden: Ein vorangegangener Lernprozeß beeinflußt einen nachfolgenden günstig. Ist dies der Fall, so spricht man von einem *positiven* Transfer („Transfer" meint hier soviel wie Übertragung).

Allerdings ist auch der umgekehrte Fall möglich: Ein vorangegangener Lernprozeß wirkt sich auf einen nachfolgenden ungünstig aus. Ein solcher *negativer* Transfer kann z. B. auftreten, wenn man als Autofahrer in einem anderen Land mit Linksverkehr konfrontiert wird.

Verallgemeinerung

Wir können also festhalten, daß frühere Lernerfahrungen (im weitesten Sinne) für die Lern- und Gedächtnistätigkeit von erheblicher Bedeutung sind.

Wie ist nun negativen Einwirkungen zu begegnen, wie sind positive zu erzielen?

Konsequenz 1

Früher angeeignete Kenntnisse können sich dann fördernd auf neue Aufgaben auswirken, also einen *positiven Transfereffekt* bewirken, wenn der jeweilige Stoff in seinen prinzipiellen und strukturellen Aspekten erfaßt wurde – es daher möglich ist, Analogien oder Zusammenhänge zwischen dem bekannten und dem neuen Inhalt herzustellen bzw. festzustellen. Es müssen also die wichtigsten Sinnbezüge des vertrauten Materials, sein exemplarischer Gehalt erkannt sein, um mit dem neuen Stoff (sinnvoll) verbunden zu werden und dessen Aufnahme und Speicherung zu fördern. Ein Transfer ist also immer dann am wirksamsten, wenn *Strukturen* vorhanden sind, in die die neuen Inhalte eingeordnet werden können, bzw. wenn neue Strukturen eingeprägt werden statt isolierter Kenntnisse. Konzentriert man sich auf einzelne Probleme und

Aspekte eines Textes oder Vortrags – und nicht auf die übergreifenden und grundlegenden Beziehungen –, führt dies eher zu einem mechanischen, additiven Lernen und zu inadäquaten Transfereffekten (z. B. oberflächlichen Verallgemeinerungen oder Begriffsbildungen).

Konsequenz 2

Damit ist gleichzeitig angedeutet, wie man negative Transfereffekte verhindert. *Negativen Transfereffekten* – als Ergebnis eingefahrener Denkschemata, unstrukturierter Kenntnissysteme, vermeintlicher Erfahrungen usw. – kann begegnet werden, indem man

- das, was man als gesicherte Tatsache, Erfahrung, Methode usw. ansah und ansieht, kritisch reflektiert;
- sich Techniken wissenschaftlichen Arbeitens aneignet, die geeignet sind, adäquate Strukturen und Zusammenhänge herzustellen;
- beim Lern- und Einprägungsprozeß das Hauptgewicht auf das Verständnis von *Beziehungen* und *Begriffen* legt.

Rückverweis 3.2.1.

Wir hatten unterstrichen, daß *dauerhaftes Behalten* kein einfaches Konservieren ist, sondern aktive Aneignung und Auseinandersetzung mit dem betreffenden Stoff erfordert.

Wir können nun hinzufügen:

Erweiterte Feststellung

Die Notwendigkeit, Material durchzuarbeiten, zu systematisieren, strukturieren usw., besteht um so mehr, als es gerade Ziel des Studiums ist, mit Hilfe erworbener Fähigkeiten und Informationen die Aneignung neuer Kenntnisse zu fördern.

Zusatzaspekt

Einen weiteren Aspekt gilt es in diesem Zusammenhang zu beachten: Die Qualität von Gedächtnisleistungen hängt auch von der Art und Weise der Einordnung neuer Informationen in die bisherigen Erfahrungen und Kenntnisse ab.

These

Die Informationsspeicherung, das gilt vor allem (aber nicht nur) für den Alltag, ist um so nachhaltiger (oder findet überhaupt erst statt), je größer die Übereinstimmung einer Information mit früher erworbenen Ansichten und Erfahrungen ist – und umgekehrt.

Eine Untersuchung von EDWARDS belegt diesen Zusammenhang von **Einstellungen** und Behaltenseffekt:

Beispiel

144 Studenten hörten einen Vortrag über ein Wirtschaftsprogramm. Die Argumentation in diesem Vortrag war so gehalten, daß 50 % der Argumente für und 50 % gegen dieses Programm sprachen. Die Vpn waren hinsichtlich ihrer Einstellungen so ausgewählt worden, daß ein Drittel für, ein Drittel gegen und der Rest ohne besondere Einstellung zu diesem Programm waren. Nach dem Versuch mußten die Studenten auf einem Testformular diejenigen Behauptungen ankreuzen, die sie sich aus dem Vortrag gemerkt hatten. Das Ergebnis geht aus der Abbildung hervor.

Abb. 3

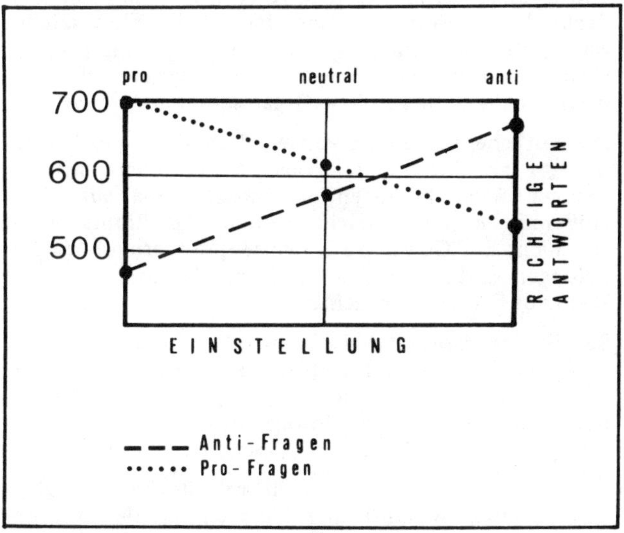

Ergebnis

Diese Untersuchung belegt, daß man das am besten aufnimmt und behält, was einem in die eigene Konzeption paßt, während man der eigenen Einstellung entgegenstehende Informationen in der Regel leichter „überhört" und vergißt. (EDWARDS; s. a. LEWIN, MURPHY; ETZEL)

Konsequenz

Da die korrekte und vollständige Kenntnisnahme auch der zur eigenen Einstellung konträren Ansichten – in jedem Fall – für wissenschaftliche Arbeiten unerläßlich ist, muß eine solche Selektion ausgeschaltet werden. Die Kenntnis des geschilderten Phänomens ist dafür Voraussetzung; unter Umständen ist – anfänglich – ein größeres Maß an Auseinandersetzung mit entgegengesetzten Auffassungen erforderlich, um sie nicht bald wieder zu verdrängen, zu vergessen.

1.2.4. Wiederholungen

Ausgangslage

Um Wissen beständig im Gedächtnis zu bewahren und stets abrufen zu können (also aktiv darüber zu verfügen, es nicht nur passiv zu besitzen), sind Wiederholungen und Übungen unvermeidlich. Auch hier kann (ohne daß damit dem erwähnten „Einschleifen" das Wort geredet würde) die Beachtung psychologischer Erkenntnisse die Gedächtnisarbeit erleichtern und effektivieren. Das betrifft vor allem die **zeitliche Organisation** des Übens:

Feststellung

Die zeitliche Verteilung von Wiederholungen ist zweckmäßiger als ihre dichte Folge. Man kommt mit viel weniger Wiederholungen aus, wenn diese auf einen

Konsequenz

größeren Zeitraum verteilt werden. Das Einprägen ist also nicht mit Gewalt zu erzwingen, sondern die Wiederholungen sind rationell aufzuteilen (das sollte man vor allem vor Prüfungen beachten).

So ist es beispielsweise sinnvoller und effektiver, Vokabeln über zwölf Tage je zweimal zu wiederholen als an drei Tagen je achtmal. Obwohl es jeweils 24 Wiederholungen sind, ist – erfahrungsgemäß – der Behaltenserfolg im ersten Fall weitaus größer.

Präzisierung

Unser Vokabelbeispiel ist nicht auf alle Bereiche übertragbar. Obige Aussage muß demnach präzisiert werden: Bei einfach strukturiertem und umfangreichem – unkompliziertem – Lernmaterial erweist sich verteiltes Lernen durchgängig als vorteilhafter.
Anders liegt der Fall bei problemhaltigen Texten. Sie sind zweckmäßigerweise oft ohne Unterbrechung zu bearbeiten. Manche Stoffeinheiten lassen sich auch nur schwer aufteilen. Zerstückelt man sie dennoch, kann dies zu einer erheblichen Beeinträchtigung des Verstehens und damit auch des Behaltens führen. Pausen sind hier dann sinnvoll, wenn sie der Struktur des Textes entsprechen.
Weitere wichtige Hinweise für eine effektive Organisation von Wiederholungen und Übungen werden in anderen Zusammenhängen behandelt (vgl. 1.2.9.).

1.2.5. Rückkoppelung

Wir sind in unserer Darstellung und bei unseren Hinweisen bisher von dem Studenten ausgegangen, der allein zu Hause am Schreibtisch sitzt.
Wir wollen nun klären, ob es darüber hinaus Bedingungen für die Steigerung des Behaltenserfolges gibt, die primär nicht auf eigenen Anstrengungen beruhen. **Fragestellung**

Dazu zunächst ein Beispiel:

MORIN stellte vier Versuchsgruppen die Aufgabe, einen von zwei Schaltern zu betätigen, wenn eines von acht Signallämpchen aufleuchtete. Richtige und falsche Reaktionen wurden durch zwei verschiedenartige Lichter angezeigt. **Beispiel**
Der ersten Gruppe wurde nur die Aufgabe erläutert, die zweite erhielt außerdem Hinweise über mögliche Fehlinformationen. Der dritten Gruppe wurden zusätzlich unerläuterte Korrektursignale dargeboten, der vierten schließlich auch die Funktion dieser Korrektursignale erklärt.
Ergebnis: Der Lerngewinn nahm mit wachsender Genauigkeit und Vollständigkeit der Rückinformationen zu (war also in der ersten Gruppe am niedrigsten, bei der vierten am größten). **Ergebnis**

Die Erkenntnis dieses Versuchs kann man verallgemeinern: Wenn man sich etwas angeeignet hat, dann verfügt man darüber nachhaltiger, wenn man erfährt, daß das, was man sich eingeprägt hat, auch richtig ist – wenn man (so das Fachwort) eine *Rückkoppelung* („Feedback“) erhält. Eine solche Bestätigung – durch andere – erhöht den Behaltensgewinn, den Studienerfolg überhaupt. **Verallgemeinerung**

Angesichts der Studienbedingungen an vielen Hochschulen ist eine solche Rückkoppelung in den (überfüllten) Seminaren oft nicht möglich. Jeder sollte daher versuchen, mit anderen zusammen zu studieren, Arbeitsgruppen – besser **Studiengruppen** – zu bilden, um so über ein zwangsfreies „Feed-back“ zu verfügen. Neben vielen anderen unterstreichen also auch psychologische Gründe die Bedeutung und Notwendigkeit von Studiengruppen (vgl. S. 206 ff.). **Konsequenz**

1.2.6. Interferenz

Erinnern wir uns an die Aussagen über den negativen Transfer: Die Informationsaufnahme 2 wurde durch die Informationsaufnahme 1 gehemmt oder gestört. **Ausgangspunkt**

Bei dem Sachverhalt, um den es nun geht, wird nicht die Aufnahme von Informationen behindert, sondern ihre Wiedergabe.
Hier handelt es sich also um Einflüsse, die *zwischen* das Einprägen und die Wiedergabe einer Information treten.

Dafür ein Beispiel:

Beispiel

Student A lernt zunächst folgende *portugiesische* Vokabeln:

familia	Familie
campo	Feld
outubro	Oktober
instituto	Institut
cinco	fünf
...	...

Unmittelbar im Anschluß daran lernt er Vokabeln in *italienischer* Sprache:

famiglia	Familie
campagna	Feld
ottobre	Oktober
istituto	Institut
cinque	fünf
...	...

Stolz geht er dann zu Bekannten, um von seinen Fortschritten zu erzählen. Ohne es zu merken, wirft er jedoch die Vokabeln durcheinander.
(RÜCKRIEM, S. 26)

Verallgemeinerung

Wenn zwei sehr ähnliche Inhalte in kurzen zeitlichen Abständen aufgenommen und wiedergegeben werden sollen, wird in der Regel sowohl die Verarbeitung als auch die Anwendung des Gelernten negativ beeinträchtigt. Ursache: Sie sind zu ähnlich, sie geraten durcheinander, oder – wie man auch sagt –: sie *interferieren.* Man spricht daher auch von *Interferenzerscheinungen.*
Diese Interferenz wirkt sich als Hemmung aus, die in zwei Richtungen wirksam werden kann.

Beispiel

Lernt man ein Gedicht auswendig und sofort im Anschluß daran ein zweites, so beeinträchtigt das Lernen des zweiten das Behalten des ersten Gedichts (vor allem bei gleichem Sujet).

In diesem Fall, wenn aufgrund eines neuen Lernprozesses das *vorher* erfolgte Lernen beeinträchtigt wird, spricht man von rückwirkenden, d. h. **retroaktiven Hemmungen.** Im umgekehrten Fall, wenn sich ein vorher eingeprägter Stoff ungünstig auf die Erinnerung des später Gelernten auswirkt, spricht man von vorwärtsgerichteten, **proaktiven Hemmungen.** In beiden Fällen hängt die Stärke der Hemmung von der Ähnlichkeit der (verschiedenen) Inhalte ab: Die Hemmungserscheinungen nehmen mit wachsender Ähnlichkeit zu.

Abb. 4

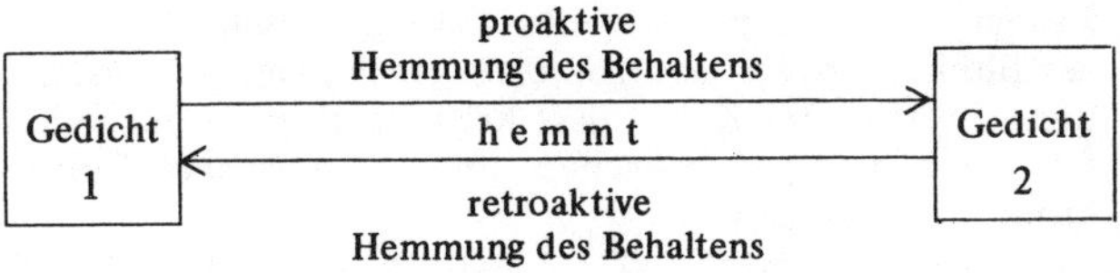

Was kann man aus diesen Erkenntnissen für die Verbesserung der Gedächtnisleistungen lernen?

Konsequenz

Man sollte die Lernaktivitäten variieren, möglichst nicht gleichartige Tätigkeiten (und Studieninhalte) aufeinanderfolgen lassen und entsprechende Pausen einlegen; sie sind um so notwendiger, je ähnlicher die anzueignenden Inhalte sind.

1.2.7. Erregungshemmungen durch affektive und sensorische Überlastung

Bei den unter dieser geheimnisvoll anmutenden Überschrift zu behandelnden Problemen geht es um ganz ähnliche Phänomene wie bei den Interferenzerscheinungen.

Beispiel 1

Student A hat sich auf sein Vordiplom zwei Monate lang intensiv vorbereitet. Er beherrscht den betreffenden Stoff. In der mündlichen Prüfung ist jedoch das Gelernte plötzlich „weg".

Erläuterung

Es handelt sich hier um die gleiche Erscheinung wie bei den retroaktiven Hemmungen, nur beeinträchtigt hier nicht ein neuer Lernprozeß das zuvor erfolgte Lernen, sondern eine **affektive Erregung.**

Beispiel 2

Student B hat einen heftigen Streit mit seiner Freundin. Gleich danach setzt er sich an den Schreibtisch und beginnt zu lesen. Am Abend versucht er das Gelesene zu rekapitulieren – stellt aber fest, daß er so gut wie nichts behalten hat.

Erläuterung

Wie der Lernprozeß 1 den Behaltenserfolg von Lernprozeß 2 beeinträchtigen kann (proaktive Hemmung), so kann auch eine starke Gefühlsbewegung die Speicherung einer anschließenden Informationsaufnahme hemmen. Man spricht in diesem Fall von einer **ekphorischen Hemmung** (Ekphorie: Vorgang der Erinnerung).

Zur **sensorischen Belastung**:

Feststellung Es ist ein Erfahrungswert, daß der Behaltenserfolg gewöhnlich größer und nachhaltiger ist, wenn der Aneignung bestimmter Kenntnisse keine weiteren oder jedenfalls nur wenige optischen und akustischen Einwirkungen nachfolgen.

Begründung Die Ursache hierfür liegt in neurophysiologischen Prozessen: Die Stabilisierung der Nachwirkungen von Erregungsprozessen erfolgt je leichter und besser, desto weniger dieser Prozeß durch nachfolgende Erregungen gestört wird (LÖWE, S. 148; s. a. VERRES-MUCKEL, S. 37 f.).

Konsequenz Für Stoffe, die zwangsläufig der häufigen Wiederholung (und weniger der inhaltlichen Erarbeitung) bedürfen – z. B. Vokabeln –, ist es daher meist wirksamer, abends statt morgens zu lernen (vorausgesetzt man schaltet nicht noch einen spannenden Krimi im Fernsehen ein, sondern geht bald schlafen). Wir können hieraus eine wichtige Erkenntnis ableiten, die von unmittelbar praktischer Relevanz ist:

Feststellung Das **Vergessen** ist kein passives „Verklingen", sondern vor allem eine aktive Hemmung durch neue Eindrücke. Je größer die Vielzahl der Eindrücke ist, nicht nur der „Studieneindrücke", sondern auch der von Radio, Fernsehen usw., desto mehr kann (in Abhängigkeit von der Stabilität des Gelernten) wieder „weggeschwemmt" werden.

Konsequenz Positiv: Wer viel behalten muß, sollte audiovisuelle Überanstrengungen vermeiden.

1.2.8. Der individuelle Gedächtnistyp

Ausgangspunkt Das Einprägen bestimmter Sachverhalte kann unterstützt werden, wenn es gelingt, den Einprägungsprozeß entsprechend dem individuellen Gedächtsnistyp zu organisieren.

Was heißt das?
Man unterscheidet verschiedene Gedächtnistypen:

Gedächtnistypen

der *optische* Typ	behält am besten, was er gesehen hat;
der *akustische* Typ	behält am besten, was er gehört hat;
der *motorische* Typ	behält am besten, was er selbst notiert hat;
der „*gemischte*" Typ	behält am besten, wenn zwei oder mehrere Sinnesorgane an der Informationsaufnahme beteiligt waren.

Konsequenz

Jeder sollte versuchen, für sich zu klären, ob er sich einem bestimmten Typ zuordnen kann, und – soweit möglich – den Einprägungsprozeß entsprechend seinem Gedächtnistyp unterstützen[7].

Allgemein ist der „gemischte" Typ – z. B. optisch-motorischer, optisch-akustischer – am vorteilhaftesten.

1.2.9. Überlernen

Mit dem letzten Punkt knüpfen wir noch einmal an den Abschnitt Wiederholungen und Übungen, damit an die Frage der ökonomischen Gestaltung der geistigen Arbeit an. Es geht um das „Überlernen".

Definition

Als „Überlernen" bezeichnet man jedes Wiederholen, das über den Punkt hinausgeht, an dem das Gelernte beherrscht wird und fehlerfrei reproduziert werden kann (Wörterbuch der Psychologie, S. 544).
Erwartet wird, daß es durch Überlernen gelingt, Gelerntes gegenüber Vergessen und Verlernen widerstandsfähiger zu machen.

Feststellung

In der Tat führt Überlernen zu einem größeren Behalteneffekt. Es wird um so weniger vergessen, je mehr Überlernen stattgefunden hat.

Einschränkung

Sieht man davon ab, daß sinnvolles Material nicht in erster Linie durch permanentes Wiederholen, sondern vor allem durch Verstehen, das Erfassen seines grundlegenden Gehalts im Gedächtnis haftet, ist einschrän-

7 Ein Test hierzu findet sich in: Vester, F.: Denken, Lernen, Vergessen. München 1978.

kend zu vermerken, daß der durch Überlernen erzielte Behaltenserfolg gering ist und mit zunehmender Fortsetzung des Überlernens progressiv abnimmt. Wiederholt man beispielsweise Vokabeln, für deren fehlerfreie Reproduktion zehn Wiederholungen benötigt wurden, noch einmal so oft, überlernt also um 100 %, wird nur ein minimaler Behaltenserfolg gegenüber nur fünfmaligem zusätzlichem Wiederholen erzielt.

Folgerung

Häufiges Überlernen ist also unökonomisch. Mehr noch: Es ruft auch Aversionen gegenüber Stoff und Thema hervor – sollte also demnach vermieden werden. Jede Wiederholung ist vielmehr nach Möglichkeit produktiv zu gestalten, indem der zu wiederholende Stoff unter neuen Gesichtspunkten betrachtet oder in neue Themen einbezogen wird, also – so das Fachwort – *immanenten Festigungsformen* der Vorzug gegeben wird.

1.3. Motivation

Menschliches Handeln ist von einer Vielzahl innerer (psychischer) Faktoren abhängig:

- Antriebsprozessen,
- Erkenntnisprozessen,
- Steuerungsprozessen,
- Gefühlsprozessen usw.

Definition

Motive gehören zur Gruppe der Antriebsprozesse. Ganz allgemein (ohne Berücksichtigung der unterschiedlichsten Auffassungen in der psychologischen Literatur) können Motive als innere handlungsrelevante und zielbezogene Beweggründe, d. h. als *Handlungsantriebe* definiert werden; Motivation ist das Gefüge von Motiven[8].

Ihre Bedeutung illustriert das folgende Beispiel:

Beispiel

Vorschulkinder hatten in einem Versuch die Aufgabe, sich einfache Wörter zu merken und anschließend wiederzugeben. Dies einmal im Rahmen einer speziellen Beschäftigung (unter versuchsähnlichen Bedingungen), im anderen Fall im Rahmen eines

---

8 Eine ausführliche Definition findet sich in LÖWE, S. 45; vgl. ebd. die Darstellung unterschiedlicher Theorien der (Lern-) Motivation und weiterführende Literaturhinweise. Den fortgeschrittensten Stand allgemeiner Motivationsforschung repräsentieren u. E. die Arbeiten von HOLZKAMP-OSTERKAMP.

Spiels. Der Schwierigkeitsgrad der Wörter war in beiden Fällen gleich. Der Unterschied lag nur im Motiv der Tätigkeit. Im ersten Fall war der Beweggrund die Bitte des Versuchleiters, sich möglichst viele Wörter zu merken. Im zweiten Fall ergab sich das Motiv aus einem Spiel (im Laden einzukaufen und sich dazu eine Reihe von Gegenständen zu merken).
Ergebnis: Die Kinder behielten im zweiten Fall die doppelte Anzahl von Wörtern.

Verallgemeinerung

Schlußfolgerung: Sonst gleiche, aber unterschiedlich motivierte Aufgaben werden qualitativ unterschiedlich vollzogen (LEONTJEW, S. 422 f.).

Motivation und Studienerfolg

Damit ist die Bedeutung motivationaler Faktoren für das Studium angesprochen: Durch eine Reihe von Untersuchungen (z. B. WILCKE) ist belegt, daß Studienerfolg und Motivation eng miteinander verbunden sind. Lernen und Studieren sind in starkem Maße motivational bedingt. Die individuelle Motivation ist eine zentrale Determinante für das Maß an Lernenergie und -bereitschaft. Allgemeiner: Studieren ist immer auch ein Motivationsproblem.
Diese Erkenntnis findet auch im Lehrangebot für erziehungswissenschaftliche Ausbildungsgänge ihren Ausdruck: Es werden verschiedene motivationspsychologische Ansätze behandelt, die künftige Pädagogen befähigen sollen, Lernende (im weitesten Sinne des Wortes) zu motivieren.
Was liegt also näher, als auch an dieser Stelle Hinweise zu erwarten, die helfen können, „motiviert“ (mithin potentiell erfolgreicher) zu studieren?

Bestimmung: Psychische Prozesse

Bevor wir dazu kommen, ist eine Vorbemerkung notwendig: Psychische Prozesse sind Produkt der Wechselwirkung zwischen Individuum und Außenwelt. Sie sind Widerspiegelung äußerer Einwirkungen und werden von diesen bestimmt. Präziser: Psychische Tätigkeit wird von äußeren Einwirkungen, die durch die jeweils gegebenen inneren Bedingungen gebrochen werden, determiniert. Dies ist das allgemeine Prinzip der Genese und Funktion psychischer Prozesse. Diese Erkenntnis (vgl. LEONTJEW und RUBINSTEIN 1973) bestimmt auch die nachfolgenden Ausführungen: Wir behandeln zunächst solche Bedingungen für ein motiviertes Studium, die als äußere vorgefunden werden und im Anschluß daran solche, die eher als subjektive anzusehen sind. Zu beachten ist, daß es sich hierbei um eine analytische Trennung handelt, die realiter nicht existiert, vielmehr wirken diese Bedingungen stets zusammen.

1.3.1. Äußere (objektive) Bedingungen motivierten Studierens

Im Bereich der Hochschuldidaktik und curricularen Planung sind zahlreiche Untersuchungen zur Motivation bei Studenten durchgeführt und eine Vielzahl praktischer Empfehlungen vorgelegt worden, die die notwendigen Voraussetzungen für eine höhere Studienmotivation schaffen sollen (vgl. z. B. HERZ; REIF; SADER). Diese Vorschläge richten sich an Lehrende und an die für Bildungspolitik Verantwortlichen. Der Handlungsspielraum der Lehrkräfte ist allerdings aufgrund der gegenwärtigen inhaltlichen und materiell-organisatorischen sowie der sozialen Restriktionen im Hochschulbereich relativ stark eingeschränkt.

Störfaktoren

Denn wie soll ein motiviertes Studium möglich sein,
- wenn man, weil als Folge mangelnder Investitionen im Bildungsbereich ein Numerus clausus besteht, ein anderes als das gewünschte Studienfach erhielt?
- wenn von einer fundierten Studienplanung nicht die Rede sein kann, statt dessen Verschulung und die Jagd nach Scheinen das Studium wesentlich charakterisieren?
- wenn nicht selten Lehrkräfte ihr Steckenpferd reiten, statt an der späteren Praxis orientiert zu lehren?[9]
- wenn die BAföG-Sätze unter dem Existenzminimum liegen und daher die Notwendigkeit besteht, neben dem Studium zusätzlich Geld zu verdienen?

Wir haben diesen Problemkatalog aus der aktuellen hochschulpolitischen Diskussion (der noch erheblich ergänzt werden könnte) aufgeführt, um zu zeigen, daß die Motivbildung und -entwicklung wesentlich durch äußere (sozio-ökonomische und -kulturelle) Bedingungen

---

9 Damit soll keineswegs einem Praktizismus (der Theorie nur gelten läßt, wenn sie anwendbare Resultate zur Bewältigung der selbst unbefragt bleibenden praktischen Aufgaben liefert) das Wort geredet werden.

und Einflüsse bestimmt ist, Motivationsprobleme daher nicht getrennt von ihren gesellschaftspolitischen Zusammenhängen behandelt werden können.

Schluß-folgerung

Wir können uns daher hier auch nicht auf psychologische Ratschläge im engeren Sinne beschränken:

Motivationsprobleme sind nicht ausschließlich und nicht einmal vorwiegend auf der subjektiven Ebene zu lösen.

Konsequenz

Es ist u. E. daher notwendig, durch (hochschul-) politisches Engagement für die Schaffung (bzw. den Erhalt) solcher Bedingungen einzutreten, die für ein motiviertes Studium Voraussetzung sind – von einer besseren Bibliotheksausstattung, einem anständigen Mensaessen über ausreichendes Lehrpersonal und -mittel bis hin zu einer gesicherten Berufsperspektive.

Unsere Erfahrung ist es, daß ein solches Engagement, das auf eine verstärkte Beeinflussung und Kontrolle der allgemeinen und individuellen Studienbedingungen abzielt, sich fördernd auf die individuelle Motivation auswirkt, auch dann, wenn es nicht zu kurzfristig meßbaren Veränderungen der gegebenen Bedingungen führt.[10]

Aus den vorangegangenen Ausführungen resultiert unsere Skepsis gegenüber solchen Ratschlägen und Empfehlungen zur Motivationsförderung und -steigerung, die sich ausschließlich oder in erster Linie auf der subjektiven Ebene bewegen und die davon ausgehen, daß Motivationsprobleme vorwiegend individuell zu lösen sind. Sie müssen notwendig den Charakter von „Behelfs- oder Ersatzmaßnahmen" haben, solange die objektiven Bedingungen einer positiven Motivation nicht gegeben sind.[11] (HOLZKAMP-OSTERKAMP 1976, S. 102)

Wenn wir hier trotzdem solche Hinweise referieren – da einige durchaus nützlich sind, um vor allem *aktuellen* Motivationsproblemen entgegenzuwirken – dann ge-

10 Eine wissenschaftliche Begründung hierfür leistet auf allgemeinerer Ebene HOLZKAMP-OSTERKAMP (1976, S. 57 ff.), auf die in diesem Rahmen nicht eingegangen werden kann. Obige Feststellung ist daher nur als subjektive Erfahrung einzuschätzen.

11 Nicht selten wird damit die Absicht verfolgt, objektive Probleme zu subjektivieren.

schieht dies zum einen in kritischer Gewichtung und Interpretation, zum anderen unter folgender Einschränkung:

Einschränkung

Diese Empfehlungen können die angeführten motivationshemmenden Bedingungen nicht aufheben. Sie müssen sogar scheitern, wenn diese massiert auftreten.

Schließlich noch eine Anmerkung zuvor, um Mißverständnisse zu vermeiden: Eine höhere Studienmotivation ist nach unserem Verständnis nicht identisch mit Studienzufriedenheit, die unter den gegenwärtigen hochschulpolitischen Bedingungen nur um den Preis der Anpassung gewonnen werden kann.[12]

1.3.2. Innere (subjektive) Bedingungen motivierten Studierens

Unterscheidung

Motivationale Faktoren umfassen sowohl überdauernde Einstellungen von *relativer Konstanz* als Ergebnis vorangegangener Sozialisation als auch *aktuell wirksame* Motive, die von momentanen Situationsbedingungen hervorgerufen werden (HECKHAUSEN, S. 194). *Habituelle* und *Aktualmotivation* (so lauten die Fachtermini hierfür) bilden eine Einheit und bedingen sich gegenseitig (LÖWE, S. 45).

Die entscheidende Bedeutung innerhalb dieser Einheit kommt der **habituellen Motivation** zu. Die Entwicklung einer allgemeinen – dauerhaften – positiven Studienmotivation ist die zentrale Voraussetzung, um in bestimmten Lernsituationen eine aktivitätsfördernde Motivation zu aktualisieren. Zwar können von dem Neuigkeitsgehalt eines Themas, der Lust, ein kniffliges Problem zu lösen, motivierende Impulse ausgehen, doch ist kaum zu gewährleisten, daß sechs und mehr Semester hindurch immer persönlich interessierende Themen behandelt werden bzw. zu bearbeiten sind. Um eine kontinuierliche Studienaktivität zu entwickeln und beizubehalten, reicht also der unmittelbare Anreiz eines

---

12 Wir stimmen mit H. v. Hentig überein, daß „. . . die Motivation nicht um jeden Preis die Bereitschaft für das System, wie es ist, reparieren und aktivieren, sondern eher das System so ändern soll, daß man es wollen kann . . ." (Zit. n. HERZ; REIF; SADER; S. 58).

Themas, einer bestimmten Vorlesung nicht aus. Notwendig ist eine „. . . Überwindung der Gebundenheit von Lernhandlungen an aktuelle Situationsfaktoren . . ." (ROSENFELD, S. 134).

Zielbezogenes Studium

Eine solche habituelle Motivation ist, entgegen der dominierenden motivationspsychologischen Lehrmeinung, aus übergeordneten Zielsetzungen, die sich aus den Anforderungen der künftigen Berufspraxis ergeben, abzuleiten und zu entwickeln: Da das Studium seinen Sinn und Zweck aus Bezugsmomenten erhält, die außerhalb der Ausbildungsstätte liegen, ist die Studienaktivität und jeder Teilprozeß während des Studiums an diesen zu orientieren.

Praxisbezug

Die *Ausrichtung* des Studiums auf ein klar bestimmtes *Ziel*, die Herstellung eines sinnvollen Zusammenhangs zwischen den jeweiligen Studienschritten und der angestrebten Berufspraxis ist daher Grundvoraussetzung für den Erwerb einer positiven habituellen Studienmotivation und damit gleichzeitig entscheidender Faktor für das aktuelle Aktivitätsniveau. Ist man sich darüber bewußt, *wozu* man ein Fach, ein Thema, ein Buch studiert, fällt dies entschieden leichter.[13] Es ist daher auch wichtig, beim Beginn einer Lehrveranstaltung den Dozenten zu drängen, ausführlich die *Relevanz* des Seminarthemas für das jeweilige Ausbildungsziel, die künftige Berufspraxis, zu erläutern. Wenn man etwas lernen soll, muß man wissen warum.

Teilziele

Die Orientierung an übergreifenden Zielzusammenhängen ist eine notwendige Voraussetzung für ein motiviertes Studium, sie ist aber keine hinreichende. Bei

---

13 Ohne daß wir uns mit der weitverbreiteten Tendenz in der Literatur zu unserem Thema identifizieren, die postuliert, „wenn Du nur willst, lieber Leser, dann klappt es schon", die also geistiges Arbeiten an einen Willenskraftakt bindet, sei hier angemerkt, daß der Mensch bei Einsicht in die Bedeutung eines Ziels in der Lage ist, durch Willensanstrengungen dieses Ziel auch dann noch motiviert anzustreben, wenn er dessen Übereinstimmung mit aktuellen Bedürfnissen nur weiß, aber nicht emotional erlebt; d. h. er kann u. U. emotionale „Durststrecken" durch „Selbstdisziplin" überwinden (HOLZKAMP-OSTERKAMP 1976, S. 112).

einem mehrjährigen Studium, zumal unter gegenwärtigen Bedingungen, reicht es nicht aus, allein aus den Endzielen des Studiums motivationsfördernde Impulse beziehen zu wollen. Wichtig ist daher, Zwischen- und *Teilziele* (vgl. 1.1.4.) aufzustellen, deren Erreichung die Motivation aufrechterhält bzw. fördert. Das gilt auch für die Bearbeitung eines komplexen Themas, die längere Zeit in Anspruch nimmt. Untergliedert man es in Teilziele, sind kurzfristig Fortschritte festzustellen und als Erfolg zu erleben, was sich wiederum auf die Weiterarbeit motivierend auswirkt.

Erfolg

Die Schaffung von *Erfolgserlebnissen,* die Bewältigung einer gestellten Aufgabe, die Erstellung eines interessanten Referats, ein meßbarer Studienfortschritt usw. sind also weitere motivationsfördernde Momente, dies um so mehr, erhält man eine *Erfolgs-Rückmeldung* durch andere (vgl. 1.2.5.).

Gruppenstudium

Aus der Bedeutung der Erfolgsrückmeldung für die Studienmotivation resultiert auch der Rat, *in* (annähernd leistungshomogenen) *Gruppen* zu *studieren.* Die in der Gruppenarbeit mögliche Rückkoppelung und die potentiell größere Produktivität (S. 206 ff.) können sich überaus förderlich auf die Studienmotivation auswirken. Das gilt auch für die psychosozialen Aspekte der Gruppenarbeit (Kommunikation, Unterstützung, Anerkennung usw.).

Konkurrenz

Aus dieser Einschätzung folgt weiter, daß *Konkurrenzsituationen,* als Quelle von demotivierenden Mißerfolgserlebnissen, zu *vermeiden* sind. Sie sind – entgegen der weit verbreiteten Wettbewerbsideologie – ein untaugliches Mittel zur Steigerung der Studienmotivation. Konkurrenzsituationen wirken sich, wie Untersuchungen zeigen (vgl. VERRES-MUCKEL, S. 45 ff.), besonders für Frauen nachteilig aus. [14]

Anspruch

Die Möglichkeit, Erfolgserlebnisse zu realisieren ist in starkem Maße abhängig von einem realistischen *An-*

---

14 Das ist kein biologisches Faktum, sondern gesellschafts- bzw. kulturspezifisch bedingt, Ausdruck der – auch von vielen Studentinnen – verinnerlichten Rollenvorstellungen (vgl. Gerstein, H.: Studierende Mädchen. München 1965. Hervé, F.: Studentinnen in der BRD. Köln 1973).

spruchsniveau, d. h. von einer konkreten Einschätzung darüber, was man im Verlaufe des Studiums an Kenntnissen und Fähigkeiten erworben hat und was nicht, welche Anforderungen daher zu bewältigen sind und welche nicht. In Kenntnis dessen sollten weder solche Aufgaben und Themen übernommen werden, die ohne jede Anstrengung gelöst werden können, noch solche, die nicht zu bewältigen sind, sondern Aufgaben mit einem *„mittleren Erreichbarkeitsgrad“* (HECKHAUSEN, S. 195).

Primäre Motivation

Wir haben weiter oben (S. 53) das Primat „sekundärer“ (zweckbezogener) Motive gegenüber „primären“ (zweckentbundenen) betont. Damit wollten wir keine falsche Alternative konstruieren. Daher lautet unsere letzte Empfehlung: Vorgegebene Aufgaben nach Möglichkeit immer mit *subjektiven,* sachbezogenen *Interessen* verbinden, persönlich weniger interessierende Sachgebiete mit bevorzugten Wissensbereichen in Verbindung bringen.

Abschlußbemerkung

Damit ist das Spektrum der von uns *vertretbaren* Hinweise für subjektive Bedingungen motivierten Studierens erschöpft (ein weiterer, zur Vermeidung von Motivationskonflikten, wird in 1.1.2. angesprochen).

Wir verweisen abschließend noch einmal auf unsere einleitende Relativierung dieser Empfehlungen: Wir erachten sie als durchaus nützlich – nur hilft beispielsweise das realistischste Anspruchsniveau wenig, erhält man die Mitteilung, daß die Ausbildungsförderung eingestellt wird.

2. Zur Struktur und Funktion der Formen wissenschaftlichen Arbeitens

Formen wissenschaftlichen Arbeitens

Wir wollen im folgenden die geläufigen Formen beschreiben, in denen und mit deren Hilfe sich wissenschaftliches Arbeiten realisiert. Dazu gehören z.B.: die wissenschaftliche Diskussion oder Disputation, das Protokoll, das Referat, der Bericht, das Thesenpapier, die Klausurarbeit, die Examensarbeit, die Diplomarbeit, die Magisterarbeit, die Dissertation, die Arbeit zur Zweiten Staatsprüfung, der Vortrag, die Rezension, der wissenschaftliche Aufsatz, die Entwicklung eines Forschungsprojekts, der Forschungsbericht, die Habilitationsarbeit usw.

Wir beschränken uns auf diejenigen Formen, die im Rahmen des Studiums am häufigsten vorkommen: Protokoll, Referat, Bericht[1], Thesenpapier, Klausurarbeit, Examensarbeit, Diplomarbeit.[2]

Aufgabenstellung

Um nun diese Formen so zu beschreiben, daß sie klar voneinander unterscheidbar, in ihrer spezifischen Zweckmäßigkeit begreifbar und in der konkreten Situation adäquat handhabbar sind, wird im folgenden versucht, ihre wesentlichen Eigentümlichkeiten aus ihrer je spezifischen Funktion und Struktur zu erfassen. Es soll also dargestellt werden, welchen speziellen Zweck sie jeweils erfüllen, wie sie das im einzelnen tun und wie sie sich darin von den anderen Formen unterscheiden bzw. worin gegebenenfalls die Überschneidungen liegen.

---

1 Gemeint ist hier die Form des Berichts, die im Rahmen des Pädagogikstudiums am ehesten vorkommt: der Praktikumsbericht bzw. die Didaktische Akte.

2 Da wir unsere Vorschläge als Anregungen für Studienanfänger verstehen, verzichten wir an dieser Stelle auf die Berücksichtigung der formal-organisatorischen Aspekte der übrigen Formen, die meist in den entsprechenden Ordnungen definiert sind und zudem nicht so sehr von arbeitspraktischen als vielmehr von forschungslogischen Überlegungen abhängen, auf die in unserem Zusammenhang in der gebotenen Ausführlichkeit jedoch nicht eingegangen werden kann. Das gilt auch für diejenigen Formen, die nicht gerade typisch für den Ausbildungsgang sind und die auch nicht in Ordnungen definiert sind wie z. B. Vortrag, Rezension usw.

Relativierung

Allerdings: Die folgenden Vorschläge dazu bringen *unsere* Vorstellungen zum Ausdruck, sie sind nicht allgemeingültig.[3] In Einzelheiten können sie auch von geltenden Vorschriften in den bestehenden Studien- oder Prüfungsordnungen abweichen.[4] Sie dürfen daher nur als Anregungen verstanden werden, die nicht nur durch konkrete Vorschriften, sondern auch durch die persönlichen Vorstellungen und Anforderungen der zuständigen oder betreuenden Hochschullehrer relativiert werden.

Wir beginnen zunächst mit der differenzierenden Darstellung der Funktion der Formen wissenschaftlichen Arbeitens (vgl. auch Abb. 5).

2.1. Zur Funktion der Formen wissenschaftlichen Arbeitens

2.1.1. Das Protokoll

besondere Funktion

Die besondere Funktion des Protokolls, die es von anderen Formen wissenschaftlichen Arbeitens klar unterscheidet, ist die, *Dokument* zu sein. Protokoll heißt soviel wie „Urliste". D. h. das Protokoll ist die „erste" Form der Abbildung von Realität. Es beansprucht, die abgebildete Realität genau widerzuspiegeln, steht also für Wirklichkeit, dokumentiert sie.

allgemeine Funktion formal

Diesen Anspruch realisiert das Protokoll in einer Weise, die durchaus allgemeine Züge trägt, d. h. Elemente enthält, die sich – in unterschiedlicher Zusammensetzung zwar – aber auch bei den anderen Formen wissenschaftlichen Arbeitens finden (vgl. Abb. 6). So kann man z. B. eindeutig sagen, daß das Protokoll, unbeschadet seiner besonderen, auf spezielle Bereiche bezogenen Funktion, nie selbst Inhalte produziert, sondern immer nur Realität *reproduziert,* eben abbildet, widerspiegelt, dokumentiert. Allerdings reproduziert das Protokoll nur be-

---

3 Vgl. dazu z. B. die anders lautenden Klassifikationen bei: Giesecke, H.: Anleitungen zum pädagogischen Studium. München 1974. S. 123 ff.; Essens, E.: Methodik des Deutschunterrichts. 3. verb. Aufl. Heidelberg 1962.

4 Wegen der erheblichen lokalen Unterschiede der Ordnungen haben wir auf eine allgemeine Synopse verzichtet.

inhaltlich

stimmte Realitätsbereiche: meistens *mündliche Aussagen,* manchmal – im Fall des wissenschaftlichen Protokolls (vgl. 2.2.1.) – auch Handlungen.

Ausnahme

In diesem Fall wechselt das Protokoll seine Qualität: es ist dann nicht mehr *eine* Form wissenschaftlichen Arbeitens unter anderen, sondern eine *besondere Methode* zur Gewinnung von Erstinformationen (zur Materialaufnahme also) im Rahmen empirisch-analytischer Verfahrensweisen.[5]

Von diesem besonderen Fall des wissenschaftlichen Protokolls abgesehen kann jedoch festgehalten werden, daß das Protokoll Aussagen *reproduziert* und zwar, fragt man nach der besonderen Qualität der Aussagen, *Meinungen.* Auch wenn die Äußerung einer Person z. B. als Lösung eines Problems formuliert wird, wird sie nur als eine Meinung über die Möglichkeit einer Problemlösung protokolliert. Für das Protokoll, das ja lediglich abbildet, ist nicht wichtig (und kann es auch nicht sein), ob hier eine objektive Problemlösung vorliegt oder nicht. Es kann lediglich dokumentieren, daß in der Realität eine Meinung geäußert wird, die sich eventuell als Problemlösung versteht.

Funktion methodisch

Methodisch muß das Protokoll – als zwingende Konsequenz seines dokumentarischen Charakters – *„getreu"* arbeiten. D. h. in aller Regel: Es muß – bezieht es sich auf Äußerungen, *wörtlich* wiedergeben – bezieht es sich

5 „Jede direkte empirische Analyse, wie z. B. Beobachtung oder mündliches Interview, bringt durch sinnliche Wahrnehmung und gedanklich-sprachliche Verarbeitung vermittelte Resultate. Werden die Ergebnisse der empirischen Analyse sprachlich fixiert (meist schriftlich), so sprechen wir vom Analyseprotokoll (auch Beobachtung-, Interview-, Meß-, Datenprotokoll). Die einzelnen Aussagen werden Protokollaussagen oder Daten genannt." (FRIEDRICH; HENNIG, S. 594)
Auf die besonderen methodischen Probleme des wissenschaftlichen Protokolls als Verfahrensweise können wir in unserem Zusammenhang jedoch nicht eingehen. Vgl. dazu: FRIEDRICH; HENNIG, S. 497 ff. und 546 ff. sowie Röblitz, G.: Die Tätigkeitsprotokolle als eine Methode, das Freizeitverhalten der Jugendlichen zu untersuchen. In: G. Clauss; W. Friedrich; A. Kossakowski (Hrsg.): Methodische Probleme der Jugendforschung. Berlin (DDR) 1965.

Abb. 5: Funktionen der Formen wissenschaftlichen Arbeitens

Formen des wissenschaftlichen Arbeitens		Protokoll	Referat	Bericht	Thesenpapier	Klausurarbeit	Examensarbeit	Diplomarbeit
besondere Funktionen		Dokumentation	Information	Rechenschaft	Stellungnahme	Leistungsnachweis	Leistungsnachweis	Leistungsnachweis
Allgemeine Funktionen								
andere	ergänzungsbedürftige Mitteilung	–	–	–	x	–	–	–
	selbständige Mitteilung	x	x	x	–	x	x	x
	nichtverbale Mitteilung	–	–	x	–	–	–	–
	verbale Mitteilung	x	x	x	x	x	x	x
	Ergebnisorientierung	–	–	x	x	–	x	x
	Verlaufsorientierung	x	x	x	–	x	–	–
methodisch	Beurteilung	–	–	x	x	⊗	x	x
	Vergleich	–	⊗	x	–	–	x	x
	Interpretation	–	⊗	x	–	–	x	x
	Auswahl	⊗	x	x	–	x	x	x
	Zusammenfassung/ Paraphrase	⊗	x	x	–	x	x	x
	wörtliche Wiedergabe	x	–	–	–	–	–	–
inhaltlich	Kenntnisse	–	–	–	–	x	–	–
	Problemlösungen	–	–	–	–	–	⊗	x
	Meinungen/Theorien	x	x	x	x	–	x	⊗
	schriftl. Aussagen/ Texte	–	x	x	x	x	x	x
	mündliche Aussagen	x	–	x	x	–	–	–
	Handlungen	⊗	–	x	–	–	–	–
	Empfindungen	–	–	x	–	–	–	–
formal	Reproduktion	x	x	x	–	x	x	⊗
	Produktion	–	–	–	x	–	⊗	x

⊗ = manchmal auch

Abb. 6: Funktionen der verschiedenen Formen des Protokolls

Funktionen		wissenschaftliches Protokoll unstrukturiert	strukturiert	juristisches Protokoll	Berichtsprotokoll	Ergebnisprotokoll
andere	ergänzungsbedürftige Mitteilung	x	x	–	–	–
	selbständige Mitteilung	–	–	x	x	x
	nichtverbale Mitteilung	x	x	–	–	–
	verbale Mitteilung	–	x	x	x	x
	Ergebnisorientierung	–	–	–	x	x
	Verlaufsorientierung	x	x	x	–	–
methodisch	Beurteilung	–	–	–	–	–
	Vergleich	–	–	–	–	–
	Interpretation	–	–	–	–	–
	Auswahl	–	x	–	–	–
	Zusammenfassung/Paraphrase	–	–	–	–	x
	wörtliche Wiedergabe	x	x	x	x	–
inhaltlich	Kenntnisse	–	–	–	–	–
	Problemlösungen	–	–	–	–	–
	Meinungen	x	x	x	x	x
	schriftl. Aussagen/Texte	–	–	–	–	–
	mündliche Aussagen	x	x	x	x	x
	Handlungen	x	x	–	–	–
	Empfindungen	–	–	–	–	–
formal	Reproduktion	x	x	x	x	x
	Produktion	–	–	–	–	–

Formen des Protokolls

auf Handlungen, getreu, also ohne Weglassung, Zusätze, Umstellungen, Zusammenfassungen, Interpretationen, Bewertungen usw. arbeiten. Nur so ist es Dokument von Realität. Es ist allerdings möglich, von vornherein den Dokumentationspruch nur auf bestimmte Aspekte zu beziehen. So ist es z. B. durchaus möglich, im Rahmen des strukturierten wissenschaftlichen Protokolls nur bestimmte Handlungen zu protokollieren oder im Rahmen des Diskussionsprotokolls nur die inhaltlichen Ergebnisse festzuhalten. Dies muß dann aber mit dem für das Protokoll üblichen Standard geschehen, d. h. getreu, also ohne Interpretation oder Bewertung usw.

andere Funktion

Wenn in den Tabellen (letzte Spalte) die Frage nach dem verwendeten Medium auftaucht, scheint dies in bezug auf das Protokoll überflüssig zu sein, da Protokolle offensichtlich immer *schriftliche* Dokumente sind, die verbale Aufzeichnungen enthalten. Tatsächlich aber arbeiten die unstrukturierten wissenschaftlichen Protokolle überwiegend nicht mit schriftlichen Aufzeichnungen, sondern mit Filmen oder mit Tonbändern, d.h. mit *nonverbalen* Medien.

Daß nur das Beschluß, bzw. Ergebnisprotokoll *ergebnisorientiert* sein können, alle übrigen Protokollformen *verlaufsorientiert* sein müssen, ist wohl ebenso klar ersichtlich wie der Umstand, daß nur die wissenschaftlichen Protokolle als Dokument *unselbständig* sind, d.h. einer Ergänzung durch Herstellung des Gesamtrahmens der Realität oder der theoretischen Fragestellung bedürfen.

2.1.2. Das Referat

besondere Funktion

Ein Referat im eigentlichen Sinne des Wortes erfüllt die Funktion, über den Inhalt eines oder mehrerer Texte zu berichten; es ist *Information* und Kurzfassung, produziert nicht, sondern *reproduziert* den Aussagegehalt von *Texten.* Ein Referat in diesem Verständnis wertet und beurteilt daher auch nicht.

allgemeine Funktion formal und inhaltlich

Wenn der Text eine Problemlösung enthält, wird sie — solange es sich um ein Referat handelt — nicht als Problemlösung diskutiert, sondern nur als die im Text vertretene *Meinung* wiedergegeben.

methodisch

Dabei verfährt das Referat nicht wörtlich, denn es stellt ja eine *Kurzfassung* dar; insofern kommt es nicht umhin, bestimmte, sehr ausführlich gehaltene Aussagen zusammenzufassen, andere, weniger wichtige, wegzulassen, insofern also auch auszuwählen. Das geschieht jedoch immer nur von der Warte der Intention des Textes aus, also nicht von einem Aspekt aus, der an den Text erst herangetragen werden müßte.

Damit ist zugleich schon gesagt, daß ein Referat als Referat nicht werten oder beurteilen darf. Es versteht sich vielmehr als kurz gefaßte Information, *nicht als Stellungnahme.* Zwar kann ein Referent seiner komprimierten Textwiedergabe noch eine Bewertung anhängen, indem er z. B. mitteilt, was er von den im Text vertretenen Auffassungen persönlich hält. Jedoch würde er damit die Form des Referates verlassen und zur Form der Stellungnahme übergehen. Eine Mischform zwischen beiden stellen solche Arbeiten dar, die in einem größeren Zusammenhang stehen, die stärker Vergleiche, Beurteilungen und Bewertungen erfordern oder die vielleicht sogar in einem theoretischen Zusammenhang angefertigt werden. Wir halten solche „Referate" als Übergangsformen auf dem Wege zur Diplomarbeit nicht nur für sinnvoll, sondern auch für notwendig, um die für die Erstellung von einer Diplomarbeit geforderten Fähigkeiten herauszubilden. Uns geht es jedoch hier um eine funktionell-strukturelle Klassifizierung, die solche Formen notwendigerweise immer in ihre wesentlichen Bestandteile aufschlüsseln muß, so daß wir auf die gesonderte Behandlung dieser Mischform verzichten müssen.

Sofern nun ein Referat zuweilen nicht umhinkommt, bei dem Versuch der Wiedergabe des Aussagegehaltes eines Textes nicht ganz eindeutige Textstellen zu *interpretieren*, so gilt für die Interpretation das gleiche wie für die Auswahl: Sie darf nicht von einem vorgefaßten Vorverständnis ausgehen und die Textauslegung nicht von vornherein durch den eigenen Sinnzusammenhang festlegen; vielmehr ist es die Funktion des Referates, insbesondere dort, wo es interpretieren muß, die Textaussage so exakt, so getreu wie möglich zu rekonstruieren. Die Interpretation muß also unter allen Umständen immanent bleiben.

Das heißt nicht, daß nicht auch *vergleichende* Fragen an einen Text gestellt werden dürfen, die dann notwendigerweise von außen kommen. In diesem Fall bestünde die Aufgabe des Referates darin, wiederzugeben, ob und wenn ja, was der Text auf bestimmte Fragen antwortet. Dies ist dann wiederum so getreu wie möglich zu referieren.

andere Funktionen

Daß ein Referat nur *verbal* arbeiten kann, versteht sich von selbst, gleichgültig, ob es mündlich oder schriftlich wiedergegeben wird. Ebenso ist klar, daß es für sich stehen können muß, also einer Ergänzung *nicht* bedürftig sein darf. Weniger eindeutig ist seine *Verlaufsorientiertheit.* Wir möchten in dieser Frage so entscheiden: Auch dort, wo es einem Referat darauf ankommt, nur die wichtigsten Ergebnisse wiederzugeben, muß es dabei noch immer die Argumentationsfolge des Textes selbst einhalten, d.h. verlaufsorientiert sein.

2.1.3. Der Bericht

Der Bericht unterscheidet sich vom Referat trotz der Gemeinsamkeit, Information zu sein, in zwei wesentlichen Punkten:

besondere Funktion

1. Der Bericht ist eine *umfassende Information*, umfassend in jeder Hinsicht, wie bei der Behandlung des Inhalts noch zu zeigen sein wird;
2. der Bericht ist nicht neutral, insofern er in aller Regel ein Moment der *Rechenschaft* enthält, die gegenüber demjenigen abgelegt wird, der den Bericht fordert. Man berichtet nicht einfach, was geschehen ist ohne Ansehung der eigenen Person, sondern gibt Auskunft über sich selbst. Sofern dabei auch Informationen über Fremde mit einfließen, geschieht dies jedoch in der Regel im Zusammenhang mit dem eigenen Tun. Dies wird noch deutlicher bei der differenzierten Behandlung der allgemeinen Funktion.

allgemeine Funktion formal

Zunächst ist unstrittig, daß auch der Bericht nur *reproduziert,* also Realität wiedergibt, nicht selbst hervorbringt. Hinsichtlich des Umfangs der reproduzierten Realität ist der Bericht jedoch exzeptionell: Er läßt

inhaltlich

keinen Realitätsbereich aus. Berichtet wird also über *Aussagen, Handlungen, Empfindungen, Eindrücke, Erlebnisse,* eigene sowie fremde. Dabei können auch *schriftliche Aussagen* in den Bericht aufgenommen werden, um damit den Realitätsumfang zu vervollständigen bzw. abzurunden.

Sofern jedoch Aussagen berücksichtigt werden, geht es immer um *Meinungen, Auffassungen, Theorien*; nicht um Problemlösungen oder Kenntnisse.

methodisch

andere

Der Bericht braucht nicht getreu bzw. wörtlich zu arbeiten – was nicht heißt, daß er die Kriterien seiner Auswahl, Interpretation und Bewertung nicht anzugeben hätte – und ist nicht auf verbalisierbare Informationen beschränkt, sondern kann mit *allen verfügbaren Medien* arbeiten. Dabei ist er *sowohl verlaufs- als auch ergebnisorientiert*. Er informiert darüber, wie Handlungen im einzelnen zustande gekommen sind, wie das Ergebnis aussieht und zu bewerten ist. Schließlich gehört es zum Wesen des Berichts, *selbständig* zu sein und ohne jede Ergänzung verstanden werden zu können.

2.1.4. Das Thesenpapier

besondere Funktion

Das Thesenpapier ist *Stellungnahme*. Es informiert nicht, sondern beurteilt. Wenn man es als Information betrachtet, dann allenfalls als Information über die eigene Person und deren Ansicht zu bestimmten Sachverhalten.

allgemeine Funktion

Thesen reproduzieren also nichts, sondern *produzieren*: die eigene Meinung über Theorie und / oder Praxis.

formal

inhaltlich

Da diese als Aussage formuliert wird, produziert das Thesenpapier *mündliche oder schriftliche Aussagen.* Es produziert keine Handlungen. Sofern es auch Handlungen oder Empfindungen produzierte, wären beide jedoch nicht der wesentliche Inhalt von Thesen.

Die produzierte eigene Aussage kann sich sowohl als *Meinung* über etwas, aber auch als *Problemlösung* verstehen. Thesen sind jedoch ein ungeeignetes Mittel, um darzustellen, über welche Kenntnisse man verfügt.

Hinsichtlich des methodischen Verfahrens ist das Thesenpapier ähnlich wie das Protokoll einseitig, jedoch in einer völlig anderen Richtung: es *beurteilt nur*. Das bedeutet aber mit anderen Worten: Das Thesenpapier setzt bei den Adressaten, an die es gerichtet ist, die Information über den Gegenstand, der beurteilt wird, immer schon voraus, enthält diese Information nicht selbst. **methodisch**

So gesehen ist ein Thesenpapier immer *unselbständig*. Es muß in der Diskussion noch kommentiert werden und bedarf der Einbeziehung in den Sachzusammenhang, zu dem es Stellung nimmt. **andere**

Thesen, die nur *verbal* sein können, sind ergebnisorientiert; selbst wenn sie eine Stellungnahme zum Verlauf bestimmter Aktionen enthalten, bringen sie das Ergebnis der eigenen Bewertung zum Ausdruck, nicht aber den Prozeß, in dessen Verlauf diese Stellungnahme zustande gekommen ist.[6]

2.1.5. Die Klausurarbeit

Die Klausurarbeit stellt in vieler Hinsicht das Gegenstück zum Thesenpapier dar. Ihre besondere Funktion ist zunächst der *Leistungsnachweis*. **besondere Funktion**

Mit der Klausur soll in erster Linie unter Beweis gestellt werden, daß man *Kenntnisse* über einen Sachverhalt möglichst präzise, prägnant und kurz *reproduzieren* kann.[7] **allgemeine Funktion formal und inhaltlich**

---

6 Zum Thesenpapier als Form des „Festhaltens von Material" vgl. 3.3.1.4.

7 In den uns bekannten Richtlinien für Diplomprüfungen werden allerdings an eine Klausur höhere Ansprüche gestellt. Es wird nicht die detailgenaue Reproduktion gelernter Informationen, sondern deren Verarbeitung in Form wissenschaftlich begründeter Einschätzungen, Bewertungen und Urteile vorrangig gewertet. Gemessen an den Fähigkeiten, die in der Regel in der Hochschule vermittelt werden einerseits, die man innerhalb von vier Stunden unter Prüfungs-

methodisch

Die Klausurarbeit muß also *auswählen* und *zusammenfassen* und gelegentlich auch *vergleichen*, aber immer nach immanenten Kriterien, darin ist sie dem Referat vergleichbar. Kurz muß sie sein, wegen der Kürze der zur Verfügung stehenden Zeit und des beschränkten Schreibtempos. Präzise muß sie sein, weil gerade die Fähigkeit zum korrekten Verständnis von wissenschaftlichen Aussagen überprüft werden soll. Prägnant muß sie sein, weil es darauf ankommt, den Prüfer mit keinem anderen Hilfsmittel von der eigenen Leistungsfähigkeit zu überzeugen.

andere

Als selbstverständlich kann angesehen werden, daß die Klausurarbeit nur *verbal* arbeiten kann, und zwar schriftlich, und daß sie *selbständig* sein muß, d.h. zu ihrem Verständnis keinerlei Ergänzung bedürftig sein darf.

Ob sie dagegen mehr am Verlauf oder mehr am Ergebnis orientiert sein soll, darüber kann gestritten werden.

2.1.6. Die Examensarbeit

besondere Funktion

Vergleich Klausurarbeit

Sie gehört schon zu den komplexeren Formen wissenschaftlichen Arbeitens, insofern andere, schon dargestellte Formen in sie aufgenommen werden können. Ihre besondere Funktion ist zwar auch ein *Leistungsnachweis*, jedoch ist sie als solche nicht so eingeschränkt wie die Klausurarbeit. Das kommt nicht bloß in dem Mehr an zur Verfügung stehender Zeit zum Ausdruck, sondern vor allem darin, daß sie in größerem Umfange selbst produziert. Sie reproduziert zwar Aussagen anderer, insofern also Meinungen, Theorien, Auffassungen, und arbeitet in diesem Zusammenhang referierend, enthält also deutlich Referatteile. Aber sie produziert stärker auch eigene Meinungen, Beurteilungen, Stellungnahmen, enthält also ein Mehr an Thesenteilen.

---

bedingungen tatsächlich reproduzieren kann andererseits, halten wir solche Ansprüche für unrealistisch und entschieden zu hoch.

allgemeine Funktion formal

Überwiegend jedoch werden von einer Arbeit zum Ersten Staatsexamen keine eigenen wissenschaftlichen Leistungen erwartet, keine Problemlösungen und keine Theorieproduktion, sondern ein Nachweis über eigene Kenntnisse zu einer bestimmten Frage, also eine *Reproduktion* von *Texten* und deren *Aussagen* in einem etwas größeren Zusammenhang zu einer vorgegebenen Fragestellung.

inhaltlich

Insofern könnte man die Examensarbeit durchaus als ein besonders umfangreiches Referat oder besser als eine Kombination von Referaten mit Stellungnahme betrachten, die jedoch nicht in erster Linie über die referierten Texte informieren soll als vielmehr über die referierende Person und deren Fähigkeit. Dementsprechend muß sie dann auch aufgebaut sein, d.h. eine entsprechende Struktur besitzen: Die forschungslogische Struktur der Examensarbeit ist der eigentliche Nachweis, der hier zu erbringen ist.

besondere Funktion

methodisch

Methodisch liegt die Examensarbeit der Möglichkeit nach *auf allen Ebenen* mit Ausnahme der wörtlichen Wiedergabe, die – angesichts der hartnäckigen Neigung vieler Kommilitonen zu allzu ausführlicher Wiedergabe – ausdrücklich ausgenommen werden muß. Viele Examensarbeiten stellen eher den Beweis für die Versäumnisse der Hochschule dar, die Fähigkeit zu zusammenfassender und auswählender Textwiedergabe zu vermitteln.

2.1.7. Die Diplomarbeit

besondere Funktion

Sie ist, von der Dissertation abgesehen, die komplexeste Form. Auch die Diplomarbeit ist, was ihre besondere Funktion betrifft, ein *Leistungsnachweis*. Jedoch ist hier eine deutlich unterscheidbare Leistung unter Beweis zu stellen. Das wird bei der Betrachtung der Einzelheiten deutlicher.

allgemeine Funktion formal

inhaltlich

Im Unterschied zur Examensarbeit hat die Diplomarbeit ein deutlich *produktives Schwergewicht.* Sie kommt zwar nicht ohne reproduktive – im wesentlichen referierende – Teile aus (das gilt sogar noch für die Dissertation), hat ihre wesentliche Eigenart aber in der Produktion von *Problemlösungen.*

Vergleich Dissertation

Um sie ganz deutlich von der Examensarbeit einerseits und der Dissertation andererseits hinsichtlich ihrer speziellen Funktion abzugrenzen, könnte man folgendes sagen: Die Examensarbeit beweist die Fähigkeit, die Inhalte der wissenschaftlichen Literatur zu einer gegebenen Fragestellung zusammenzutragen und in selbständig geordneter Form zu reproduzieren. Die Diplomarbeit beweist die Fähigkeit, mit Hilfe wissenschaftlicher Methoden zu konkreten Problemen des gewählten Tätigkeitsfeldes selbständige konkrete Lösungsstrategien zu produzieren. Die Dissertation beweist die Fähigkeit, zu Problemen der gewählten Einzelwissenschaft den Stand des Wissens aufzuarbeiten und eigene theoretische Lösungen zu produzieren.

allgemeine Funktion formal

inhaltlich

In dieser Gegenüberstellung wird deutlich, daß die Diplomarbeit zwar auch fremde Aussagen und eigene Kenntnisse *reproduziert,* aber *schwerpunktmäßig Problemlösungen* mit wissenschaftlichen Methoden entwickelt, sich dabei aber nicht auf theoretische, sondern auf die *praktischen Probleme* des Berufsfeldes bezieht, in dem später die eigene Berufsarbeit stattfindet.

Exkurs

Obwohl diese Auffassung von der gängigen Praxis abweicht, die zwischen der Diplomarbeit und der Dissertation einen qualitativen Unterschied macht und die Examens-, Diplom- und Doktorarbeiten auf einer Skala zunehmender Anspruchshöhe anordnet, sind wir der Meinung, daß eine *funktional-strukturelle* Unterscheidung in der oben skizzierten Weise sachangemessener ist. Nur so lassen sich u. E. Konsequenzen folgender Art vermeiden, die zwar die Praxis der Vergabe von Diplomthemen kennzeichnen, von denen aber die eine so verhängnisvoll wie die andere ist: Aufgrund fehlender

Konsequenz 1

Unterscheidungskriterien werden oft Themen ausgegeben, die entweder jeder Dissertation zur Ehre gereichen würden oder aber das Niveau von Examensarbeiten nicht überschreiten. In beiden Fällen sind sie eigentlich durch kein anderes Kriterium als Diplomarbeiten identifizierbar als dadurch, daß sie die Abschlußarbeiten des entsprechenden Studienganges darstellen, d. h. daß man sie dafür erklärt.

Konsequenz 2

Abgesehen von der damit verbundenen Unsicherheit in der Beurteilung und der fehlenden Vergleichbarkeit liegt die verhängnisvolle Konsequenz darin, daß mit reinen Theoriearbeiten nach Art der Dissertation oder mit bloßen Inhaltsreferaten nach Art der Staatsexamensarbeit weder eine wirklich *berufsorientierte* Qualifikation für außerschulische Berufsfelder erworben noch auch eine Erleichterung des Zugangs zum Berufsfeld erreicht werden kann. Darüber hinaus müssen sich Unklarheiten dieser Art über den Status und die Berufsrelevanz der Abschlußarbeit, die heute bei Bewerbungen zu Recht mehr und mehr als Auskunftsmittel über die realen Berufsqualifikationen angesehen wird, notwendig negativ auf die gesellschaftliche Anerkennung des Studienganges auswirken.

Folgerung

Aus diesen Gründen sind wir gegen eine Praxis, die die Diplomarbeit sozusagen als die „*Mittlere Reife*" des vollakademischen Studiums behandelt. Sie ist eine *wissenschaftliche* Arbeit, die hinsichtlich ihrer Wissenschaftlichkeit im Prinzip den gleichen Ansprüchen unterliegt wie die Dissertation. Allerdings steht sie am Ende eines ganz anderen Studienganges mit einer speziellen berufspraktischen Zielrichtung. Sie sollte daher ihre Wissenschaftlichkeit eher darin beweisen, wie der Verfasser die *konkreten Probleme des Berufsfeldes,* die ja keineswegs ohne theoretische Reflexion überhaupt erfaßbar sind, und die ihnen entsprechenden Lösungsmöglichkeiten und -strategien behandelt.

Funktion methodisch

Bezieht man dies auf die methodischen Funktionen, so folgt, daß mit Ausnahme der wörtlichen Wiedergabe (damit sind hier natürlich nicht Zitate gemeint) *alle* methodischen Verfahren Anwendung finden.

andere

Ebenso folgt, daß nur *verbal* gearbeitet werden kann und daß die Arbeit *selbständig* sein muß. Auch hier sind Verlaufs- *und* Ergebnisorientierung mit einem Akzent auf letzterer möglich.

Hinweis

Abschließend sei darauf hingewiesen, daß alle Formen des Leistungsnachweises nicht allein von sachlichen Gesichtspunkten abhängen: In vielen Fällen sind auch die Erwartungen, Ansprüche, Standpunkte (Eigenarten usw.) des jeweiligen Prüfers von erheblichem Einfluß. Es ist kaum zu erwarten, daß man sich im Konfliktfall mit Hinweisen auf die hier dargestellten Auffassungen zur Funktion von Klausuren, Examen usw. gegenüber dem Prüfer durchsetzen kann.

2.2. Zur Struktur der Formen wissenschaftlichen Arbeitens

Aufgabenstellung

In diesem Abschnitt geht es um die Frage: Wie müssen die jeweiligen Formen des wissenschaftlichen Arbeitens aufgebaut sein, damit sie ihre besondere Funktion adäquat erfüllen können?

2.2.1. Das Protokoll

Entsprechend seiner Funktion als Dokument muß das Protokoll zunächst möglichst vollständig und korrekt alle *Bedingungen* bzw. näheren Umstände in seiner Erstellung bezeichnen, also etwa Ort, Zeit und den Namen des Protokollanten. Darüber hinaus ist die Struktur des Protokolls im Prinzip identisch mit der Struktur der Realität, die im Protokoll abgebildet wird. Jedoch ergeben sich Unterschiede je nach besonderer Aufgabe des Protokolls:

Unterscheidung

2.2.1.1. Das wissenschaftliche Protokoll

Man unterscheidet zwischen dem *„unstrukturierten"* und dem *„strukturierten"* Protokoll oder auch zwischen der „offenen" bzw. „geschlossenen" Protokollführung (FRIEDRICH; HENNIG, S. 546).
Das **„unstrukturierte"** Protokoll, also die Wiedergabe der Realität durch Film oder Tonband – u. U. auch durch Foto – ist das deutlichste Beispiel dafür, daß die Struk-

tur des Protokolls mit der der Realität identisch ist. Der Film läuft und nimmt Realität auf wie sie ist.[8]

Strukturelemente

Um Protokoll sein zu können, muß dieser Film alle Angaben enthalten, die ihn als Dokument qualifizieren: Angaben über Ort, Datum, Zeit, Gegenstand, Name des Protokollanten, Einstellung der Kamera, Filmmaterial, Länge, Dauer, usw.

Wir konkretisieren dies an einem Beispiel:

Beispiel

Protokoll der ersten Spieleinheit (7 Uhr 30 bis 9 Uhr 30) der Kindertagesstätte der Evangelischen Kirche, Münster, Wolbeckerstraße 19, vom 19. 3. 1977
Gruppe 2
19 Kinder, 8 Jungen und 11 Mädchen im Alter von 4 und 5 Jahren
Leiterin: Frau Ixmann
Film 1: von 7 Uhr 30 bis 8 Uhr
Verantwortlich: Frau Adorf, Herr Befeld

Das **„strukturierte“** Protokoll nimmt im Unterschied zum unstrukturierten Protokoll die Realität nach vorgegebenen Aspekten, insofern auszugsweise oder selektiv auf.
Folglich müssen die vorgegebenen Kriterien der Auswahl auch die Struktur des Protokolls bestimmen. Die Realität erscheint im Raster dieser Struktur.

Fall 1

Sofern nun ein strukturiertes Protokoll auf der Grundlage einer Zeitstruktur arbeitet, nennt man es ein *Intervallprotokoll*. Mit ihm arbeitet man z. B. bei Unterrichtsbeobachtungen.[9]

Das folgende Beispiel stammt aus Forschungen über die Zeitaufwendungen jüngerer Schulkinder: (Vgl. Abb. 7)

---

8 Wir sehen hier einmal davon ab, daß die Kamera natürlich einen bestimmten Standort und einen bestimmten Bildausschnitt hat, so daß selbst der Tonfilm nie die Totalität einer Situation zu erfassen vermag.

9 Vgl. Anhang S. 265.

Zeichenerklärung:

R = Radio
F = Fernsehen
(sekundäre Tätigkeiten)

G = Geschwister
M = Mutter
V = Vater
al = allein
(Personen, mit denen kommuniziert wurde)

1, 2 . . . 7
(Bewertung der Tätigkeiten auf einer 7-stufigen Intensitätsskala)

Die Spalten A–F dienen der Auswertung

Abb. 7: Strukturiertes Protokoll (Zeitprotokoll)

Wann		Was	dabei	mit wem		wie	A	B	C	D	E	F
Tag	Uhrzeit											
27. 11.	6.20	aufgestanden		G		2						
	6.20- 6.35	Morgentoilette	R	M		2						
	6.35- 6.55	Frühstück	R	M G		1						
	6.55- 7.20	Weg zur Schule		G		3						
	7.20-12.30	Schule				2						
	12.30-12.50	Heimweg		G		3						
	12.50-13.00	in der Küche geholfen	R	G		1						
	13.00-13.30	Mittag gegessen	R	M G		1						
	13.30-15.00	Spaziergang i.d. Stadt		M		1						
	15.00-16.00	Einkaufen		al		4						
	16.00-17.00	Hausaufgaben erledigt		al		2						
	17.00-18.30	gelesen (Adlers Dank)	R	al		1						
	18.30-18.45	Schuhe geputzt	R	G		3						
	18.45-19.15	Abendbrot gegessen	F	G V M		1						
	19.15-19.30	Abendtoilette		al		2						
	19.30-20.00	gelesen (Adlers Dank)		al		1						
	20.00	schlafen gegangen		G		4						

Zit. n.: FRIEDRICH; HENNIG, S. 547

Orientiert sich ein Protokoll an der Häufigkeit bestimmter Ereignisse, nennt man es *Ereignisprotokoll*. Dafür ein Beispiel aus einem nicht-pädagogischen Bereich: **Fall 2**

Es soll überprüft werden, ob eine Fachbereichssekretärin auch die Tätigkeiten ausübt, für die sie bezahlt wird. Es interessiert also die Häufigkeit bestimmter qualifizierter Tätigkeiten im Unterschied zu nichtqualifizierten Tätigkeiten. Protokolliert wird daher, mit welcher Häufigkeit über einen bestimmten Beobachtungszeitraum hinweg bestimmte Tätigkeiten oder Ereignisse auftreten. Zu diesem Zweck wird eine Liste der Tätigkeiten oder formal ausgedrückt: Ereignisse vorgegeben, auf der jedesmal ein Strich hinter der betreffenden Tätigkeit eingetragen wird, wenn diese auftritt. Ein solches Protokoll sieht dann etwa folgendermaßen aus: **Beispiel**

Stenogramm aufnehmen	/
Brief schreiben	6 /
Matritze schreiben	2 /
Anrufe annehmen	23 /
Anrufe durchführen	8 /
Auskünfte erteilen	18 /
Vorgänge heraussuchen	3 /
Unterlagen ablegen	3 /

Die Qualität beider Protokollformen hängt von der *Vollständigkeit* der zu protokollierenden Kriterien ab, die genau angegeben werden müssen und die Struktur des Protokolls bilden. Wenn z. B. in dem Schema des obigen Tätigkeitsprotokolls wichtige Tätigkeiten fehlen, können sie auch nicht protokolliert werden. Das kann Verfälschungen der Realität zur Folge haben. **Bedingung**

Wie wichtig es ist, genau zu beachten, was ein Protokoll aussagt und was es nicht aussagt, soll am Beispiel des Ereignisprotokolls verdeutlicht werden.

In 2.1.1. wurde gesagt, die Funktion des Protokolls sei Dokumentation. Demnach ist zu fragen: was ist im obigen Fall dokumentiert? Läßt das Protokoll z. B. folgende Aussage zu: „Von 64 Tätigkeiten betreffen 49 = 76,6 % aller Tätigkeiten die Bedienung des Telefons und das Erteilen von Auskünften. Da eine Sekretärin aber für Schreibarbeiten und nicht für mündliche oder telefonische Auskünfte bezahlt wird, ist diese Stelle überbezahlt"? **Beispiel**

Gegenüber einem solchen Fehlschluß ist auf folgendes hinzuweisen: hier werden wesentliche Tatsachen übersehen, die auch Bestandteil der protokollierten Realität sind: die Fachbereichssekretärinnen sind aufgrund ihrer geringen Anzahl im Verhältnis zu der Zahl der Hochschullehrer und Studenten derart überlastet, daß die Hochschullehrer längst dazu übergegangen sind, die meisten Briefe oder Seminarpapiere selbst zu schreiben, d. h. eine Tätigkeit zu übernehmen, die eigentlich in den Tätigkeitsbereich der Sekretärinnen gehört. Aus dieser Sicht besagt das Protokoll dann eher, daß hochqualifiziertes Personal (Hochschullehrer und Sekretärinnen) aufgrund einer unzureichenden Personalpolitik für nicht adäquate, ihrem Ausbildungsstand nicht entsprechende Arbeiten verschlissen wird und daß diese Situation sich noch erheblich verschlechtern würde, wenn man daraus den Schluß ziehen wollte, weitere Sekretärinnenstellen streichen zu können.

Konsequenz

Das strukturierte Protokoll gibt notgedrungen immer nur einen Ausschnitt der Realität wieder. Seine Aussagekraft hängt daher entscheidend von dem *Gesamtzusammenhang* ab. Ein Protokoll darf daher nicht schon selbst als Aussage verwendet werden.

Es bleibt zu erwähnen, daß beide Formen des strukturierten wissenschaftlichen Protokolls die genauen Angaben der näheren Umstände enthalten müssen, die oben beim unstrukturierten Protokoll bereits erwähnt wurden.

2.2.1.2. Das juristische oder Parlamentsprotokoll

Das juristische oder Parlamentsprotokoll ist dem sogenannten „unstrukturierten" wissenschaftlichen Protokoll vergleichbar: Es gibt im Stenogramm den Wortlaut einer Rede, Aussage oder Auseinandersetzung exakt wieder, ohne von sich aus weitere Strukturelemente hinzuzufügen, es sei denn, die Angaben der schon mehrfach erwähnten näheren Umstände. Da es im Studium nicht benötigt wird, kann es hier auch weiterhin außer Betracht bleiben.

2.2.1.3. Das Beschlußprotokoll

Das Beschlußprotokoll benutzt man sinnvollerweise nur dort, wo Beschlüsse gefaßt werden: d. h. in *Gremien.* Entsprechend seiner Funktion, die Beschlüsse eines Gremiums zu dokumentieren, ergibt sich, daß sich seine Struktur aus folgenden Elementen zusammensetzt:

Strukturelemente

Angaben über das jeweilige Gremium, Datum, Ort, Anwesende, Leiter, Protokollant, Beginn und Ende der Sitzung, Tagesordnung, wörtliche Wiedergabe der Beschlüsse in der Reihenfolge der Tagesordnung.

2.2.1.4. Das Diskussions- oder Ergebnisprotokoll

Die im Studium häufigste Form ist das Diskussions- oder Ergebnisprotokoll, das vorzugsweise in Seminarsitzungen angefertigt wird. Auch hier sind zunächst die näheren Umstände zu dokumentieren, also:

Strukturelemente

Titel des Seminars, Name des Veranstalters, Datum der protokollierten Sitzung, gegebenenfalls Thema der Sitzung, gegebenenfalls Name der Referenten und Thema des Referates, Name des Protokollanten.

Die wesentliche Struktur des Ergebnisprotokolls wird jedoch bestimmt durch das *Hauptproblem,* die Hauptfrage, Hauptthese, also den wichtigsten Gegenstand der Sitzung bzw. Diskussion. Von ihm muß das Ergebnisprotokoll ausgehen. Demnach ergibt sich etwa folgende Struktur des Ergebnisprotokolls:

Struktur

- Hauptgegenstand der Sitzung
- dazu in der Diskussion vertretene, unterschiedliche Auffassungen
- unter Umständen gegensätzliche Meinungen
- deren Begründungen
- dazu aufgetretene Fragen bei Kommilitonen
- deren Beantwortung
- die Bilanz der erreichten Übereinstimmung
- die Bilanz der offengebliebenen Fragen oder
- Uneinigkeiten

So wie das Beschlußprotokoll vollständig darauf verzichtet, den Beratungsverlauf der Beschlüsse wiederzugeben, so muß sich das Ergebnisprotokoll davor hüten, den konkreten Diskussionsverlauf mit allen seinen Wiederholungen, Schlenkern, Nebensächlichkeiten usw. im einzelnen zu verfolgen. Nicht die wörtliche Wiedergabe einzelner Argumente ist wichtig – auch nicht derjenigen des Seminarleiters –, sondern die Fixierung des Beitrags, den einzelne Wortmeldungen zum Hauptgegenstand der Sitzung leisten. Die Abfassung eines Ergebnisprotokolls fällt demgemäß um so leichter, je besser der Protokollant über den Gegenstand der Sitzung bzw. das Problem der Diskussion Bescheid weiß. Insofern ist es durchaus angebracht, daß der Protokollant eine Diskussion unterbricht, um sich über die Fragestellung bzw. die Zwischenergebnisse zu vergewissern, ohne deren Klärung er gar nicht sinnvoll Protokoll führen könnte.

2.2.2. Das Referat

Unterscheidung

Ähnlich wie das Protokoll kann man auch die Arbeitsform des Referats in sich differenzieren. Wir unterscheiden z.B.: *Exzerpt, Plan, Thesen* und *Konspekt*. Das durchschnittliche Referat an der Hochschule ist wohl eher eine Mischung dieser Formen. Da diese an anderer Stelle noch ausführlicher behandelt werden (vgl. 5.3.1.), soll hier nur die Struktur des durchschnittlichen Referats näher berücksichtigt werden.

– Die äußere Struktur

äußere Strukturelemente

Dazu gehören in der Regel Angaben über:
Veranstaltung, Veranstalter, Referatthema, Referent, Ort, Datum.

– Die innere Struktur

innere Strukturelemente

Dazu gehören in der Regel folgende Elemente:
Inhaltsverzeichnis (Gliederung), Einleitung, Hauptteil, Schluß, Literaturverzeichnis.

Zur Struktur der **Einleitung**
Die Einleitung enthält die Formulierung des *Problems,* um das es im Referat gehen soll, und den Bezug dieses Problems zur Fragestellung des Seminars. Sie gibt die Richtung der Antwort an, die der referierte Autor bzw. die referierte Literatur vornimmt, und kündigt an, in welcher Reihenfolge der Hauptteil diese Antwort darstellen wird. Darüber hinaus werden wichtige Umstände erwähnt, wie z. B. nicht zugängliche, aber eigentlich notwendige Literatur, sonstige notwendige Einschränkungen sachlicher, aber auch zeitökonomischer Art.[10]

Zur Struktur des **Hauptteils**
Ohne Bezug auf ein konkretes Thema sind hier nur formale Strukturmerkmale angebbar, wie z. B. die *Klassifikation.*

---

10 Hinweise dieser Art gehören eigentlich in das Vorwort (vgl. S. 238). Da ein Referat aber in der Regel kein eigenes Vorwort braucht, Angaben dieser Art aber wichtig sein können, sollten sie beim Referat am Anfang oder Schluß der Einleitung erwähnt werden.

Strukturmerkmal

Es gibt üblicherweise
a) die kombinierte Zahlen-Buchstaben-Klassifikation und
b) die dekadische Klassifikation.

Beispiel 1
A Traditionelle Pädagogik
  I. Die Dreigliedrigkeit der traditionellen Pädagogik
    1. Die Theorie der Erziehung
      a) Anthropologie und Praxeologie

Beispiel 2
1. Traditionelle Pädagogik
1.1. Die Dreigliedrigkeit der traditionellen Pädagogik
1.1.1. Die Theorie der Erziehung
1.1.1.1. Anthropologie und Praxeologie[11]

Hinweis

Verwenden kann man beide Formen. Wichtig ist nur, daß eine Gliederung bei mehr als 5 Unterklassen unübersichtlich wird. Weitere Untergliederungen sollte man daher allenfalls im Text selbst vornehmen, nicht im Inhaltsverzeichnis. Solche Untergliederungen können dann folgendermaßen gestaltet werden:

Strukturelemente

- Optisch:
  - durch Absätze
  - durch Einrücken
  - durch einzeilige Schrift
  - durch vorgesetzte Spiegelstriche
- verbal durch Formulierungen wie:
  - einerseits, andererseits
  - sowohl, als auch
  - zunächst, dann, schließlich
  - erstens, zweitens, drittens

Hinweis

Wenn man sich für das Einrücken der Unterschriften, so wie es in der oben angeführten Klassifikation vorgenommen worden ist, entscheidet, sollte man so nur in

---

11 Möglich ist auch folgende Anordnung:
  1. Traditionelle Pädagogik
    1.1 Die Dreigliedrigkeit der traditionellen Pädagogik
      1.1.1 Die Theorie der Erziehung
        1.1.1.1 Anthropologie und Praxeologie

der Gliederung zum Zweck der Erzielung besserer Übersichtlichkeit vorgehen. Im Text selbst ist dies nicht angebracht. Dort sollte man bei der Formulierung der Überschriften stets vorne am Rande anfangen.

Zur Struktur des **Schlusses**
Der Schlußteil eines Referates hat mehrere Funktionen, denen er in seiner Struktur gerecht werden muß.
Zunächst hat er die Ergebnisse des Hauptteils in kürzest möglicher Form noch einmal zusammenzufassen, um sie auf einen Blick zu präsentieren.
Dann hat er den Zusammenhang herzustellen zwischen der Fragestellung der Einleitung und diesen Ergebnissen. Sofern das Referat im Zusammenhang eines Seminars erfolgt, hat der Schlußteil auch diesen Zusammenhang zu berücksichtigen; d. h. im Schlußteil wird bilanziert, was nun die knapp zusammengefaßten Ergebnisse nicht nur für die Fragestellung des Autors oder die persönliche Fragestellung des Referenten, sondern vor allem für das Problem des Seminars erbracht hat.

Gleichermaßen angebracht ist es, im Schlußteil die offen gebliebenen Fragen zu verzeichnen, die der referierte Autor bewußt in sich beschränkender Absicht außer Betracht gelassen hat. Wenn ein solcher Hinweis zusätzlich noch mit Angaben über weiterführende Literatur verbunden wird, die dem an der Klärung dieser Fragen Interessierten helfen können, wäre dies besonders zweckdienlich.

Schließlich ist der Schlußteil der eigentliche Ort für die persönliche Stellungnahme des Referenten. Hier kann er Meinungen von sich geben, ohne dem Anspruch auf begründete Beweisführung voll unterworfen zu sein. Was im Hauptteil behauptet wird, muß bewiesen werden. Für den Schlußteil gilt dies nicht im selben Maße. Hier kann man sich u.U. auch mit Andeutungen und Hinweisen begnügen. Allerdings bedeutet dies nun keinen Freibrief für hemmungsloses Spekulieren. Es muß vielmehr gewährleistet bleiben, daß der Zusammenhang der persönlichen Schlußfolgerungen mit den Ergebnissen des Hauptteils nachvollziehbar ist.

Zur Struktur des **Literaturverzeichnisses**
Da im Zusammenhang mit den Ausführungen über Dokumentation und Bibliographie noch Näheres über Formen

von Dokumenten und Quellen ausgeführt wird, beschränken wir uns hier auf folgende Hinweise:

Je nach Zweck bzw. Anspruchshöhe des Referats können verschiedene Strukturraster für das Literaturverzeichnis benutzt werden:

Strukturelemente

- die alphabetische Ordnung der Verfassernamen,
- die Chronologie der Erscheinungsdaten,
- Sachgesichtspunkte,
- die Unterscheidung von Handbüchern, Lexika, Büchern, Zeitschriftenaufsätzen.

Auch Kombinationen aller drei Formen sind möglich.

2.2.3. Der Bericht

1. Die äußere Struktur

Für den Bericht kann zunächst hinsichtlich seiner äußeren Struktur ähnliches gesagt werden wie für das Referat. Hier geht es also ebenfalls um Angaben über: Praktikumsort, Schule, Klasse, Lehrer, betreuenden Dozenten, Fach usw.

äußere Strukturelemente

2. Die innere Struktur

Abgesehen von den besonderen Anforderungen des jeweils betreuenden Dozenten, sind für die innere Struktur des Berichts folgende Punkte von Bedeutung:

Gliederung (Inhaltsverzeichnis), Situationsanalyse, Chronologie der Tätigkeit, Darstellung der Ergebnisse, Dokumentation.

innere Strukturelemente

Zur Struktur der **Situationsanalyse**
Gewöhnlich beginnt ein Bericht mit einer genauen Beschreibung der Situation, in der sich die Tätigkeit, über die berichtet wird, abspielte. Das bedeutet z.B. im Falle des Praktikumsberichtes eine nähere Beschreibung der Praktikumsstelle, sowohl der *internen Situation* dieser Stelle als auch ihrer *Außenbeziehungen*:

Unterscheidung

- „*Interne Situation*" heißt etwa:
  - quantitative Situation: Zahl der Kinder, Lehrer, Klassen usw.

Strukturelemente

  - materielle Situation: Gebäudezustand, Geräte, Sachmittel usw.
  - finanzielle Situation
  - personelle Situation
  - Sozialstatistik
  - u. U. Gruppenstruktur der Klasse

  (Sozialstatistik bedeutet z. B. Anzahl von Jungen und Mädchen, gegebenenfalls von Sitzenbleibern, Angaben über Altersstruktur, über soziale Herkunft, Konfessionszugehörigkeit, Herkunft aus problematischen Familien u. v. m.)

Strukturelemente

- „*Außenbeziehungen*" heißt etwa:
  - Öko-Struktur: Beschaffenheit der Umgebung, Industriegebiet oder ländliches Gebiet, Stadtkern- oder Stadtrandsiedlung
  - Sozialstruktur des Einzuggebietes
  - Infrastruktur
  - Struktur der Bildungsangebote
  - Verhältnis zu Eltern, Behörden usw.

Erst vor dem Hintergrund einer genauen Situationsanalyse ist dann der weitere Bericht einschätzbar.

Zur Struktur der **Chronologie der Tätigkeit**

Strukturmerkmal

Zu jedem Bericht gehört üblicherweise eine exakte Darstellung der zeitlichen Reihenfolge der vorgenommenen Tätigkeiten. Hier sind, gegebenenfalls in *tabellarischer Form,* alle Termine und Aktivitäten zu verzeichnen, die im Laufe der Berichtszeit wahrgenommen worden sind. Dieser zeitliche Überblick erst vermag zu vermitteln, in welchem Umfang und auch in welcher Komplexität diese Tätigkeit durchgeführt worden ist.

Zur Struktur der **Darstellung** der Ergebnisse

innere Struktur

In diesem Teil, dem Hauptteil des Berichts, ist zunächst in einer Einleitung klarzustellen, welchen Zweck die Tätigkeit, deren Rahmenbedingungen in den vorangegangenen Punkten bereits dargestellt wurden, eigentlich verfolgte und wie sie geplant war. Dann ist in einem Hauptkapitel dieses Berichtteils der tatsächliche Verlauf der Tätigkeit bzw. Untersuchung darzustellen unter besonderer Berücksichtigung der faktisch wirksamen Störfaktoren und nicht vorausgesehenen einwirkenden Bedingungen.

Schließlich sind die tatsächlich erzielten Ergebnisse in ihrer Abhängigkeit von den real wirksamen Bedingungen darzustellen und einzuschätzen. Hier geht es vorrangig um eine Stellungnahme zur eigentlichen Berichtstätigkeit, d. h. um:

Strukturelemente

- eine Bewertung ihrer vorgenommenen Planung und Vorbereitung sowie der dafür zur Verfügung stehenden Kenntnisse, Planungsinstrumente und sonstigen Hilfsmittel;
- eine Beurteilung der Organisation und Durchführung der Tätigkeit, der dafür vorgenommenen Einschätzung eventuell auftauchender Probleme oder Reaktionen, der effektiven Brauchbarkeit der herangezogenen Hilfsmittel, der eigenen Stärken und der Schwächen, die sich im Verlauf der Durchführung herausgestellt haben;
- eine Einschätzung der daraus folgenden Aufgaben nach Art einer Bilanz: Wie waren die Eindrücke vorher, wie nachher? Wo lagen besonders positive, wo besonders negative Erlebnisse? Was folgt aus diesen Eindrücken? Inwiefern sind sie auf objektive Faktoren der Situation zurückzuführen, inwieweit auf subjektive Faktoren der eigenen vorhandenen oder nicht vorhandenen Qualifikation, inwieweit auf fehlende theoretische Kenntnisse bzw. auf fehlende praktische Fähigkeiten usw.?

Zur Struktur der **Dokumentation**

Als spezielle Form des Belegs für alle Aussagen im Bericht ist die Dokumentation besonders wichtig. Sie besteht aus einer Sammlung möglichst sämtlicher Dokumente, die die Aussagen des Berichts bestätigen können, d. h. sowohl seine Situationsanalyse als auch seine chronologischen Angaben über die durchgeführten Tätigkeiten als auch seine Untersuchung und die Ergebnisse.

Strukturelemente

Hierhin gehören Schriftdokumente, also Texte jeder Art, Tabellen, Karten; optische Dokumente, wie Bilder, Photos, Filme; akustische Dokumente, wie Unterrichtsmitschnitte, Interviews und gegebenenfalls durchaus auch gegenständliche Dokumente, sofern sie z. B. als

Produkte aus der Tätigkeit am Praktikumsort selbst hervorgegangen sind.

2.2.4. Das Thesenpapier

– Die äußere Struktur

Entsprechend seiner Funktion, Stellungnahme zu sein, benötigt ein Thesenpapier Angaben über:

Strukturelemente

– den Bezugzusammenhang der Thesen (Thesen zu . . .)
– den Stellungnehmenden (vorgelegt von . . .)
– die näheren Umstände (Ort, Datum, gegebenenfalls Veranstaltung usw.)

Darüber hinaus sollten Thesen numeriert werden, damit sie in der Diskussion leichter identifiziert werden können.

– Die innere Struktur

Intern ist zu beachten, daß die Form der Stellungnahme in Thesen dazu dienen soll, eine umfassendere Beurteilung in einerseits möglichst kurzer, andererseits möglichst gegliederter, insgesamt einprägsamer und Diskussion provozierender Form darzustellen. Thesen müssen demnach:

Strukturmerkmale

– kurz sein
– die bewertenden Aussagen in einer aufeinander bezugnehmenden Reihenfolge entwickeln
– pointiert zum Ausdruck bringen, was man sagen will.

Hinweis

Dabei ist es möglich, je nach Zweck bzw. vorhandenem Platz, das Thesenpapier als *Kombination* von unvermittelter Behauptung und ansatzweise erläuternden Kommentar zu gestalten. Der Kommentar hätte dann z. B. auf notwendige Differenzierungen von pauschalen Aussagen bzw. auf noch zu erbringende Belege für feststellende Behauptungen oder auch auf noch vorzunehmende Erläuterungen komplexer oder abstrakter Aussagen hinzuweisen.

2.2.5. Examensarbeit, Diplomarbeit, Dissertation

Auf nähere Angaben zur Struktur dieser Formen wissenschaftlicher Arbeiten wird hier verzichtet, weil die auch hier relevanten äußeren Strukturmerkmale schon mehrfach erwähnt worden sind, die innere Struktur dieser Arbeiten aber in entscheidener Weise von forschungslogischen Überlegungen abhängt, auf die in diesem Zusammenhang nicht näher eingegangen werden kann. Darüber hinaus wird in den geltenden Ordnungen die äußere Struktur oft detailliert vorgeschrieben.

3. Techniken wissenschaftlichen Arbeitens

Nach der Klärung gesellschaftlicher, wissenschaftstheoretischer und psychischer Voraussetzungen sowie einer Darstellung der vorwiegenden Anwendungsbereiche der Techniken wissenschaftlichen Arbeitens sollen nun diese selbst ausführlich erläutert werden. Die Strukturierung dieser Erörterung orientiert sich dabei sinnvollerweise an dem Prozeß des wissenschaftlichen Arbeitens selbst.

Problem

Jedoch setzt eine solche Orientierung voraus, daß vorab das Wesen des wissenschaftlichen Arbeitens bzw. seine Logik geklärt worden ist. Das jeweilige Verständnis von wissenschaftlicher Arbeit regelt nicht nur die Abfolge, sondern auch das Verständnis von „Verfahren" oder „Technik" – etwa im Unterschied zu „Methode". Da im Rahmen dieses Buches jedoch auf Fragen der Wissenschaftstheorie oder Forschungslogik nicht näher eingegangen werden kann, entscheiden wir uns für eine

Lösung

pragmatische Lösung. Unsere Darstellung der Techniken folgt der Abfolge des Prozesses wissenschaftlichen Arbeitens, der während des Studiums die Regel ist und der (vereinfacht) in folgende Phasen eingeteilt werden kann: das Ermitteln, Aufnehmen, Festhalten und Darstellen wissenschaftlichen Materials.

Inhalt Kapitel 3

Demgemäß werden wir in 3.1. zunächst die notwendigen Kenntnisse und Strategien erläutern, die erforderlich sind, um für das Studium benötigtes wissenschaftliches Material rationell ermitteln zu können.

In Abschnitt 3.2. beschäftigen wir uns mit Techniken der Aufnahme mündlicher und schriftlicher Informationen.

In 3.3. erläutern wir Formen und Wege, um bearbeitetes Material adäquat und effektiv festhalten zu können. Wir stellen verschiedene Karteisysteme vor und erörtern deren Anlage sowie Vor- und Nachteile.

Im letzten Abschnitt (3.4.) werden Kenntnisse und Anleitungen für die Darstellungsform schriftlicher Arbeiten vermittelt, von der Zitation bis zum Literaturverzeichnis.

Hinweis

Gerade dieser Abschnitt verweist auf eine Eigenart, die für das gesamte fünfte Kapitel maßgeblich ist: sein *Nachschlagecharakter.* Viele Passagen sind nicht zur einmaligen Lektüre verfaßt, sondern als Quelle gedacht – zum Nachschlagen für unterschiedlichste Zwecke, sei es für die Arbeit mit Bibliographien (3.1.3.2.), sei es für die Anlage eines Literaturverzeichnisses (3.5.3.). Deshalb wird man gerade dieses Kapitel nicht notwendigerweise im Zusammenhang lesen müssen, sondern jeweils bezogen auf die Probleme mit den Techniken wissenschaftlichen Arbeitens, vor denen man im Verlauf der Abfassung einer wissenschaftlichen Arbeit gerade steht. Dies gilt in besonderem Maße für den Anhang, dessen größter Teil sich inhaltlich auf dieses Kapitel bezieht.

Zur richtigen Einschätzung der Aussagen dieses Kapitels sind jedoch einige Einschränkungen erforderlich, die ausdrücklich hervorgehoben werden müssen.

Auf die Abhängigkeit der Klärung des Begriffs und der Abfolge der Techniken wissenschaftlichen Arbeitens von wissenschaftstheoretischen bzw. forschungslogischen Reflexionen wurde bereits hingewiesen. Darüber hinaus ist aber auch eine weitere Grenze der Vermittlung von Techniken wissenschaftlichen Arbeitens offen zu legen, die insbesondere im Zusammenhang des Abschnitts 3.2. relevant wird. Die dort vermittelten Informationen und praktischen Hinweise können zwar das Verstehen eines Vortrages oder eines gelesenen Textes, das Erfassen seines grundlegenden Gehalts, erleichtern und unterstützen, aber nicht herstellen oder ersetzen. Die Erläuterung der Probleme des Verstehens als Funktion erworbener Kenntnissysteme, Fähigkeiten, Interessen usw. geht über die behandelten Techniken hinaus und wäre allenfalls im Rahmen hermeneutischer Erwägungen handlungsanleitend zu strukturieren, die den Rahmen dieses Buches jedoch sprengen würden. Aus demselben Grund kann auch auf die Diskussion der unterschiedlichen Ansätze der Hermeneutik nicht näher eingegangen werden.

Einschränkung 1

Eine weitere Einschränkung ist didaktischer Natur: Obwohl die Techniken wissenschaftlichen Arbeitens eigentlich Fähigkeiten betreffen, vermittelt unsere Einführung eher die dafür erforderlichen Kenntnisse, nicht die Fähigkeiten selbst. Auch die von uns gelegentlich angebotenen Übungsaufgaben haben nur exemplarischen Charakter. Nach allen einschlägigen Erfahrungen und vorliegenden empirischen Erkenntnissen (vor allem aus dem Bereich studentischer Beratungsstellen) können

Einschränkung 2

diese Fähigkeiten nur durch beständige Übung – möglichst in Gruppen, um eine Rückkoppelung zu erhalten – ausgebildet werden. Diese Funktion können jedoch selbst Einführungen, die als programmierte Instruktion verfaßt sind, nicht in vergleichbarer Weise erfüllen.

Einschränkung 3

Eine der wichtigsten Einschränkungen, die deshalb auch im Text öfter wiederholt wird, betrifft die der Realisierungsbedingungen: Es ist uns völlig bewußt, daß unsere Empfehlungen und Hinweise Zielwerte darstellen, die sich an den sachlichen Notwendigkeiten des wissenschaftlichen Arbeitens orientieren und die konkreten Umstände, unter denen dieses erfolgt, nicht berücksichtigen. Beispielsweise räumen wir ein, daß unsere Hinweise auf die Notwendigkeit einer Nachbereitung von Seminarmitschriften nicht realisiert werden kann, wenn die Zahl vorgeschriebener Semesterwochenstunden längst ein vertretbares Maß überschreitet. In derselben Weise werden unsere Empfehlungen zur systematischen Führung einer Kartei, zum konsequenten Bibliographieren bzw. Exzerpieren durch die tatsächlichen Studienbedingungen relativiert. Aber dennoch halten wir eine Orientierung an einem gewissen Standard wissenschaftlicher Arbeit für notwendig, da nur individuell entschieden werden kann, was unter den jeweiligen Studienbedingungen umsetzbar ist und was nicht. Das bedeutet jedoch auch, daß wir es für eine bedenkliche Konsequenz halten würden, wenn man dem staatlich verordneten Qualitätsabbau an den Hochschulen damit begegnen wollte, daß man wissenschaftliches Arbeiten nur noch auf dem Niveau thematisiert, das auf Grund der gegenwärtigen Restriktionen allein noch möglich ist.

Hinweis Gruppenarbeit

Ein letzter Hinweis: Die Behandlung der Techniken ist zunächst auf Einzelarbeit angelegt. Trotzdem werden wir im nächsten Kapitel hervorheben, daß wir Gruppenarbeit für die weitaus adäquatere Form wissenschaftlichen Arbeitens halten. Die für die Techniken wissenschaftlichen Arbeitens erforderlichen Kenntnisse und Fähigkeiten sind aber unabhängig davon, ob man in Gruppen arbeitet oder nicht. Andererseits wirft Gruppenarbeit selbst ganz andere Fragen auf. Unser Kompromiß: Wir orientieren die Informationen über die Techniken zunächst an den sachlichen Notwendigkeiten und behandeln die Probleme der Gruppenarbeit im Zusammenhang des Prozesses wissenschaftlichen Arbeitens (vgl. 6.).

3.1. Finden des Materials[1]

Ausgangspunkt

Das Pädagogikstudium ist sehr literaturintensiv. Die Haupttätigkeit während des Studiums besteht in Lesen bzw. Ver- und Bearbeiten wissenschaftlicher Literatur. Dem Prozeß des Literaturstudiums geht der Prozeß der Literaturbeschaffung voraus. Dieser ist jedoch mit Problemen verknüpft, die aus dem stetigen Anwachsen wissenschaftlicher Informationen entstehen: Während z. B. um 1800 insgesamt etwa 100 wissenschaftliche Zeitschriften erschienen, waren es um 1850 bereits 1000, um 1900 rund 10 000 und um 1960 ungefähr 100 000. Die Zahl wissenschaftlicher Zeitschriften hat sich also in den letzten einhundertfünfzig Jahren vertausendfacht (BAER, S. 165).

Problem

Der Prozeß der Erstellung wissenschaftlicher Arbeiten ist daher häufig auch ein Problem der Materialermittlung. Der stetige Zuwachs wissenschaftlicher Informationen, so erfreulich er unter dem Gesichtspunkt der Bearbeitung wissenschaftlicher Probleme auch ist, stellt nicht nur höhere Ansprüche an die Informations- und Dokumentationswissenschaften hinsichtlich der Sammlung, Verzeichnung und benutzeradäquaten Bereitstellung wissenschaftlicher Informationen[2], für den wissen-

Konsequenz

schaftlich Arbeitenden impliziert er das Problem, in dieser Informationsfülle die benötigte Information zu

---

1 In den folgenden Kapiteln bedienen wir uns des Begriffes „Material", der sich von seiner Bedeutung her im Bereich wissenschaftlichen Arbeitens zwar durchweg mit dem Begriff „Literatur" deckt, in seinem Umfang aber nicht mit diesem identisch ist, da er auch nicht schriftliches wissenschaftliches Material erfaßt (z. B. audio-visuelle Medien).

2 Viele Bibliotheken bedienen sich heute schon des aus den USA stammenden „Mikrofiche"-Verfahrens. Auf kleinformatigen (DIN A 6) Filmen werden dort bis zu sechzig Buchseiten, die von einem entsprechenden „Leser" in Papierkopien umgesetzt werden können, festgehalten.

finden. Damit kommt der individuellen Aneignung allgemeiner sowie fachspezifischer Suchtechniken und -strategien eine kaum zu überschätzende Bedeutung zu.[3]

Inhalt 3.1.1.

Die nachfolgenden Ausführungen befassen sich deshalb mit vier zentralen Fragen der Materialermittlung. Im ersten Abschnitt werden vier verschiedene Arten wissenschaftlichen Materials dargestellt. Die von uns dort vorgenommene Unterscheidung macht deutlich, daß wissenschaftliches Material nicht nur Gegenstand der Ver- und/oder Bearbeitung, sondern selbst auch Mittel zur Erschließung anderen wissenschaftlichen Materials sein kann.

Inhalt 3.1.2.

Nur ein geringer Teil der während des Studiums zu verarbeitenden Literatur kann käuflich erworben werden; sei es aus finanziellen Gründen oder einfach, weil die benötigte Literatur nicht (mehr) im Buchhandel erhältlich ist. Der überwiegende Teil muß daher in Bibliotheken ausgeliehen werden. Der zweite Abschnitt befaßt sich deshalb mit den verschiedenen Arten von Bibliotheken als wichtigstem Ort der Literaturaufbewahrung.

Inhalt 3.1.3. und 3.1.4.

Im dritten und vierten Abschnitt werden schließlich handlungsanleitende Informationen zur Ermittlung wissenschaftlichen Materials gegeben. Zunächst werden die wichtigsten Techniken der Arbeit an den verschiedenen Bibliothekskatalogen und bibliographischen Verzeichnissen erläutert. Abschließend weisen wir auf eine zusätzliche Recherchiertechnik hin und stellen den gesamten Komplex der Materialfindung in zwei übersichtlichen Fließschemata zusammenfassend dar.

---

3 Dies beweisen nicht zuletzt zahlreiche Untersuchungen zum Problem der Bibliotheksbenutzung durch studentische Leser.
So gaben bei einer Befragung 33 % der Studenten an, daß sie bei der Benutzung des Alphabetischen Katalogs Schwierigkeiten hätten, 26 % war der Zeitschriftenkatalog und 33 % die Existenz von Zentralkatalogen unbekannt. Nur 27 % der Befragten hatten schon einmal eine Allgemein- und Fachbibliographie benutzt (SCHOCH, S. 25 ff.).

3.1.1. Die Arten wissenschaftlichen Materials

Wir unterscheiden in Anlehnung an JESSE (S. 18) drei Arten wissenschaftlichen Materials[4]:

3.1.1.1. Primäres Material

Unter primärem Material versteht JESSE das gesamte wissenschaftliche Originalschrifttum (Bücher, Zeitschriften, Hochschulschriften usw.). Es ist der eigentliche Gegenstand der wissenschaftlichen Arbeit.

3.1.1.2. Sekundäres Material

Als sekundäres Material bezeichnet JESSE Verzeichnisse, die in systematisch geordneter Form Originalschrifttum nachweisen (Bibliographien, Literaturverzeichnisse, Verlagskataloge usw.). Das sekundäre Material ist somit ein Mittel, um primäres Material zu erschließen.

3.1.1.3. Tertiäres Material

Tertiäres Material ist dann jene Literatur, die Wissens- oder Wissenschaftsbereiche in zusammenfassender, thematisch geordneter oder einen Überblick gebender Form darstellt (Wörterbücher, Lexika, Handbücher usw.). Tertiäres Material ist somit Mittel und Gegenstand der wissenschaftlichen Arbeit zugleich.

Neben dieser Unterscheidung nach Arten läßt sich das Material nach zwei weiteren Strukturkriterien aufteilen, nach dem

Weitere Strukturkriterien

1. Status der Veröffentlichung:

   Man unterscheidet, ob das Material
   – gedruckt,

---

4 Diese Unterscheidung erscheint uns am ehesten geeignet, die verschiedenen Arten wissenschaftlichen Materials voneinander abzugrenzen. In der älteren Literatur wird zumeist noch der Terminus „Primärliteratur“ benutzt, den man dann in der Regel mit dem Terminus „Quelle“ gleichsetzt und von der sogenannten „Sekundärliteratur“ unterscheidet. Beide Termini sind u. E. aufgrund ihrer Mehrdeutigkeit als Strukturkriterien nicht geeignet.

– vervielfältigt (z. B. hektographiert)
– oder einmalig vorhanden ist.

2. Status der Erhältlichkeit:

   In diesem Fall unterscheidet man, ob das Material
   – im Buchhandel
   – oder auf andere Weise erhältlich ist.

Bedeutung Beide Strukturkriterien geben eine vorläufige Antwort darüber, wie und wo das Material zu finden ist. Beispielsweise sind hektographierte Schriften nicht im Buchhandel, einmalig vorhandenes Material weder im Buchhandel, kaum in Bibliotheken, sondern in den meisten Fällen in Archiven zu erhalten.

3.1.1.4. Audio-visuelles Material

Eine gesonderte Stellung nehmen die audio-visuellen Medien ein. Ausführliche Informationen über den Einsatz von AV-Material bietet die monatlich erscheinende Zeitschrift „Aula". Auskünfte über den Erwerb und die Ausleihmöglichkeiten von AV-Medien sind bei den zuständigen Landesbildstellen zu erhalten.[5]

3.1.2. Die Orte der Materialaufbewahrung

Wir unterscheiden:

1. Bibliotheken
2. Archive
3. Informations- und Dokumentationsstellen
4. Buchhandlungen

3.1.2.1. Die Bibliotheken

Bibliotheken sind Material-, vor allem Literatursammlungen und für Studenten der wichtigste Ort für die Materialbeschaffung. Es gibt Bibliotheken der unterschiedlichsten Art. Neben den verschiedenen Hochschulbibliotheken sollte jeder Studierende möglichst frühzeitig die weiteren Bibliotheken an seinem Studienort

---

5 Vgl. Anhang S. 268.

Abb. 8: Arten wissenschaftlichen Materials

	primär	**sekundär**	**tertiär**
gedruckt im Buch- handel erhält- lich	*Bücher* Fachbücher – wissen- schaftliche Mono- graphien – Einführungen – Sammelwerke Jahrbücher *Zeitschriften* *Kongreß- und* *Tagungs-* *berichte* *Karten* *Noten*	*Verlags* -kataloge -biblio- graphien -prospekte	*Nachschlage-* *werke* – Wörterbücher – Lexika – Handbücher – Lehrbücher – Enzyklopä- dien – Kompendien – Formel- und Zitatensamm- lungen – tabellarische Werke
gedruckt nicht im Buch- handel erhält- lich	*amtliche* *Drucksachen* *Forschungs-* *berichte* *Hochschul-* *schriften* *Mitteilungen* von – Organisatio- nen – Vereinen – Instituten – Gesellschaf- ten usw.	*Bibliotheks-* -biblio- graphien, -kataloge , -dokumen- tationen *Referat-* *blätter*	
verviel- *fältigt* „graue Litera- tur“	*Hochschul-* *schriften* *interne* *Mitteilungen* von – Organisatio- nen – Vereinen – Instituten – Gesellschaf- ten usw. *Manuskripte*	Die geringe Verbreitung (Auflage) und/oder ihr ‚interner‘ Charakter machen eine systematische Erschließung der „grauen Literatur“ kaum möglich.	
einmalig *vorhan-* *den*	*Archivalien* – Akten – Urkunden – Hand- schriften – Briefe usw. *persönliche* *Dokumente*	*private* Biblio- graphien Kataloge, Karteien, usw.	

kennen. Dies sind vor allem die öffentlichen Bibliotheken und unter Umständen **Spezialbibliotheken**. Spezialbibliotheken verfügen über zum Teil wichtiges – wenn auch zumeist thematisch eingeschränktes – wissenschaftliches Material.

Vgl. dazu:

[6]

> MEYEN, F.: Verzeichnis der Spezialbibliotheken in der Bundesrepublik einschließlich West-Berlin. 2. Aufl. Braunschweig: Vieweg 1970.

Auskünfte über die am Ort befindlichen Bibliotheken geben die regionalen Bibliotheksführer, die in den jeweiligen Zentralbibliotheken erhältlich sind.

Benutzungsstruktur

Hinsichtlich ihrer Benutzungsstruktur lassen sich Bibliotheken unterscheiden in:

Ausleih- und Präsenzbibliotheken

Im Gegensatz zu den Ausleihbibliotheken leihen Präsenzbibliotheken ihre Bestände nicht aus. Reine Präsenzbibliotheken sind jedoch selten (ein Beispiel ist die „Deutsche Bibliothek" in Frankfurt am Main[7]).
In der Regel sind Bibliotheken Ausleihbibliotheken mit einem bestimmten Präsenzbestand, d. h. dieses Material ist den Lesern ausschließlich innerhalb der Bibliothek (im Lesesaal) zugänglich.

Freihand- und geschlossene Bibliotheken

Die Bestände der Freihandbibliotheken sind für den Benutzer in frei zugänglichen Regalen aufgestellt. Die Bestände geschlossener Bibliotheken sind magaziniert – das vom Leser gewünschte und am Katalog ermittelte Buch muß aus dem Magazin angefordert werden. Auch hier gibt es im Bereich wissenschaftlicher Bibliotheken kaum „Reinformen": wissenschaftliche Bibliotheken sind in der Regel eine Mischform aus Freihand- und geschlossener Bibliothek.

---

6 Sie können in dieses Kästchen die jeweilige Standortsignatur Ihrer Bibliothek eintragen, unter der die Schrift verzeichnet ist.

7 Vgl. Die Deutsche Bibliothek. Aufgaben und Organisation. 2. verb. Aufl. Frankfurt am Main 1975.

Abb. 9: Arten von Bibliotheken **Abb. 9**

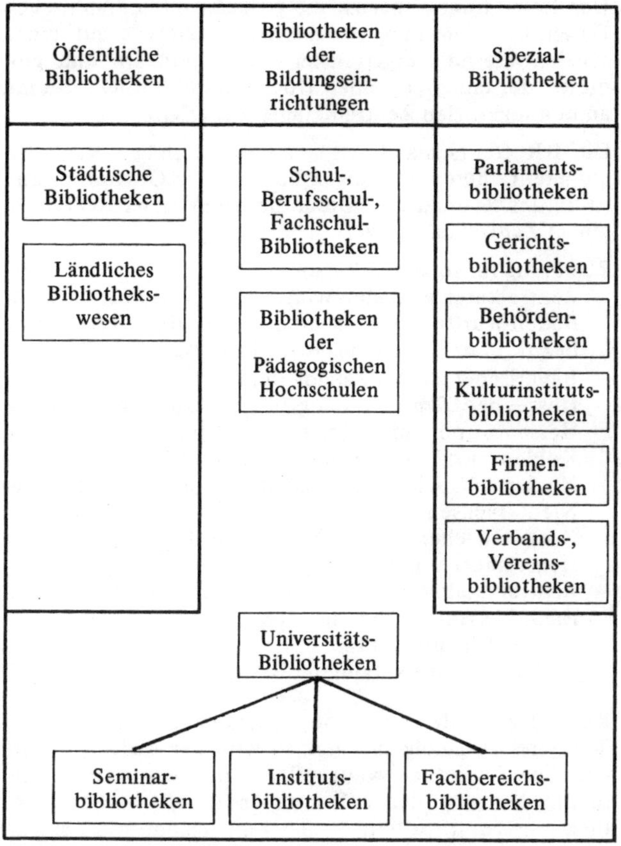

Über die Benutzungsordnung der Bibliothek (Leihfristen, Verlängerung, Fristüberschreitung usw.) informiere man sich am besten selbst. Die zu Beginn eines jeden Semesters stattfindenden Bibliotheksführungen geben dem Benutzer darüber hinaus noch wichtige ortsspezifische Informationen und sollten deshalb unbedingt genutzt werden. **Benutzungsordnung**

Abschließend noch ein Wort zur **Fernleihe**:

Sehr oft kommt es vor, daß das gesuchte Material in der Hochschulbibliothek und den anderen Bibliotheken der örtlichen Umgebung nicht vorhanden ist. In einem solchen Fall kann man die Fernleihe in Anspruch nehmen: Der Leser trägt zunächst die genauen bibliographischen Daten des von ihm gewünschten Materials auf einen speziell hierfür vorgesehenen Leihschein ein und gibt diesen der entsprechenden Hochschulbibliothek, die ihn an den regionalen **Zentralkatalog** weiterleitet.

Die BR Deutschland ist in insgesamt sieben Regionen aufgeteilt, deren jeweiliger literarischer Gesamtbestand (d. h. der Bestand aller Bibliotheken in dieser Region) in einem Zentralkatalog verzeichnet ist.

Zentralkataloge

Zuständig für folgende Regionen ist:
- Zentralkatalog Baden-Württemberg in Stuttgart für Baden-Württemberg, Saarland und den Regierungsbezirk Pfalz des Landes Rheinland-Pfalz
- Bayerischer Zentralkatalog in München für Bayern
- Hessischer Zentralkatalog in Frankfurt am Main für Hessen und die Regierungsbezirke Rheinhessen, Koblenz und Montabaur des Landes Rheinland-Pfalz
- Niedersächsischer Zentralkatalog in Göttingen für Niedersachsen
- Norddeutscher Zentralkatalog in Hamburg für die Hansestädte und Schleswig-Holstein
- Zentralkatalog Nordrhein-Westfalen in Köln für Nordrhein-Westfalen und den Regierungsbezirk Trier des Landes Rheinland-Pfalz
- Berliner Gesamtkatalog für Berlin

Kann der für den Studienort zuständige Zentralkatalog den Titel ausfindig machen, so wird der Auftrag an die jeweilige Bibliothek weitergeleitet und von dort das gesuchte Material der auftraggebenden Hochschulbibliothek zugesandt. Sofern der Titel im zuständigen Zentralkatalog nicht verzeichnet ist, wird der Auftrag an den nächsten Zentralkatalog weitergeleitet. Ein Auftrag kann also im schlechtesten Falle durch sieben Zentralkataloge laufen, was die Wartezeit selbstverständlich vergrößert. Ist ein Titel in keinem der sieben Zentralkataloge verzeichnet, so kann der Leser noch den internationalen Leihverkehr in Anspruch nehmen.

Wartefristen

Dabei ist aber zu berücksichtigen: Sind die Wartezeiten im nationalen Leihverkehr schon ziemlich groß (bis zu sechs Wochen), so ist im internationalen Leihverkehr mit Wartezeiten von zwei Monaten und mehr zu rechnen. Bei zeitlich begrenzten Arbeiten kommt man mit der Benutzung des **Desideratenbuches** (Wunschbuch) unter Umständen erheblich schneller zum Ziel. In dieses Buch, das in der Bibliothek ausliegt, kann jeder Leser seine Buchwünsche eintragen. Die Bibliotheksverwaltung gibt ihre Entscheidung darüber, ob sie das vom Leser gewünschte Buch anschafft oder nicht, bereits kurze Zeit später durch einen Vermerk im Desideratenbuch dem Leser bekannt.

3.1.2.3. Informations- und Dokumentationsstellen

Unter Informations- und Dokumentationsstellen versteht man neben Bibliotheken und Archiven sonstige Einrichtungen (Institutionen, Gesellschaften usw.), die sich mit der Sammlung oder Verzeichnung wissenschaftlichen Materials (in der Regel zu einem begrenzten Themenbereich) befassen.[8] Auskünfte über ihre Bestände, die Möglichkeiten des Ausleihens oder der Einsichtnahme in ihr Material geben sie auf Anfrage. Beispielsweise verfügen alle Universitätsbibliotheken (UBs) der BRD über Sondersammlungen zu bestimmten Wissenschaftsbereichen, d. h. sie streben (mit Unterstützung der „Deutschen Forschungsgemeinschaft") eine möglichst vollständige Sammlung der Literatur ihres jeweiligen Bereichs an. Für den Bereich der Pädagogik ist die UB Erlangen zuständig.

Auskunft über Dokumentations- und Informationsstellen geben:[9]

– Minerva:
  Internationales Verzeichnis Wissenschaftlicher Institutionen
  Hrsg.: Werner SCHUDER
  33. Ausgabe
  Berlin: de Gruyter 1972

8 Vgl. Minerva: Archive im deutschsprachigen Raum. 2 Bde. 2. Aufl. Berlin 1974.
9 Vgl. Anhang S. 269.

- Verzeichnis Deutscher Informations- und Dokumentationsstellen
  Hrsg.: Institut für Dokumentationswesen, Frankfurt am Main
  Wiesbaden: Riechert 1974
- DOMEY, Friedrich:
  Handbuch der deutschen wissenschaftlichen Akademien und Gesellschaften
  2. völlig neu bearb. Aufl.
  Wiesbaden: Steiner 1977
- Vademecum Deutscher Lehr- und Forschungsstätten (VDLF)
  Hrsg.: Stifterverband für die Deutsche Wissenschaft
  7. Auflage
  Essen: Gemeinnützige Verwaltungsgesellschaft für Wissenschaftspflege 1978
- Wissenschaftliche und kulturelle Institutionen der Bundesrepublik Deutschland.
  Universitäten, Bibliotheken, Museen, Wissenschaftliche Gesellschaften, Verlage, Kunstgalerien.
  München-Pullach: Verl. Dokumentation 1976
- Verbände und Gesellschaften der Wissenschaft. Ein internationales Verzeichnis
  2. Auflage
  München: Vlg. Dokumentation 1978

3.1.2.4. Buchhandlungen

Bedeutung

Für Studierende von nicht zu unterschätzender Bedeutung sind die *Universitäts*buchhandlungen. Weitaus schneller als Bibliotheken stellen sie dem Leser die neueste Literatur zur Verfügung. Wie gut allerdings eine Universitätsbuchhandlung letztlich ausgestattet ist, hängt in einem sehr hohen Maße von der Fachkompetenz des zuständigen Bearbeiters ab, d. h. es kann durchaus vorkommen, daß neue und wichtige Veröffentlichungen auch in Universitätsbuchhandlungen nicht erhältlich sind. Auf eines bleibt noch hinzuweisen: So wichtig Universitätsbuchhandlungen im Prozeß der laufenden Information („current awareness“) auch sind, sie sind nicht der Ort, an dem man sich die für ein zu bearbeitendes Thema benötigte Literatur zusammensucht. Da sie sich immer auf die aktuellste Literatur spezialisieren müssen, ist die von ihnen präsentierte Auswahl immer eingeschränkt.

Nachteil

3.1.3. Materialfindung I

Bibliothekskataloge – Bibliographien – Buchhandels- und Verlagskataloge

Man kann grundsätzlich davon ausgehen, daß Bibliotheken, Informations- und Dokumentationsstellen und Verlage das von ihnen gesammelte, verzeichnete oder veröffentlichte Material auch ausweisen. Wir bezeichneten diese Literaturauskunftsmittel als sekundäres Material. Allein mit seiner Hilfe kann das Material zeit- und zweckökonomisch erschlossen werden. Dieses Erschließen von Literatur mit Hilfe von sekundärem Material nennt man im weitesten Sinne des Wortes **„Bibliographieren"**[10]. Es setzt verständlicherweise die exakte Kenntnis der jeweils spezifischen Struktur der Literaturauskunftsmittel voraus, d. h. man muß sich mit

Voraussetzungen

- den verschiedenen Möglichkeiten der Titelaufnahme,
- den Regeln der alphabetischen Verzeichnung,
- den verschiedenen Klassifikationssystemen,
- und den Grundlagen des Schlagwortkatalogs

vertraut machen.

Bevor wir uns im folgenden diesen verschiedenen Voraussetzungen näher zuwenden, machen wir auf einige sehr wertvolle Einführungen in die Technik des Bibliographierens aufmerksam, die dieses Thema mit einer weitaus größeren Ausführlichkeit behandeln, als es uns in diesem Zusammenhang möglich ist:

- SAUR, Klaus Gerhard; FERRING, Josef:
  Bibliographieren leicht gemacht.
  Düsseldorf: Verl. Der Jungbuchhandel 1966.
- BAER, Hans:
  Bibliograpie und bibliographische Arbeitstechnik.
  2. verb. Auflage
  Frauenfeld: Huber 1964.

---

10 Als „Bibliographieren" im engeren Sinne bezeichnet man die Erschließung von Literatur mit Hilfe einer Bibliographie (vgl. 3.1.3.2.).

- WEITZEL, Rolf:
  Bibliographische Suchpraxis.
  Stuttgart: Poeschel 1962.
- DOMAY, Friedrich:
  Formenlehre der bibliographischen Ermittlung.
  Stuttgart: Hiersemann 1968.

3.1.3.1. Die Bibliothekskataloge

Bibliotheken verzeichnen ihre Bestände in einem oder mehreren Katalogen. Der Katalog ist sozusagen eine Bibliographie der in der Bibliothek gesammelten Literatur. Er besteht aus einer Vielzahl von nach jeweils unterschiedlichen Gesichtspunkten geordneten Karteikarten, auf denen je ein Titel verzeichnet ist. **Katalogkarten** können die folgenden Angaben enthalten:

Bestandteile der Katalogkarte

(A) *Standortsignatur* oder *Notation.* Sie ist immer identisch mit der Signatur auf dem Buch und gibt Auskunft, wo das Buch im Regal seinen Platz hat. Eventuelle Zusätze wie z. B. „Ls" oder „Mag" geben Auskunft, ob etwa das Buch nur im Lesesaal eingesehen werden darf oder ob ein Titel im Magazin steht.

(B) *Ordnungswort.*
Dabei handelt es sich um den Nachnamen und die Vornamen des Autors oder – wenn das Werk mehr als drei Autoren bzw. einen Herausgeber hat – um den Sachtitel des Buches.

(C) *Sachtitel* des Buches.

(D) ggf. *Untertitel.*

(E) *Auflagenvermerk.* Dabei geht es um Angaben, ob es sich um die zweite, dritte . . . usw. oder um eine „unveränderte", „erweiterte", „verbesserte" usw. Auflage handelt.

(F) *Erscheinungsort, Verlagsname, Erscheinungsjahr.*

(G) *Anzahl der Seiten.*

(H) *Formatangabe.*
Bei der Formatangabe unterscheidet man nach der Rückenhöhe des Buches:

bis	18,5 cm = Kleinoktav	=	Kl.	8°
bis	22,5 cm = Oktav	=		8°
bis	25,0 cm = Großoktav	=	Gr.	8°
bis	35,0 cm = Quart	=		4°
bis	45,0 cm = Folio	=		2°
über	45,0 cm = Großfolio	=	Gr.	2°

(I) *Titel* der *Serie* oder *Reihe* und *Nummer* des *Bandes* oder *Heftes.*

(K) *Vermerk,* ob das Buch ein *Literaturverzeichnis* enthält.

(L) *Internationale Standardbuchnummer* (ISBN).
Die erste Ziffer bezeichnet den sprachlich-geographischen Raum, in dem das Buch erschienen ist, die zweite Ziffer den Verlag, die dritte die Buchnummer des Verlags.

(M) *Bibliotheksinterne Vermerke (z. B. Titeldrucknummer).*

Abb. 10: Katalogkarte (Beispiel)

B, A,	Jesse, Andreas	A 3 / jes
C,	Informationen systematisch gewinnen.	
D,	Leitfaden für Studenten aller Fachrichtungen.	
F, G, H,	Reinbek b. Hamburg: Rowolth (1975). 149 S. 8°	
I,	(Vieweg Basiswissen. 18.)	
K,	Lit.-Verz. S. 120–135	
L,	ISBN 3-499-27018-8	
M,	25/467	

Für die Titelaufnahme gibt es in der BR Deutschland keine einheitlichen Vorschriften, d. h. die Anordnung der einzelnen Titelelemente auf einer Karteikarte kann differieren. In den meisten Fällen werden die Titel nach den „Preußischen Instruktionen“[11] verzeichnet.

Je nach Größe und Funktion verfügen Bibliotheken über verschiedene Kataloge. Dies sind im einzelnen:

1. Der **Alphabetische Katalog** (AK)

Funktion

Der AK ordnet alle *selbständigen* Schriften (also keine Zeitschriftenaufsätze oder Aufsätze aus Sammelwerken) nach dem Alphabet der Verfassernamen. Werke mit mehr als drei Autoren oder einem Herausgeber werden in der Regel unter ihrem Sachtitel eingeordnet, wobei das erste im Nominativ stehende Substantiv des Sachtitels für die Einordnung in den AK verantwortlich ist (die Reihenfolge der anderen Wörter richtet sich nach ihrer grammatikalischen Abhängigkeit).

Ein Beispiel:

Beispiel

Der Titel: PRIOR, Harm (Hrsg.): Soziales Lernen.
Düsseldorf: Schwann 1976.
(= Schwann Handbuch.)

wird im AK wie folgt nachgewiesen:

Nachschlagen unter „PRIOR, Harm“:

Abb. 11: Katalogkarte (Ausschnitt)

Prior, Harm
(Hrsg.)
siehe: Lernen, soziales. 1976

Nachschlagen unter „Lernen“:

Abb. 12: Katalogkarte

Lernen, soziales — Päd 4b 1 / lern

Harm Prior Hrsg.
Unter Mitarbeit von Waltraut Biester u. a.
Düsseldorf: Schwann (1976). 428 S.
(Schwann Handbuch)
Lit.-verz. S. 383–417
ISBN 3-590-14226-X

73/26

---

11 Instruktionen für die alphabetischen Kataloge der Preußischen Bibliotheken. Wiesbaden: Harrassowitz 1966 (Reprint).

Beim AK ist ferner zu beachten:

- Anonyma (d. h. Schriften, deren Autor unbekannt ist) werden unter ihrem Sachtitel eingeordnet,
- zwischen den Buchstaben „I" und „J" nimmt der AK keine Unterscheidung vor,
- Gesamtausgaben eines Autors sind seinen Einzelschriften vorangestellt.

Über die Behandlung von Doppelnamen, mehrteiligen Verfassernamen, Artikel vor dem Verfassernamen und ähnlichen Besonderheiten erkundige man sich vorsichtshalber in der jeweiligen Bibliothek.

2. Der **Sachkatalog**

Unterscheidung

Mit dem Begriff Sachkatalog bezeichnet man den Systematischen Katalog (SyK) und den Schlagwortkatalog (SWK). Er dient der sachlichen Erschließung der Bestände einer Bibliothek.

– Der **Systematische Katalog** (SyK)

Funktion

„Der Systematische Katalog ordnet die Titel der Bücher nach einem bis in feinste Untergruppen durchgebildeten, vor Beginn der Katalogisierungsarbeiten festgelegten System. Dabei werden, ausgehend von den weitesten Wissenschaftsbereichen über die einzelnen Wissenschaften und ihre Disziplinen bis zu den engsten Begriffen hinab Gliederungsgruppen (‚Klassen') geschaffen, die insgesamt systematisch, d. h. in logischer Folge von weiteren zu immer engeren Klassen fortschreitend, angeordnet werden. Ihre Gesamtheit wird Klassifikation genannt." (ROLOFF, S. 64)
Der SyK verzeichnet nur selbständige Schriften, und zwar in der alphabetischen Folge der Verfassernamen.
In den Bibliotheken der BR Deutschland gibt es keine Bestände nach einem ihrer Größe und ihren spezifischen Zwecken angemessenen internen System.[12] Die Systematikübersichten liegen zumeist in gebundener oder gehefteter Form in der Bibliothek aus. Aufgrund der nicht einheitlichen Klassifikationssysteme ist der Benutzer

---

12 In den anglo-amerikanischen Staaten, in Frankreich, der UdSSR und anderen Staaten gibt es einheitliche Klassifikationssysteme. Vgl. Anhang S. 271 ff.

verschiedener Bibliotheken (UBs, öffentliche Bibliotheken usw.) gezwungen, sich mit dem jeweils maßgebenden System vertraut zu machen.

Um die Funktionsweise des SyK zu veranschaulichen, stellen wir exemplarisch das System der „Pädagogischen Hochschule Berlin", die mittlerweile zur „Freien Universität Berlin" gehört, vor.

Beispiel

Der Gesamtbestand ist zunächst in mehrere Wissenschaftsbereiche (Abteilungen) eingeteilt. Jeder dieser Bereiche erhält eine Buchstaben-Notation: z. B.

- Päd (= Pädagogik)
- Psy (= Psychologie)
- Soz (= Sozialwissenschaften)
- A (= Allgemeines) usw.

Die Klasse Pädagogik ist in weitere elf Unterklassen (Gruppen) aufgeteilt:

Päd 1 = Allgemeines
Päd 2 = Grundlagen der Pädagogik
Päd 3 = Geschichte und Stand der Pädagogik
Päd 4 = Systematische Pädagogik
Päd 5 = Wirtschafts-, Berufspädagogik, Berufskunde
Päd 6 = Heilpädagogik, Sondererziehung
Päd 7 = Sozialpädagogik, Sozialarbeit
Päd 8 = Erwachsenenbildung
Päd 9 = Theorie und Organisation der Schule
Päd 10 = Allgemeine Unterrichtslehre
Päd 11 = Spezielle Unterrichtslehre

Jede Unterklasse ist in weitere Unterklassen (-gruppen und Subuntergruppen) eingeteilt:

Päd 2a = Erziehungswissenschaft, Philosophie und Theorie der Bildung und Erziehung
Päd 2a1 = Vergleichende Erziehungswissenschaft
Päd 2a2 = Bildungsplanung und Bildungsökonomie
Päd 2a3 = Kybernetische Pädagogik
Päd 2b = Aufgaben und Ziele der Pädagogik
usw.

Vorteile des SyK:

Vorteil 1

Ist ein zu bearbeitender Gegenstand (Thema) als Systemstelle verzeichnet oder läßt er sich einer Systemstelle zuordnen, dann kann man in kürzester Zeit den gesamten Bestand selbständiger Schriften der Bibliothek zu diesem Gegenstand erschließen. Die gesamte Literatur zum Thema „Kybernetische Pädagogik“ wäre unserem Beispiel zufolge unter der Systemstelle „Päd 2a3“ zu finden.

Vorteil 2

Ein weiterer Vorteil des SyK besteht in der „Schlüsselung“. „‚Schlüssel‘ sind . . . genormte Reihen von Begriffen formalen und sachlichen Charakters, die die Gliederung einander entsprechender Teile des Katalogs bestimmen; ihre Anwendung ‚schließt‘ die betreffenden Katalogstellen in der gleichen Weise ‚auf‘.“ (ROLOFF, S. 79)

Solche *formalen Begriffe* sind zum Beispiel: Bibliographie, Lexika, Handbücher, Jahrbücher, Schriftenreihen usw. Das von uns exemplarisch vorgestellte System benutzt folgende Formbegriffe:

Päd 1a	= Bibliographien, Kataloge
Päd 1b	= Lexika, Wörterbücher
Päd 1c	= Handbücher
Päd 1d	= Schriftenreihen
Päd 1e	= Jahrbücher
Päd 1f	= Vermischte Schriften
Päd 1g	= Fest- und Gedenkschriften
Päd 1h	= Pädagogische Bibliotheken, Schul- und Schülerbüchereien
Päd 1i	= Organisationen, Verbände, Gesellschaften
Päd 1k	= Tagungen, Kongresse, Ausstellungen

Sucht man beispielsweise pädagogische Bibliographien, so findet man diese unter der Systemstelle „Päd 1a“ (= Pädagogik – Bibliographien). Sucht man hingegen Lexika und Wörterbücher aus dem Bereich der Sozialwissenschaften, so findet man diese unter „Soz 1b“ (= Sozialwissenschaften – Wörterbücher, Lexika). Jeder Wissenschaftsbereich kann demnach durch die Anwendung solcher Formbegriffe in der gleichen Weise aufgeschlossen werden.

Es kann hier nur das allgemeine Prinzip der Schlüsselung dargestellt werden, da es, wie bereits erwähnt, kein einheitliches Klassifikationsschema in den Bibliotheken der BR Deutschland gibt. Über die spezifische Schlüsselung informiere man sich am besten in der nächstliegenden Bibliothek.

Nachteile des SyK:

Nachteil 1 Der größte Nachteil des SyK besteht darin, daß er keine Zeitschriftenaufsätze und Aufsätze aus Sammelwerken verzeichnet. **Nachteil 2** Ein weiterer Nachteil besteht weniger im Aufbauprinzip des SyK selbst als vielmehr in seiner laufenden Ergänzung durch das zuständige Bibliothekspersonal. So kann es vorkommen, daß neu entstandene Spezialbereiche (wie z.B. Medienpädagogik oder Museumspädagogik) nicht als neue Systemstellen ergänzt, sondern in die vorhandenen Systemstellen eingeordnet werden.

– Der **Schlagwortkatalog** (SWK)

Der SWK verzeichnet die selbständige Literatur nach alphabetisch geordneten Schlagwörtern.

Definition Unter einem **Schlagwort** versteht man das Wort, das den Inhalt oder Gegenstand einer Schrift „schlagend“, d. h. am treffendsten bezeichnet.

Der SWK gibt dem Benutzer auf folgende Fragen Auskunft:

Funktion

- Welche Schriften gibt es zu einem thematisch begrenzten Bereich oder zu einem Begriff?
- Welche Autoren haben zu diesem Bereich etwas geschrieben?
- Wie lautet der vollständige Titel einer Schrift?

Die Nutzung dieser Vorteile ist allerdings mit einigen Schwierigkeiten verbunden, die sich zum einen aus der Methode der Schlagwortbildung bzw. ihrer Handhabung durch das Bibliothekspersonal ergeben, zum anderen aber auch sehr oft der Tatsache geschuldet sind, daß dem Benutzer der Umgang mit Schlagwörtern nicht vertraut ist.
Kommen wir zunächst auf die erste Schwierigkeit zu sprechen:

Bekanntlich gibt es für gleiche Sachverhalte oder Gegenstände unterschiedliche Begriffe. Die Bildung von und die Subsumtion der Literatur unter Schlagworte gehört zu den Aufgaben des Bibliothekars. Dieser muß deshalb immer versuchen, den Inhalt einer Schrift unter ein möglichst eindeutiges Schlagwort zu bringen, d. h. ein Schlagwort, von dem er annehmen kann, daß auch der Benutzer unter diesem das jeweilige Buch suchen wird. **Schwierigkeit 1**

Ein Beispiel:

Einen Titel wie: „Wörterbuch der kybernetischen Pädagogik" wird er unter dem Schlagwort „Kybernetik" oder „kybernetische Pädagogik" (oder etwa auch „programmiertes Lernen") einordnen, weil der Begriff „Wörterbuch" ein rein formales Ordnungswort darstellt und nichts über den Inhalt einer Schrift aussagt (vgl. SyK). **Beispiel**

Der Benutzer, der unter dem Schlagwort „Wörterbuch" nachsehen will, wird feststellen, daß es dieses Schlagwort überhaupt nicht gibt.

Für den Bibliothekar wird es nun schwierig, wenn er einen Titel einzuordnen hat, dessen Sachinhalt durch zwei gleichwertige Gegenstände gebildet wird.

Ein Beispiel:

Ein Titel wie: „Industriearbeit und Arbeiterbewußtsein" kann sowohl unter dem Schlagwort „Arbeit – Industriearbeit" als auch „Bewußtsein – Arbeiterbewußtsein", möglicherweise auch unter „Arbeiterbewußtsein" eingeordnet sein. **Beispiel**

Konsequenzen Da eine einheitliche Standardisierung der Schlagwörter nicht vorliegt, benutzt der Bibliothekar zwei einfache Hilfsmittel, um einerseits dem Problem der unterschiedlichen Begriffsinterpretation durch den Benutzer und andererseits dem Problem gleichwertiger Gegenstände zu begegnen. **Hilfsmittel 1** Die erste Hilfe besteht darin, daß ein Titel mehrfach (unter verschiedenen Schlagwörtern) nachgewiesen wird. **Hilfsmittel 2** Das zweite Hilfsmittel ist die **Verweisung.** Verweisungen „. . . dienen dazu, die Beziehungen der verschiedenen Schlagwörter zueinander herzustellen und gleichbedeutende (synonyme) oder verwandte

Begriffe aufeinander zu beziehen. Durch die sinnvolle Anwendung von Verweisungen werden also die verschiedenen sprachlichen Möglichkeiten, einen Begriff auszudrücken, in die Suchwege der Katalogbenutzer mit einbezogen." (ROLOFF, S. 147)

Hierzu wieder ein Beispiel:

Beispiel

Unter dem Schlagwort „Selbsterziehung" finden sich in der Bibliothek der „Pädagogischen Hochschule Berlin" folgende Verweisungen:
- Autodidaktik
- Selbstbildung
- Fernstudium
- Erziehung
- Selbstunterricht

Schwierigkeit 2

Die zweite Schwierigkeit, die als solche oftmals überhaupt nicht erkannt wird, betrifft den Katalogbenutzer. Es geht dabei um das Problem der **Synonymbildung**.

Beispiel

Wenn ein Benutzer beispielsweise Literatur zum Thema „Wissenschaftliches Arbeiten" sucht und sich lediglich auf die Schlagwörter „Arbeit – wissenschaftliche" oder „Wissenschaft – wissenschaftliche Arbeit" beschränkt, dann wird er aller Wahrscheinlichkeit nach nur einen geringen Teil der zu diesem Thema in der Bibliothek vorhandenen Literatur finden. Der andere Teil, der möglicherweise unter den Schlagwörtern „Arbeitstechnik" oder „Arbeit – geistige" steht, wird ihm unter Umständen entgehen.

Konsequenz

Um ein Thema also möglichst vollständig zu erschließen, muß der Benutzer Synonyme für seinen Gegenstand finden, wozu es sehr oft einiger Anstrengungen bedarf.

Ein Beispiel dazu:

Beispiel

Für das Schlagwort „Zensuren" lassen sich folgende Synonyme bilden:
- Beurteilung
- Benotung
- Bewertung
- Notengebung
- Zeugnis
- Leistungsmessung

usw.

Schwierigkeit 3

Eine dritte Schwierigkeit besteht im Auffinden vollständiger Titel, deren Verfasser unbekannt ist.

Beispiel:

Man sucht den Autor des Werkes: „Unterrichtsmittel Sprachlabor". **Beispiel 1**
Sofern die Bibliothek über diesen Titel verfügt, wird er unter dem Schlagwort „Sprache – Sprachlabor" oder „Unterricht – Sprachlabor" zu finden sein. Schwierig wird es, wenn der Sachtitel keinen Aufschluß über den Sachinhalt des Buches gibt, und dies ist nicht nur bei populärwissenschaftlicher Literatur sehr oft der Fall.

Wie verhält es sich beispielsweise bei dem folgenden Titel: „Wege zur Befreiung"?

Der Begriff „Befreiung" ist als Schlagwort nicht verzeichnet und selbst wenn er als Schlagwort verzeichnet wäre, so würde man unter ihm diesen Titel nicht finden. **Beispiel 2**

Was liegt hier vor?
Es handelt sich hier um die Unterscheidung von Schlagwort und **Stichwort**. Das Stichwort ist dasjenige Wort aus dem Sachtitel einer Schrift, das den Sachtitel – und nicht den Inhalt – dieser Schrift am besten kennzeichnet. **Definition**

In unserem ersten Beispiel waren Schlagwort und Stichwort identisch, d. h. durch den Begriff „Sprachlabor" war sowohl der Inhalt als auch der Sachtitel der Schrift exakt charakterisiert. In unserem zweiten Beispiel sind Stichwort und Schlagwort nicht identisch, d. h. das Stichwort „Befreiung" gibt keinen Aufschluß über den Inhalt der Schrift, vielmehr hätte man unter dem Schlagwort „Politische Bildung" nachschlagen müssen, da die Schrift verschiedene Strategien politischer Bildung thematisiert.

In solchen Fällen der Nichtübereinstimmung von Stich- und Schlagwort steht aber auch der routinierteste Katalogarbeiter vor einer unlösbaren Aufgabe, d. h. hier helfen nur noch bibliographische Verzeichnisse weiter – dazu jedoch erst später. **Konsequenz**

Wir wollen abschließend noch einmal zusammenfassend einige allgemeine Hinweise für die Arbeit am SWK formulieren.

Allgemeine Hinweise

– Versuchen Sie den von Ihnen gewählten Gegenstand (Thema oder Begriff) mit möglichst vielen Synonymen zu umschreiben.

- Beachten Sie, daß in wissenschaftlichen Bibliotheken anstelle der Umgangssprache häufig wissenschaftliche Fachtermini benutzt werden, z. B.:
  statt „Hilfsschule" – „Debilenschule"
  statt „Lese- und Rechtschreibeschwäche" – „Legasthenie"
  statt „Unterrichtslehre" – „Didaktik"
  usw.
- Ziehen Sie bei Schwierigkeiten der Schlagwortbildung gegebenenfalls Wörterbücher oder Lexika oder folgende Hilfen zu Rate:

STRÄTER, Hans H.:
Thesaurus Pädagogik.
Hrsg.: Dokumentationsring Pädagogik,
Pädagogisches Zentrum, Berlin.
München-Pullach: Verl. Dokumentation 1973

Registerband. Zugleich deutscher Thesaurus für Pädagogik und ihre Grenzgebiete (DTP).
Zusammengestellt und bearbeitet:
H. SCHMIDT und F. J. LÜTZENKIRCHEN.
Weinheim: Beltz 1972
(= Erziehungswissenschaftliche Dokumentation.
Reihe A: Bd. 11)

- Über die speziellen Regeln der Schlagwortbildung wie zum Beispiel den Umgang mit Personen-, Orts-, Zeit- und Sachbegriffen, ihre Zu- und Unterordnung erkundige man sich am besten in der jeweiligen Bibliothek, da dies von Bibliothek zu Bibliothek unterschiedlich gehandhabt wird.

3. Der **Zeitschriftenkatalog**

Zeitschriftenkataloge verzeichnen die vorhandenen Zeitschriften nach der Wortfolge ihres Titels. Sie weisen die einzelnen Jahrgänge und ihren Standort (im Regal oder im Magazin) nach. In der Regel befinden sich die neuesten Jahrgänge in den Freihandregalen.

4. Der **Personenkatalog**

Er verzeichnet ausschließlich Literatur über bekannte Personen und ihre Werke, z. B. Biographien oder Festschriften.

5. Der **Katalog der Neuerwerbungen**

Er rubriziert, nach Sachgruppen geordnet (systematisch), die von der Bibliothek im Laufe eines Kalenderjahres erworbenen Bücher.

6. Der **Katalog der Hochschulschriften**

Er weist die an der Universität oder Hochschule erstellten Dissertations-, Habilitations- und Diplomarbeiten nach.

Weitere Kataloge

Neben diesen Katalogen verfügen verschiedene Bibliotheken außerdem noch über weitere Kataloge (Katalog der Veröffentlichungen der Lehrkräfte, Katalog der Zeitschriftenaufsätze, Regional- und Körperschaftskataloge; kleinere Bibliotheken verfügen manchmal über Kreuzkataloge, eine Mischung aus AK und SWK).

3.1.3.2. Die Bibliographien

Ein weiteres, sehr wichtiges Auskunftsmittel ist die Bibliographie.
Im Gegensatz zum Bibliothekskatalog weist die Bibliographie nicht die Literatur einer Sammlung, sondern Literatur überhaupt nach. Die Bibliographie ist der Form nach ein veröffentlichtes gedrucktes oder vervielfältigtes Verzeichnis von Literatur.

Unterscheidung

Bibliographien lassen sich nach unterschiedlichen Kriterien unterscheiden.[13]

1. **Äußerliche** Kriterien

Man unterscheidet nach

Kriterium 1

der *Erscheinungsform:*
Bibliographien können in Form von Büchern aber auch in der Form loser Blätter oder als Kartei erscheinen.
Sie können als offene (d. h. selbständige) Verzeichnisse oder in versteckter Form erscheinen (in Zeitschriften, Handbüchern, Lexika usw.).

Kriterium 2

der *Erscheinungsart*:
Bibliographien können abgeschlossen (retrospektiv) sein, d. h. sie verzeichnen Literatur, die innerhalb eines um-

---

13 Bei der Auswahl der Strukturkriterien folgen wir BAER, S. 13.

Abb. 13: Katalogbenutzung

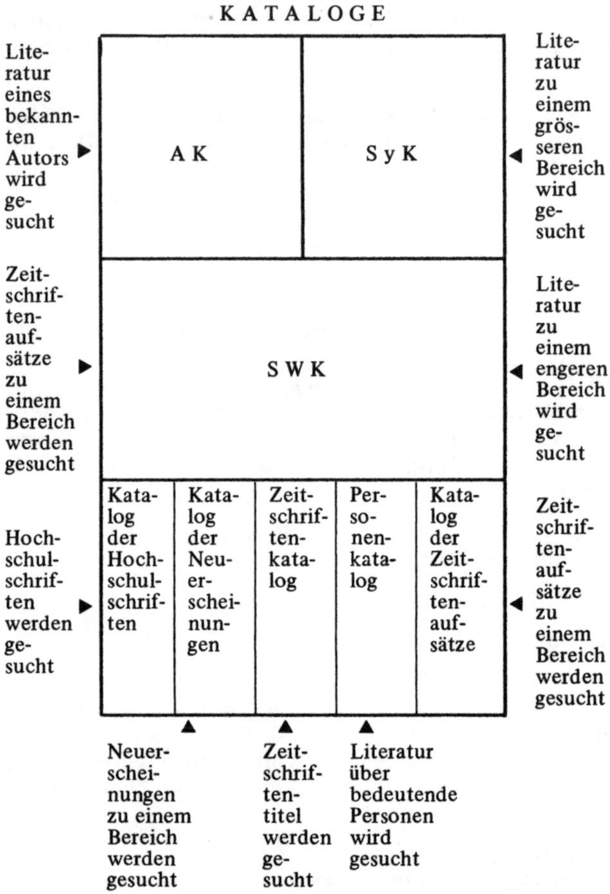

grenzten Zeitraums erschienen ist, oder fortlaufend (periodisch) sein, d. h. sie erscheinen regelmäßig und berücksichtigen die ständig neu erscheinende Literatur.

2. **Formelle** Kriterien

Man unterscheidet nach

der *Vollständigkeit des Titelmaterials:* **Kriterium 1**
Es gibt vollständige Bibliographien oder Gesamtverzeichnisse, die entweder die gesamte Literatur eines Landes oder einer Region oder zu einem Bereich usw. erfassen, und Auswahlbibliographien, die nur einen Teil der Literatur erfassen.

der *Vollständigkeit der Titelaufnahme*: **Kriterium 2**
Bibliographien können das von ihnen nachgewiesene Material ausführlich oder kurz annotieren (d. h. den Inhalt besprechen) oder sich auf ein ausführliches oder kurzes Titelzitat beschränken.

3. **Strukturelle** Kriterien

Man unterscheidet nach

der *formalen Ordnung:* **Kriterium 1**
D. h. das Titelmaterial wird in alphabetischer Titel- oder Verfassernamen- oder in zeitlicher Folge verzeichnet.

der *systematischen Ordnung*: **Kriterium 2**
D. h. das Titelmaterial kann entweder nach einer Systematik (Sachgruppen) oder nach Schlagwörtern oder nach Stichwörtern geordnet sein.

4. **Inhaltliche** Kriterien

„Zweck und Inhalt ergeben die Richtlinien, denen alle übrigen bisher genannten Elemente . . . sich unterwerfen müssen.“ (BAER, S. 29)

Man unterscheidet

Allgemeinbibliographien: **Kriterium 1**
Als wichtigste sind hier die internationalen und vor allem nationalen Bibliographien zu nennen. Eine nationale Bibliographie verzeichnet alle innerhalb eines Staates erscheinenden Schriftdokumente. Wie in Abbildung 8 schon kurz angedeutet, ist der Nachweis der „grauen

Literatur" besonders schwierig, da sie in der Regel nur unvollständig erfaßt wird. Der Nachweis sämtlicher Schriftdokumente durch die nationale Bibliographie basiert auf einem recht einfachen Prinzip: Jeder Verlag innerhalb eines Staates ist verpflichtet, je ein Exemplar aller von ihm veröffentlichten Titel an eine hierfür zuständige Zentralstelle zu schicken. Nationalbibliographien haben dadurch den Vorteil, nur jene Literatur auszuweisen, die auch tatsächlich erschienen ist (und nicht nur durch den Verlag angekündigt, dann aber doch nicht veröffentlicht wurde) und gleichzeitig diese Literatur zu sammeln. Die zuständige Zentralstelle in der BRD ist die

Deutsche Bibliothek
Zeppelinallee 4–8
6000 Frankfurt a. M. 1

Die von ihr herausgegebene Bibliographie heißt:

„Deutsche Bibliographie" (DB)

Einzelheiten über den Aufbau der DB und ihren Veröffentlichungsmodus sowie die von ihr herausgegebenen Spezialverzeichnisse sind dem Anhang zu entnehmen.

Kriterium 2 *Fachbibliographien*:
Fachbibliographien verzeichnen – wie schon der Name sagt – ausschließlich die Literatur zu einem bestimmten Wissenschaftsbereich oder einer spezifischen Disziplin.

Kriterium 3 *Bibliographien der Bibliographien*:
Hierbei handelt es sich um Verzeichnisse, die ausschließlich entweder nationale oder internationale Bibliographien nachweisen.

Innerhalb der Allgemein- und Fachbibliographien kann man zudem unterscheiden, ob sich der Nachweis auf das gesamte Schrifttum oder spezifische Publikationsformen erstreckt, wie zum Beispiel Bibliographien von

- ausschließlich selbständiger Literatur
- Zeitschriftenaufsätzen
- Zeitungsartikeln
- Hochschulschriften
- Rezensionen usw.

Abb. 14: Bibliographien

Kriterien			
äußerliche	Erscheinungsform	als Buch, Lose-Blatt-Sammlung, Kartei usw.	
		offen (selbständige Literatur)	
	Erscheinungsart	versteckt (unselbständige Literatur)	
		laufend (periodisch)	
		abgeschlossen (retrospektiv)	
formelle	Vollständigkeit des Titelmaterials	vollständige Bibliographie, Gesamtverzeichnisse	
		Auswahlverzeichnisse	
	Vollständigkeit der Titelaufnahme	Annotation	kurz ausführlich
		Titelzitat	kurz ausführlich
strukturelle	formale Ordnung	Alphabet	Titel Verfasser
		Zeitfolge	
	systematische Ordnung	Systematik Schlagwort Stichwort	
inhaltliche	Allgemeinbibliographien	national international	Bibliographien der – selbständigen Literatur – Zeitschriftenaufsätze – Zeitungsartikel – Rezensionen – Hochschulschriften
	Fachbibliographien	national international	
	Bibliographien der Bibliographien	national international	

Zur Bibliographie und der bibliographischen Arbeitstechnik

Zur Bibliographie

Der Umgang mit Bibliographien ist für das wissenschaftliche Arbeiten von ebenso großer Bedeutung wie die Arbeit an den Bibliothekskatalogen. Dieser Tatbestand wird veranschaulicht, wenn man weiß, daß die Bibliographie auf folgende Fragen eine Antwort gibt:

Funktion

- Welcher Autor hat ein neues Buch veröffentlicht?
- Welche neuen Titel gibt es?
- Welche Werke eines Autors sind im Druck erschienen?
- Welche Titel gibt es zu einem bestimmten Gebiet?

Darüber hinaus ist die Bibliographie das wichtigste Hilfsmittel, um partiell bekannte Titel oder Titelelemente zu komplettieren (Preis, Auflage, Untertitel, Erscheinungsort, -jahr usw.).

Inanspruchnahme

Wann man eine Bibliographie in Anspruch nimmt, hängt von einer Vielzahl unterschiedlicher Faktoren ab (davon: ob die zu erstellende Arbeit terminiert ist, ob Detailinformationen benötigt werden, ob ausschließlich Zeitschriftenaufsätze, Statistiken benötigt werden usw.). Eines sollte man sich stets vor Augen führen: Die Bibliographie ist ein Mittel und sollte als solches immer dem Zweck angemessen sein, d. h. vor jeder eigenen Arbeit gilt es zu überprüfen, ob der zeitliche Aufwand des Bibliographierens dem Zweck der Arbeit auch wirklich angemessen ist (vgl. BAER, S. 118).

Beispielsweise wird man bei einem Referat mit grundlegendem Charakter auf die Benutzung einer Bibliographie verzichten und sich mit der in der Bibliothek vorhandenen Literatur begnügen können. Anders verhält es sich schon bei einer größeren Hausarbeit, bei der man unter Umständen eher auf Fach- oder Zeitschriftenbibliographien zurückgreifen muß. Diplom-, Magister-, Dissertations- und Habilitationsarbeiten schließlich kommen ohne den Prozeß des ausführlichen und gründlichen Bibliographierens in den seltensten Fällen zustande.

Konsequenz

Es ist deshalb sehr ratsam, bereits in der Anfangsphase des Studiums sich in der bibliographischen Arbeit zu schulen. Wer erst bei seiner Abschlußarbeit mit dem Bibliographieren beginnt, muß einen unverhältnismäßig hohen Zeitaufwand für diese Tätigkeit in Kauf nehmen.

Bibliographische Arbeitstechnik

Das in einer Bibliographie nachgewiesene Material wird durch verschiedene – in der Regel am Ende der Bibliographie stehende – **Register** erschlossen. Bei diesen Registern kann es sich um ein

- systematisches Register,
- Schlagwortregister,

– Stichwortregister,
– alphabetisches Titelregister,
– alphabetisches Verfasserregister

handeln. Wichtig ist: Der Benutzer sollte in jedem Fall die in der jeweiligen Bibliographie enthaltene Benutzungs- oder Erschließungsanleitung genauestens studieren. Er erspart sich damit das erfolglose Herumblättern.

Beispiel

Wir wollen nun am Beispiel von drei Bibliographien

(A) „BIB-report"
(B) „Bibliographie Pädagogik"
(C) „Internationale Bibliographie der Zeitschriftenliteratur" (IBZ = „Dietrich")

den Weg der Ermittlung eines Zeitschriftenaufsatzes demonstrieren.

Ausgangslage

Wir suchen den Aufsatz aus einer deutschsprachigen Zeitschrift des Jahres 1974 mit dem Sachtitel: „Die Reform des Schulwesens in Dänemark". Weitere Angaben sind nicht bekannt.

Ermittlung.

Wir fragen zunächst:

– Nach welchem *Ordnungsprinzip* verzeichnet die von uns gewählte Bibliographie ihre Titel?

  (A) Der „BIB-report" ordnet die Titel *systematisch,* d. h. nach neun Hauptkategorien (Schulorganisation/Bildungspolitik; Pädagogik und Lehrerausbildung; Pädagogische Psychologie; Medien im Unterricht; Allgemeine Unterrichtslehre; Sprachen; Sozialwissenschaften; Naturwissenschaften; Kunst/Religion/Sport) und ca. 100 Subkategorien.

  (B) Die „Bibliographie Pädagogik" ordnet ihre Titel nach dem *Alphabet der Verfassernamen.*

  (C) Die „IBZ" ordnet ihre Titel nach dem *Alphabet der Verfassernamen* und nach *alphabetisch geordneten Schlagwörtern.*

– Über welche *Register* verfügt die von uns gewählte Bibliographie – welche Besonderheiten sind zu beachten?

(A) *Autoren-* und *Sachregister* (-index):
Der „BIB-report“ erscheint 12 x jährlich und liegt in einem gebundenen Jahrgangsband vor. Er verfügt über kein Gesamtregister, d. h. der Benutzer muß bei der Ermittlung alle zwölf Register durchsehen!

(B) *Schlagwortregister 1:*
„Es enthält in alphabetischer Folge alle Schlagwörter mit nebengeordneten Schlagwörtern, zu denen in der Berichtszeit Literatur ausgewertet wurde.“ (Bibliographie Pädagogik, S. IV)

Schlagwortregister 2:
„(Nebengeordnete Begriffe) Es enthält in alphabetischer Folge Begriffe, die den links daneben stehenden näher bestimmen.“ (ebd.)

Topographisches Register:
„Es enthält in alphabetischer Folge topographische Begriffe, die entweder einen links daneben stehenden Sachbegriff näher bestimmen, oder die selbst Gegenstand der Erörterung sind.“ (ebd.)

Personen- und Institutionenregister:
„Es ist gemischt alphabetisch geordnet. Gelegentlich ist dem Namen ein erläuternder Sachbegriff zugeordnet, der angibt, in welchem Zusammenhang die Person oder Institution behandelt wird.“ (ebd.)

Die „Bibliographie Pädagogik“ erscheint 6 x jährlich und liegt in einem gebundenen Jahrgangsband vor. Dieser verfügt über kein Gesamtregister, d. h. der Benutzer muß bei der Ermittlung alle sechs Register durchsehen.

(C) Keine Register:
Ein Jahrgang der „IBZ“ besteht aus alphabetischen Verfasserbänden („index autorum“) und alphabetischen Schlagwortbänden („index rerum“).

– Wo schlagen wir nach?

(A) Wir beginnen mit der Suche im Sachindex des ersten Heftes nach dem Schlagwort „Dänemark“.

Im neunten Sachindex finden wir:
„Dänemark 1.40"
Die Ziffer bedeutet: der vierzigste Titel in der Hauptkategorie 1.
Wir schlagen nach und finden den folgenden Eintrag:

SCHULWESEN AUSLAND
school system, abroad
1.40 2932-1-370-74/9
Seidenfaden, Fritz:
Zur Reform des Schulwesens in Dänemark.
In: Pädagogische Rundschau. Ratingen: Jg. 28 (1974) H. 4, p. 339–353

(B) Wir schlagen im Topographischen Register nach und finden:

(Ausschnitt)

2400 Kindergarten	Daenemark
2400 Kindertagesstätte	Daenemark
0519 Klassenfrequenz	Daenemark
0332 Mitbestimmung	Daenemark
2381 Schulreform	Daenemark
0332 Schulverwaltung	Daenemark

Der Titel 2381 scheint der von uns gesuchte zu sein. Wir schlagen nach und finden den folgenden Eintrag:

bp74-02-2381
Seidenfaden, Fritz
/Zur Reform des Schulwesens in Daenemark/.
In: /Paedagogische Rundschau/, 28/1974/4, S. 339–353
pres.: deutsch.
PZ-zx
Schulreform:/Daenemark/

(C) Wir schlagen nach in: „IBZ, 1975, Vol. 11, Pars 2, S–Z, index rerum" unter dem Schlagwort „Schulreform" und finden den folgenden Eintrag:

Seidenfaden, Fritz Zur Reform des Schulwesens in Dänemark. 26801. J. 28, '74, H. 4, S. 339–353

Die Ziffer 26801 steht synonym für den Namen einer Zeitschrift.
Wir schlagen nach in: „IBZ, 1975, Vol. 11, A–F, index autorum" und finden dort den Zeitschriftenschlüssel, mit dem Eintrag:

26801	Pädagogische Rundschau. Monatsschrift für Erziehung und Unterricht. Erziehungswissenschaftliche Monatsschrift für Schule und Hochschule. Ratingen.

Es bleibt noch anzumerken, daß keine der drei Bibliographien alle pädagogischen Zeitschriften auswertet. Im Bedarfsfalle müssen sie also parallel benutzt werden.

3.1.3.3. Buchhandels- und Verlagskataloge

Eine dritte Form der Literaturauskunftsmittel stellen die vom Buchhandel und den Verlagen herausgegebenen Verzeichnisse dar.

Als wichtigstes Informationsmittel ist hier zu nennen:

Verzeichnis lieferbarer Bücher (VLB)
Hrsg.: Verlag der Buchhändler-Vereinigung
3 Bände
München: Saur 1972 ff. (jährlich)

Vorteile

Die *Vorteile* dieses, den Zwecken des Buchhandels dienenden Verzeichnisses bestehen für den Benutzer darin, daß er Auskunft darüber erhält, ob ein Buch im Buchhandel zu erwerben und welches die neueste Auflage eines Buches ist.

Die Relevanz dieser Information sollte nicht unterschätzt werden, kommt es doch sehr häufig vor, daß Bücher bei ihrer Neuauflage umfangmäßig erweitert, auf den neuesten wissenschaftlichen Stand gebracht und bisweilen sogar erheblich inhaltlich korrigiert werden können.

Zumindest immer dann, wenn man vor der Aufgabe steht, sich mit den Aussagen eines bestimmten Autors kritisch auseinanderzusetzen, benötigt man Gewißheit, ob die in der Bibliothek vorhandene Ausgabe eines Buches auch tatsächlich die neueste Auflage ist.

Das „VLB" wird mittels eines Autoren-, Stichwort- und Titelregisters erschlossen.

Daneben veröffentlichen verschiedene Verlage und wissenschaftliche Buchhandlungen noch **Fachkataloge**, die, je nach Berichtszeitraum, auch ältere pädagogische Literatur nachweisen:

Erziehungswissenschaft und ihre Grenzgebiete
(DIN A 5), 184 S. (ca. 3300 Titel)
Essen: Baedecker

Pädagogische Neuerscheinungen und Standardwerke
(DIN A 5), 96 S.
Heinsberg: Diek (2 x jährl.)

Pädagogik I (1945–1958)
(DIN A 5), 323 S.
Pädagogik IA (1959–1967)
(DIN A 5), 477 S.
Pädagogik II (1945–1959)
(DIN A 5), 455 S.
Pädagogik IIA (1960–1969)
mit Erg.-Bd. bis Juni 1970
(DIN A 5), 595 S.
Köln: Koehler & Volckmar
Stuttgart: Koch, Neff & Oetinger

Pädagogik 1976
(DIN A 5)
Köln: Witsch

Abschließend sei noch auf die ständig von den Verlagen, in der Regel halbjährlich, herausgegebenen **Verlagsprospekte** verwiesen, die über das neueste Programm des Verlages Auskunft geben und im Prozeß der laufenden Information eine bedeutende Rolle spielen. Verlagsprospekte sind in allen wissenschaftlichen Buchhandlungen oder auf Anfrage durch den Verlag selbst zu erhalten.

3.1.3.4. Sonstige Auskunftsmittel

Es gibt Suchsituationen, in denen die Kataloge der Bibliothek, alle Bibliographien und auch Verlagsverzeichnisse nicht ausreichen, um einen Titel zu ermitteln. **Problem**

Ein Beispiel:

Beispiel

Nehmen wir an, wir suchen einen Titel, von dessen einzelnen Elementen uns nur der Verfassername, der Sachtitel und das Erscheinungsjahr bekannt ist.

Ermittlungsweg

Wir überprüfen zunächst:

Handelt es sich um ein Buch, einen Aufsatz aus einer Zeitschrift oder einem Sammelwerk oder um irgend eine vervielfältigte Schrift?

Weder im „VLB" noch in den Katalogen der Bibliothek ist der Titel verzeichnet. Auch das Nachschlagen in Bibliographien bringt uns keinen Erfolg (selbst nicht im „BIB-report" als dem am schnellsten auswertenden Literaturauskunftsmittel).

Was also in einem solchen Fall tun?

Hier bietet sich ein sehr einfacher Weg an:

Lösung

Wir schlagen nach in:

Kürschners deutscher Gelehrten-Kalender
2 Bände
Hrsg.: Werner SCHUDER
Berlin: de Gruyter 1925 ff.
(letzte Ausgabe 1976)

Dieses Verzeichnis enthält Angaben (inklusive der Anschrift) über 25 000 deutschsprachige Wissenschaftler. Durch eine briefliche oder, zieht man zudem noch die in der Bibliothek vorhandenen Telefonbücher zu Rate, telefonische Anfrage erhalten wir unter Umständen rasch die von uns gewünschte Auskunft.

Weitere Auskunftsmittel

Weitere wichtige Auskunftsmittel sind:

SPILLNER, Paul:
Internationales Wörterbuch der Abkürzungen von Organisationen
3 Teile
2. wesentl. erw. Aufl.
München-Pullach: Verl. Dokumentation 1970–72
(= Handbuch der Internationalen Dokumentation. Bd. 9.)

LEISTNER, Otto:
Internationale Titelabkürzungen von Zeitschriften, Zeitungen, wichtigen Handbüchern, Wörterbüchern, Gesetzen usw.
2. Auflage
Osnabrück: Biblio 1977

Internationale Bibliographie der Fachadreßbücher
Bearb.: Michael ZILS
5. neubearb. Aufl.
München-Pullach: Verl. Dokumentation 1973
(= Handbuch der Internationalen Dokumentation. Bd. 5.)

Abb. 15: Materialfindung I

Bibliotheken		Buchhandel
Kataloge	**Bibliographien**	
AK	Allgemeine Bibliographien	VLB
SWK	Fachbibliographien	Fachkataloge
SyK	Bibliographie der Zeitschriftenaufsätze	Prospekte
Zeitschriftenkatalog	Bibliographie der Zeitungsartikel	
Personenkatalog	Rezensionsbibliographien	
Hochschulschriftenkatalog	Hochschulschriftenbibliographien	
Katalog der Neuerwerbungen	VLB	
Katalog der Zeitschriftenaufsätze	**Sonstige Auskunftsmittel**	
Regionalkatalog	Adreßbücher	
Länderkatalog	Abkürzungsverzeichnisse	
Körperschaftskatalog	Telefonbücher	
Kreuzkatalog		
Katalog anderer Bibliotheken		

3.1.4. Materialfindung II

Schneeballsystem – Suchstrategien

3.1.4.1. Das Schneeballsystem

Funktionsweise

„Das Schneeballsystem beruht auf der Tatsache, daß die Literatur zu einem bestimmten Thema nicht einfach eine atomisierte Liste einander fremder Titel darstellt, sondern daß es einen Forschungszusammenhang gibt: in der Regel bezieht sich ein jeweils späterer Autor auf mehrere jeweils frühere Autoren zum gleichen Thema, nennt oder zitiert sie also.“ (SEIFFERT, S. 45)

Hat man beispielsweise ein Buch zu einem gewählten Thema gefunden, so schlägt man das darin enthaltene Literaturverzeichnis auf und findet dort die Literatur, auf die sich der Autor gestützt hat oder auf die er verweist. Jedes der dort aufgeführten Bücher enthält wiederum eine Anzahl weiterer Literaturangaben. „Vollständige Anwendung dieses ‚Schneeballsystems‘ führt also zur Entdeckung eines Netzes von (Titel-, d. Verf.) Zitaten, das die Veröffentlichungen miteinander verbindet. Man stößt dabei in den meisten Fällen auf bestimmte Schlüsselveröffentlichungen (Monographien, Sammelreferate ... u. dgl.) ...“. (LOOSJES, S. 78) Die Zahl der somit gefundenen neuen Titel wächst natürlich nicht ins Unaufhörliche. Sehr schnell stellt man fest, daß sich bestimmte Literaturangaben ständig wiederholen, so daß man sagen kann: Mit der Anzahl der gefundenen Literatur sinkt die Wahrscheinlichkeit, weitere neue Titel zu finden.

Nachteil

Der Nachteil des Schneeballsystems besteht darin, daß man einerseits sehr schnell auf ältere Literatur, zum anderen sehr oft auf Literatur ausschließlich eines bestimmten wissenschaftstheoretischen Ansatzes stößt.

3.1.4.2. Suchstrategien

Wir betonten eingangs, daß der Aneignung von Techniken und Strategien der Literaturermittlung eine entscheidende Bedeutung im Prozeß wissenschaftlichen Arbeitens beizumessen ist. Abgesehen von der unabdingbaren Notwendigkeit, bestimmtes Material überhaupt finden zu müssen, ist es wichtig, daß die hierfür aufge-

Abb. 16: Literaturermittlung in der Bibliothek

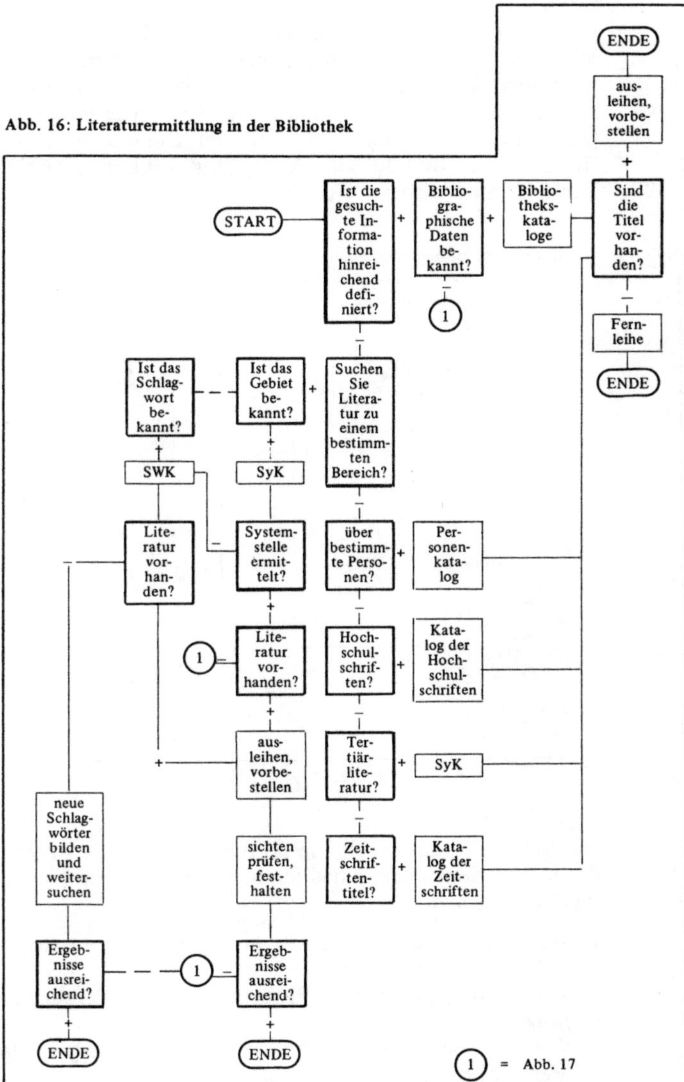

wandte Zeit in einem vernünftigen Verhältnis zum Gesamtprozeß der Erstellung einer schriftlichen Arbeit steht.

Die nachfolgenden Schemata sind im Zusammenhang mit den gesamten vorausgegangenen Ausführungen zu verstehen. Wir sehen ihre Funktion darin, in der Erfassung möglichst vieler und relevanter Suchsituationen, bei gleichzeitiger Darstellung praktischer Handlungsalternativen, einen Beitrag zur Aneignung bibliographischer Techniken zu leisten.

Abb. 17: 1 Literaturermittlung: Bibliographien

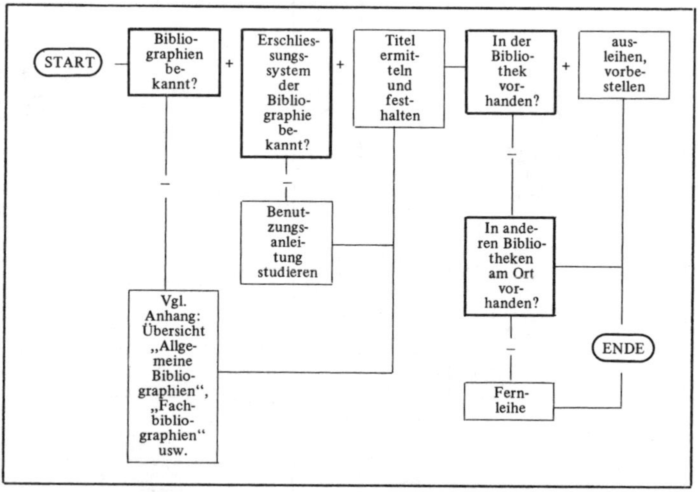

Die Schemata können keine Antwort geben auf Fragen, die immer dem Prozeß des Suchens vorausgehen müssen (vgl. dazu v. a. 4.):

1. Welchen Zweck hat die zu erstellende Arbeit zu erfüllen?
2. Wie lautet die genaue Problem- bzw. Aufgabenstellung?
3. Wieviel Zeit steht für die zu erstellende Arbeit zur Verfügung?
4. Welche Mittel stehen bei der Suche zur Verfügung?

Aus der Beantwortung dieser vier Fragen ergeben sich jeweils unterschiedliche Konsequenzen für den Ermittlungsprozeß, die es in jedem Fall zu berücksichtigen gilt.

Die vorausgegangenen Ausführungen haben gezeigt, daß der Prozeß der Literaturfindung sowohl mit objektiven als auch mit subjektiven Schwierigkeiten verbunden ist. Sie sollten aber zugleich auch eine Grundlage sein, mittels derer man in der praktischen Sucharbeit diese Schwierigkeiten in Angriff nehmen und partiell überwinden kann. Eine Selbstverständlichkeit sei abschließend noch erwähnt: in Zweifelsfällen die Bibliotheksauskunft fragen.

Kontrollfragen und Übungen [14]

1. Unter welchen Schlagwörtern können Sie Literatur zu folgenden Begriffen finden?

   a) Erwachsenenbildung
   b) Anti-Pädagogik

2. Finden Sie je einen anderen für folgende Begriffe:

   a) Lehrplan
   b) Unterrichtslehre
   c) Altersforschung
   d) Gefühl

3. Suchen Sie einen Zeitschriftenaufsatz zum Thema „Hochschulreform in Indonesien" aus dem Jahre 1975 anhand der Bibliographien: „BIB-report", „Bibliographie Pädagogik" und „IBZ".

---

14 Lösungsvorschläge und Muster werden im Anhang (S. 261 ff.) aufgeführt.

3.2. Aufnehmen des Materials

3.2.1. Hören und Mitschreiben

Wer hat das noch nicht erlebt? Das Seminar beginnt. Ein Referent stellt das Thema vor (gibt Literatur an . . .). Man notiert es, setzt das Datum (u. a.) auf sein Papier und hört guten Willens den ersten Ausführungen zu. Aber bald stellt man fest, daß man dem Referat nicht mehr folgt (bzw. folgen kann). Am Schluß bleiben nur ein paar unzusammenhängende Gedanken (Notizen) haften.

Fragestellung

Woran liegt das eigentlich? Was kann man dagegen unternehmen? Im folgenden werden die Ursachen dieser Erscheinung erläutert und aufgezeigt, was man, wenn man sie kennt, dagegen unternehmen kann.

3.2.1.1. Probleme des Hörens

Für ein gewinnbringendes Zuhören sind eine Reihe äußerer und innerer Bedingungen ausschlaggebend.

äußere Faktoren

Konsequenz

Klammert man die bereits in den vorangegangenen Kapiteln genannten psychischen und sozialen Bedingungsfaktoren (mangelnde Motivation, materielle Probleme), die sich auch störend auf den Hörvorgang während eines Referats auswirken, aus, ist zunächst auf ganz simple – aber nachhaltig störende – äußere Faktoren zu verweisen: alle akustischen und optischen Einwirkungen, die nicht zur Vorlesung gehören (plaudernde Nachbarn, die knitternde Zeitschrift eines Kommilitonen, die undeutliche Redeweise des Referenten usw.). Da man solche Faktoren in der Regel nicht aus eigener Kraft abstellen kann, bleibt nur die Empfehlung, sich möglichst nahe zum Vortragenden zu setzen.

Kommen wir zu den inneren Faktoren:

innere Faktoren

Hier können zwei Tatbestände, die die Aufnahme mündlicher Informationen beeinträchtigen, unterschieden werden:

- Der Informationsgehalt ist höher als die Aufnahmekapazität.
- Der Informationsgehalt ist niedriger als das Aufnahmevermögen.

Die erste Möglichkeit hat ja wohl jeder schon selbst erlebt: Ein Referat oder ein Diskussionsbeitrag enthält zu viele neue Informationen, eine Fülle komplizierter Gedanken, die bei einmaligem Hören nur schwer zu verarbeiten sind, so daß man leicht „den Faden verliert". Dieser Tatbestand bedarf also keiner näheren Erläuterung. Warum soll aber ein niedriger Informationsgehalt problematisch sein?

Enthält ein Vortrag wenig Neues, dann hat man im Denken noch zusätzlichen „Platz" für andere als die vorgetragenen Gedanken. Mögliche Konsequenz dieses Sachverhalts sind folgende vier Phänomene:

Niedriger Informationsgehalt

– **„Tagträumen"**
Es wird meist durch Gedankenverbindungen mit bestimmten Wortfragmenten des Gehörten ausgelöst. Die aktive Beschäftigung geht vom Zuhören auf eigene Gedankenverbindungen über. Die geistige Tätigkeit schweift frei (wie träumend) umher und man verliert den Zusammenhang zum Vortrag.

– **„Erinnerungsnachgehen"**
Auch diese hemmende Hörgewohnheit wird meist assoziativ ausgelöst und führt dazu, daß man sich nicht mehr auf die Gedanken des Vortrags konzentriert.

– **„Privatplanen"**
Das Vorgetragene wird überlagert, da individuell wichtige Dinge in den Vordergrund treten (was muß ich noch besorgen . . .). Obwohl man dem Vortrag noch zuhört, ist sein Inhalt nicht mehr zugänglich.

– **„Auseinandersetzung"**
Setzt sich der Hörende während eines Vortrags mit diesem so stark auseinander, daß diese innere Auseinandersetzung stärker als die aktive Aufnahme wird (etwa weil man dem Referenten etwas entgegnen will), gehen wesentliche Aspekte des Vortrags für ihn verloren. Daraus ergibt sich oft eine unangenehme Begleiterscheinung für den Seminarverlauf: Es werden Fragen gestellt oder Bemerkungen gemacht, die sich bei genauem Zuhören erübrigten.

Ob nun der Informationsgehalt zu hoch oder zu niedrig ist, in jedem Fall ist der Aufnahmeertrag gleich Null oder sehr gering.

Wie kann man diesen hinderlichen Umständen entgegenwirken, wie kann man auch komplizierte Vorträge effektiv aufnehmen?[15]

Konsequenzen

Grundvoraussetzung hierfür ist die Einsicht, daß Hören[16] ein *aktiver* Prozeß ist, kein passiver Vorgang. Ein Vortrag ist in gewisser Weise stets ein *Vor*sprechen und *Vor*denken. Erforderlich ist daher ein *Mit*hören und *Mit*denken – und (vgl. 3.2.1.3.) *Mit*schreiben sowie ein *Nach*denken und *Nach*schreiben (vgl. 3.2.1.4.). Hieraus lassen sich unmittelbar praktische Konsequenzen für die Technik des Zuhörens ableiten:

3.2.1.2. Techniken des Hörens

Hinweis 1

Verstehen und Mitdenken setzt in der Regel voraus, daß man sich mit der anstehenden Thematik zuvor vertraut gemacht hat: Es ist uneffektiv, unvorbereitet in eine Vorlesung oder ein Seminar zu gehen (mit der Einstellung „mal etwas anhören").

Ein wissenschaftlicher Vortrag verlangt vom Zuhörer (will er ihn erfassen) neben der Aufnahme neuer Informationen vor allem die Einordnung des Referierten in bereits vorhandene Kenntnisse (vgl. 1.2.3.) und seine Überprüfung.

Daher die Notwendigkeit einer gründlichen Vorbereitung: Hat man sich eigene Kenntnisse über das jeweilige Thema ins Gedächtnis gerufen, fällt es entschieden leichter, zu bestimmen, worauf es ankommt, wann man besonders intensiv zuhören und mitschreiben muß. Eine gute Vorbereitung erleichtert auch die Strukturierung des Gehörten, die Bildung eines Konzepts, damit das Verständnis überhaupt.

Hinweis 2

Während des Hörens ist also der Stoff gedanklich zu bearbeiten, zu strukturieren, zu ordnen. Ziel dieses aktiven Mitdenkens ist es:

---

15 Z. T. sind sie auf mangelnde Motivation, fehlendes Informationsinteresse oder Aufmerksamkeits-Schwierigkeiten zurückzuführen; vgl. dazu 1.1. und 1.3.

16 Besser: Hinhören. Da Aufmerksamkeit vorausgesetzt wird, ändert sich die Prozeßstruktur des Vorgangs Hören: wird Hin(Zu-)hören (vgl. RUBINSTEIN 1971, S. 555).

- Thema und Aufbau der Information zu erfassen,
- Beziehungen und Unterschiede zwischen Aussagen zu erkennen,
- Fremdgedanken durch Vergleich mit eigenen Einsichten zu kontrollieren,
- gedankliche und praktische Konsequenzen der vermittelten Aussagen abzuschätzen,
- grundlegende Gesetzmäßigkeiten zu erfassen,
- offene Fragen zu registrieren.

Dies gelingt am ehesten, wenn man **Hinweis 3**

- auf Formulierungen achtet wie z. B. „Die Ursache hierfür ist erstens . . .", „Das gilt nicht nur für . . .", „Dazu zählen vor allem . . ." usw.,
- sprachliche Akzentuierungen registriert,
- sich nicht durch Anekdoten, humorvolle Randbemerkungen oder Exkursen vom eigentlichen Gedankengang ablenken läßt,
- mitschreibt (vgl. 3.2.1.4).

Hinweis 4

Darüber hinaus ist die lästige Angewohnheit zu vermeiden, bei einer Unklarheit sofort seinen Nachbarn zu fragen oder in den Aufzeichnungen nachzublättern. Dadurch verliert man leicht den Anschluß. Wird diese Unklarheit im weiteren Verlauf nicht geklärt, ist sie in der Mitschrift zu markieren. Nach Abschluß des Referats oder Redebeitrags kann dann der Betreffende immer noch befragt werden. Das heißt aber auch, daß in jeder Art von Lehrveranstaltung auf die Möglichkeit, Fragen zu stellen und zu erörtern, gedrungen werden muß.

3.2.1.3. Probleme des Mitschreibens

Auch das Mitschreiben ist ein wesentlicher Faktor, um hemmenden Hörgewohnheiten zu begegnen und mündliche Informationen effektiv aufzunehmen.

2 Fehler

Hierbei ist zunächst auf zwei Fehler zu verweisen, die es zu vermeiden gilt:
1. nichts mitschreiben
2. alles mitschreiben.

Fehler 1

Schreibt man *nichts* mit, fördert man die gekennzeichneten Gefahren.

Mitschreiben:
- steigert die Aufmerksamkeit, ermöglicht somit ein besseres Aufnehmen und nachhaltigeres Behalten des Gehörten;
- bezieht mehr Sinne in den Aufnahmeprozeß ein und fördert damit seine Intensität;
- unterstützt bereits durch die Notwendigkeit der eigenständigen Formulierung die Verarbeitung der gebotenen Informationen;
- kontrolliert und diszipliniert die gedankliche Mitarbeit, zwingt, dem Thema zu folgen;
- entlastet das Gedächnis, verhindert, daß die aufgenommenen Informationen durch neue unwiderruflich verdrängt werden.

Fehler 2 Der Versuch, *alles* mitzuschreiben hindert – auch wenn man Stenographie beherrscht – am Mitdenken. Die Aufmerksamkeit wird in erster Linie auf das Schreiben gerichtet, das einzelne Wort wird wichtiger als der Sinn. Die Voraussetzungen für ein nachhaltiges Aufnehmen – Erkennen des Wesentlichen, Erfassen von Zusammenhängen und Beziehungen – werden verringert, produktives Hören ist kaum mehr möglich. Sind die wesentlichen Sinnzusammenhänge nicht erfaßt worden, nützt in aller Regel auch das „ins Reine Schreiben“ nichts.

3.2.1.4. Techniken des Mitschreibens

Wie schreibt man nun mit und was?

Hinweis 1 Grundsätzlich ist zu beachten: Erst dann Notizen machen, wenn man die Information (Satz, Gedankenfolge) in ihrer Gesamtheit erfaßt hat; nur so kann Wesentliches aufgenommen, Unwesentliches ausgesondert werden. Also nie sofort mitschreiben, wenn der Referent einen Satz beginnt.

Hinweis 2 Um das Wesentliche aus Gehörtem festhalten zu können, notiert man nur die wichtigsten Informationen. Dabei ist besonders auf Zusammenhänge (Verknüpfungen und Folgerungen) zu achten.

Hinweis 3 *Wörtlich* sollten nur Definitionen, markante Zitate, Gesetze, Daten, Titel u. ä. mitgeschrieben werden.

Hinweis 4 Für unerläßlich halten wir die **Nachbereitung** oder Überarbeitung der Mitschrift. Sie sollte nach Möglichkeit unmittelbar nach deren Anfertigung vorgenommen werden, da man dann noch unter dem Eindruck des Gehörten steht. Aufgabe einer solchen Nachbearbeitung ist es, die Grundgedanken der notierten Informationen herauszuarbeiten und zu strukturieren, Lücken zu schließen und eventuelle Zweifel durch Nachschlagen in der entsprechenden Literatur auszuräumen. Eigene Gedanken und Überlegungen werden auf dem dafür auf den Notizblättern freigelassenen Rand vermerkt. Werden die Notizen zu einem späteren Zeitpunkt unter neuen Gesichtspunkten ergänzt, vermerkt man das Datum dieses Nachtrages.

Weitere Hinweise

Darüber hinaus haben sich folgende Hinweise in der Praxis bewährt:

Arbeitsmittel

Lose Blätter (DIN A 4), Rückseite unbeschrieben, links einen Rand für Lochungen, rechts einen für eigene Bemerkungen und Literaturhinweise frei lassen.

Beginn

Quellenangaben: Referent, Thema, Datum usw.

Anordnung

- Vor jeder neuen Information mit einer neuen Zeile beginnen,
- vor jedem Hauptgedanken eine Zeile freilassen,
- Beziehungen zwischen den Informationen durch Striche, Pfeile usw. kennzeichnen (z. B.: → = daraus folgt, Σ = Zusammenfassung),
- Gliederung (wenn angegeben) des Referenten mitschreiben oder während des Vortrags (bald danach) herausarbeiten,

Sprachliche Gestaltung

- Abkürzungen verwenden,
- knappe Formulierungen gebrauchen,
- Zusammenhänge schematisieren.

3.2.2. Lesen

Ausgangspunkt

Unter völlig anderen Bedingungen als die Aufnahme mündlicher Informationen vollzieht sich die Aufnahme schriftlicher Informationen, also von Texten. Texte werden gelesen und Lesen scheint eine selbstverständliche Sache zu sein. Aber Lesen ist nicht gleich Lesen! Und unter welchen Bedingungen man beim Lesen schriftliche Informationen am besten aufnimmt, ist mit dem bloßen Hinweis auf Lesen schon gar nicht gesagt. Schließlich liest man ja, um zu verstehen, d. h. es ist keineswegs gleichgültig, wie man das macht.

Wir befassen uns daher im folgenden mit den verschiedenen Arten des Lesens (3.2.2.3.), mit den besonderen methodischen Formen des Lesens: der inhaltlichen und logischen Gliederung eines Textes (3.2.2.4.) sowie mit der Lesekontrolle bzw. der Rekapitulation (3.2.2.5.).

Voraussetzung

Ehe wir damit beginnen, machen wir auf folgendes aufmerksam: *Lesen beginnt nicht voraussetzungslos!* Vor dem eigentlichen Lesen eines Buches (oder gar seinem Kauf!) sind – um ein ineffektives „Drauf-los-Lesen" und überflüssige Zeitverschwendung bzw. Geldausgaben zu vermeiden – zwei vorgeschaltete Arbeitsschritte erforderlich:

1. Klärung der eigenen Fragestellung.
2. Klärung der vom Text (oder Buch) zu erwartenden Leistung.

3.2.2.1. Erster Arbeitsschritt: Klärung der eigenen Fragestellung

Die wichtigste und vor allem anderen zu klärende Voraussetzung sowohl für das Lesen als auch den eventuellen Erwerb eines Buches ist die Klärung der eigenen Fragestellung: *Was will ich wissen?* Ohne Klarheit über diesen Punkt kann man weder gezielt und effektiv lesen noch entscheiden, ob man ein Buch braucht oder nicht.

Es empfiehlt sich daher dringend, die eigene Fragestellung so präzise wie möglich auszuarbeiten und schriftlich zu fixieren. Man erkennt den eigenen Problemgegenstand am ehesten, wenn man die Fragestellung auch wirklich in Frageform kleidet.

Dieser Schritt leistet dreierlei:

Vorteile

- Erstens hilft er, unsystematisches Herumlesen zu vermeiden.
- Zweitens verhindert er, daß man sich in – womöglich unwichtigen – Einzelheiten verliert und Zeit verschwendet.
- Drittens fördert er das Verständnis und schafft günstigere Bedingungen für den Behaltenserfolg.

Eine weitere Hilfe besteht darin, die jeweils formulierte Frage anhand ihrer Beantwortung zu überprüfen, indem man sich fragt, ob die Antwort das wiedergibt, was man wissen wollte. Kann man, gerade als Studienanfänger, noch keine konkreten Fragen an einen Text entwickeln (etwa wenn man seine erste Einführung in die Pädagogik unabhängig von einer Lehrveranstaltung liest), helfen die sogenannten „W-Fragen“:

„W-Fragen“

- Warum (wurden Prozesse der Bildung und Erziehung zum Problem der Wissenschaft)?
- Wozu (dient gesellschaftlich organisierte Ausbildung)?
- Was (versteht der betreffende Autor unter Bildung, was unter Erziehung)?
- Wie (sieht er das Verhältnis von Erziehung und Gesellschaft)?

Je genauer die Fragestellung, desto effektiver das Lesen.

Nun ist zwar die Klärung der eigenen Fragestellung eine notwendige und unverzichtbare Voraussetzung, jedoch reicht die Kenntnis der genauen Fragestellung durchaus noch nicht aus, um sich für den Kauf eines bestimmten Buches oder auch für seine intensive Lektüre zu entscheiden. Zuvor muß man wissen, ob das Buch für diese Fragestellung überhaupt etwas – und gegebenenfalls was – leistet. Man muß daher in jedem Falle vor jeder intensiven Lektüre die von einem Text oder Buch zu erwartenden Leistungen klären.

3.2.2.2. Zweiter Arbeitsschritt: Klärung der zu erwartenden Leistung

Um die Verwendungsmöglichkeit eines Buches für eine bestimmte Fragestellung zu überprüfen, sieht man sich am besten folgende Bestandteile eines jeden Buches genauer an: Titel, Impressum, Klappentext, Inhaltsverzeichnis, Vorwort(e), Literaturangaben und Register.

Im einzelnen:

Titel

- Was verspricht der *Sachtitel?* Was der *Untertitel?* Welche Erweiterung, Eingrenzung, Präzisierung, Konkretisierung usw. nimmt er vor? Wie lautet (bei Übersetzungen) der Originaltitel?[17]

---

17 Dabei ist zu berücksichtigen, daß Sachtitel oft mehr Resultat werbe- und verkaufspsychologischer Überlegungen als Inhaltsindikator sind.
Ein Beispiel ist Mehnerts Buch „Jugend im Zeitbruch“, das sich nur mit Studenten beschäftigt (also nicht mit *der* Jugend).

- Was weiß man über den *Verlag* und die Qualität seines Programms?
  Beispiele: Ist er weltanschaulich gebunden? Ist er auf ein bestimmtes Fachgebiet spezialisiert? Liegt sein Schwerpunkt in populärwissenschaftlichen Publikationen?

- Was weiß man über den *Autor?*
  Beispiele: Hat er schon an anderer Stelle zum Thema veröffentlicht? Ist er überhaupt aus Veröffentlichungen bekannt? Welcher wissenschaftstheoretischen Richtung ist er zuzuordnen? Wie wurde er rezensiert? Gilt er als Autorität auf einem bestimmten Gebiet? Hier ist gegebenenfalls „Who is Who?" oder „Kürschners Gelehrtenkalender" (vgl. S. 138) hinzuzuziehen.

- Erscheint das Buch im Rahmen einer *Reihe?*
  Beispiele: Wer gibt sie heraus? Was weiß man über den Herausgeber? Welche anderen Bücher sind in der Reihe erschienen? Welche Richtung vertritt sie? Welche anderen Autoren haben in der Reihe veröffentlicht? Ist es eine Reihe zur Veröffentlichung von Hochschulschriften, also von Dissertationen und Habilitationen?

Impressum

- Hier ist vor allem das *Erscheinungsjahr* zu beachten. Dabei sind Kenntnisse über die Geschichte der betreffenden Disziplin hilfreich, denn sie erlauben eine Einschätzung, was vor oder erst nach einem bestimmten Datum an Aussagen zu erwarten ist oder nicht.
  Beispiele: Kann sich der Autor zu diesem Zeitpunkt bereits auf bestimmte Aussagen anderer, bestimmte empirische Untersuchungen oder Übersetzungen stützen oder nicht? War etwa zu diesem Zeitpunkt die Theorie Galperins schon außerhalb der UdSSR bekannt?

- Ebenfalls zu beachten ist in diesem Zusammenhang die *Auflage:*
  Ist es die neueste oder eine ältere Auflage? Welche Überarbeitungen sind vorgenommen worden?

Klappentext

- Hier findet man in der Regel – jedenfalls bei seriösen Publikationen – erste und nicht unwichtige Informationen über Inhalt, Zielsetzung und Autor des Buches in der Selbstdarstellung des Autors.

Auch der Untertitel „Woher-Wohin?" präzisiert diesen Tatbestand (und die Ausklammerung relevanter Jugendprobleme) nicht.

Inhaltsverzeichnis

- Hier ist (neben der Frage, wie die Darlegungen gegliedert sind) zu prüfen, wo inhaltliche Schwerpunkte (Umfang der einzelnen Kapitel) gesetzt werden.

Vorwort

- Im Vorwort sollten (!) Informationen stehen über: Zweck, Zielstellung und Bedeutung der Arbeit, die Abgrenzung des Autors bzw. die Eingrenzung seiner Fragestellung sowie Angaben darüber, an welchen Leserkreis sich der Text richtet.

Register

- Personen- und Sachregister sollten zur Prüfung der Relevanz immer herangezogen werden.
  Beispiele: Ist der Begriff „Arbeit“ im Sachverzeichnis eines Buches über die Entwicklung des menschlichen Bewußtseins zu finden? Welche Pädagogen sind im Personenverzeichnis einer Abhandlung über das Erziehungswesen in der Weimarer Republik aufgeführt?

Literaturangaben

- Sie sind ein weiteres Hilfsmittel zur Überprüfung der Relevanz eines Textes.
  Beispiele: Ist nur ein bestimmtes Literaturspektrum verarbeitet worden? Fehlt in einer Abhandlung über Brecht jegliche DDR-Literatur?

Darüber hinaus sollte man sich die Bedeutung des literarischen Genus klarmachen: Handelt es sich um Primärliteratur oder um Lexika, Handbücher? Um ein Buch, das einen geschlossenen Zusammenhang klärt oder einen Aufsatz, der eine Spezialfrage zum Gegenstand hat?[18]

Nachstehende Graphik zur Relevanzprüfung eines Buches verdeutlicht die getroffenen Ausführungen noch einmal.

---

18 Um sich eine Übersicht über Inhalt und Relevanz eines Textabschnittes (Zeitschriftenaufsatz, Kapitel in einem Buch) zu verschaffen, überfliegt man zweckmäßigerweise den gesamten Text, wobei besonders auf Überschriften, Hervorhebungen und Zusammenfassungen geachtet wird.

Abb. 18: Relevanzprüfung

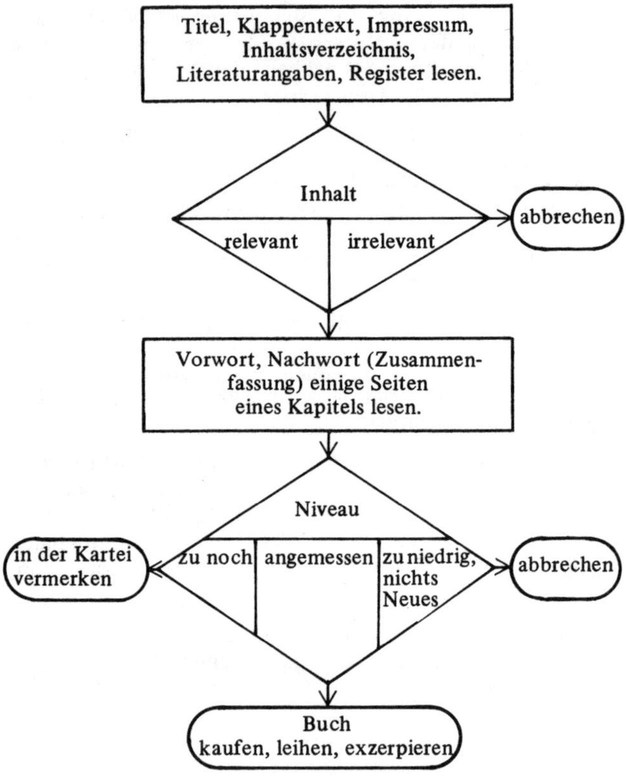

3.2.2.3. Verschiedene Arten des Lesens

Vorbemerkung Das meiste Wissen eignen wir uns während des Studiums nicht in Vorlesungen und Seminaren an, sondern durch selbständige Bearbeitung von Literatur. Das erfordert möglichst rationelles Lesen, das heißt Erhöhung der Aufnahme- (und Speicher-)Kapazität. Das läßt sich üben. In diesem Rahmen kann darauf allerdings nicht eingegangen werden.[19]

Wie wir schon erwähnten, ist Lesen nicht gleich Lesen. In unserem Zusammenhang geht es in erster Linie um das studierende Lesen, das gründliche Durcharbeiten eines Textes. Zuvor sollen noch kurz andere mögliche und nützliche Arten des Lesens erwähnt werden:

Kursorisches Lesen ist ein schnelles, flüchtiges Lesen, durch das man sich rasch informieren kann, ohne tief in die Problematik eines Textes einzudringen. Es hilft, einen kurzen Einblick in den Inhalt eines Buches oder Kapitels zu bekommen. Dabei erfährt man nicht *was*, sondern nur *worüber* der Autor schreibt (vorausgesetzt es handelt sich nicht um ein völlig fremdes Sachgebiet). Kursorisches Lesen ist also zur Erstinformation (für die im vorangegangenen Abschnitt beschriebenen Schritte) von Bedeutung.

Unter **selektivem Lesen** versteht man das Lesen eines Textes unter bestimmten Gesichtspunkten. Interessiert man sich z. B. nur für die Quellenangaben in einem Buch, wird beim Lesen jede andere Information, die mit der gesuchten nichts zu tun hat, nicht verwertet.

Das **vergleichende Lesen** ist ein gründliches Lesen einzelner Kapitel verschiedener Texte, die sich mit der gleichen oder einer ähnlichen Problematik unter verschiedenen Gesichtspunkten beschäftigen.

Ein Beispiel soll die praktische Anwendung der verschiedenen Arten des Lesens demonstrieren:

Beispiel

Für Statistik soll ein Referat erstellt werden. Das Thema und eine umfangreiche Literaturliste sind vorgegeben. Die angegebene Literatur wird auf ihre Relevanz überprüft, dabei hilft *kursorisches*

---

19 Vgl. zum eigenständigen Training: Zielke, W.: Schneller Lesen selbst trainiert. 7. Aufl. München 1971. Ott, E.: Optimales Lesen. Reinbek 1972.
Dabei sind allerdings die Verlags- und Autorenversprechungen kritisch zu prüfen. Meist handelt es sich nur um Schnell-Lese-Programme, die keineswegs auch einen Anstieg des Leseverständnisses in gleichem Umfange gewährleisten. Sie sind daher eher für die Aufnahme leichtverständlicher Inhalte geeignet, weniger für die Aufnahme komplizierter Texte.

Lesen. Das eigentliche Bearbeiten eines Buches geschieht durch das *studierende* Lesen. Hat man sich schon mit dem Thema auseinandergesetzt, kann man in Frage kommende Bücher schon unter bestimmten Gesichtspunkten – *selektiv* – lesen und „ausschlachten", relevante Kapitel und Abschnitte (bei gleichzeitiger Beurteilung der Sichtweise des Autors) aussondern. Beim *vergleichenden* Lesen extrahiert man die unterschiedlichen Meinungen verschiedener Autoren. Dies ermöglicht es, die gegebene Problematik differenzierter darzustellen.

3.2.2.4. Gliederung des Textes

Die ausgewählten Bücher liegen nun griffbereit. Es beginnt ihre eigentliche Durcharbeitung.
Die Aufnahme eines Textes setzt sein Verständnis voraus. Hierbei hilft die Gliederung des Gelesenen.
Das wollen wir im folgenden zeigen, indem wir die Techniken und Arten der Gliederung erläutern.

Unterscheidung

Zunächst: Nach Aufbau und Funktion unterscheidet man zwischen einer inhaltlichen und einer logischen Gliederung.

1. Inhaltliche Gliederung

Funktion

Die inhaltliche Gliederung hebt die vom Text ablesbare Gliederung (Folge von Argumenten, Gegenargumenten, Beispielen usw.) hervor.
Diese Untergliederung ist äußerlich festzuhalten.

Organisatorisches

Handelt es sich um ein *fremdes* Buch, kann man also nichts darin markieren oder notieren, legt man hierfür Zettel hinein (in größeren Papierhandlungen bekommt man Papier für verschiedene Buchformate zurechtgeschnitten). Ragen die Blätter einige Zentimeter über das Buch hinaus, wird das Einlegen und Herausnehmen erleichtert. Auf das erste Blatt wird der Titel und gegebenenfalls der Fundort notiert. Auf die weiteren Einlegeblätter schreibt man dann nur noch die Seitenzahl, auf die sich die Notizen beziehen.

Dieses Verfahren hat zwei Vorteile:

Vorteile

– Man hat mehr Platz für eigene Bemerkungen (ein Vorteil, der dafür spricht, dieses Verfahren unter Umständen auch bei eigenen Büchern anzuwenden, vor allen Dingen bei Taschenbüchern, die zumeist nur über einen extrem schmalen Rand verfügen).

– Man braucht nicht in die Bibliothek zu fahren, nur weil man sich nicht mehr an eine wichtige Bemerkung erinnern kann, die man sich an den Rand eines ausgeliehenen Buches notiert hat.

Arbeitet man im *eigenen* Buch, sollte man die Buchränder immer in der gleichen Weise verwenden: Die rechte (größere) Seite für die Aufgliederung, für den Autor, den linken Seitenrand für eigene Bemerkungen.

– Technik des Gliederns

Zäsuren zwischen Argumentationsgängen kennzeichnet man mit einem Doppelstrich am Rande (//), um festzuhalten, wie weit einzelne Argumente reichen.
Hierzu finden sich auch in der Sprachgestaltung Hinweise (des weiteren, einerseits, andererseits, außerdem, im Gegensatz dazu).

Informationen über den Inhalt der so markierten Abschnitte macht man deutlich, indem man *Leitworte* auswirft: Entweder ein Wort aus dem Text des Verfassers, d. h. ein *Stichwort,* oder einen selbstgewählten Begriff, der den Inhalt in knapper Form zusammenfaßt, d. h. ein *Schlagwort.*

Markierungen

Um wesentliches im Text hervorzuheben, den Inhalt überschaubarer zu machen, ist es darüber hinaus (legt man nicht Blätter ein) unerläßlich (im eigenen! Buch) weitere *Markierungen* vorzunehmen. Wichtig ist dabei, Markierungen sparsam anzubringen, um den Effekt des Unterstreichens nicht wieder aufzuheben (zu viele Unterstreichungen machen den Text schwer überschaubar).

Welche Zeichen man für welche Anmerkungen benutzt, welche Farben man wählt, dafür gibt es keine Regeln. Jeder sollte sein eigenes System entwickeln. Wichtig ist nur, daß man überhaupt eines hat und daß die einmal vorgenommene Ordnung (mindestens in einem Buch) durchgängig eingehalten wird.

Aus der Vielzahl der Möglichkeiten führen wir nachstehend ein Muster auf.

Beispiel

Im Text unterstreichen:	rot	= Wichtiges (Kernaussagen)
besonders wichtige Begriffe, Satzabschnitte, Definitionen	blau	= Praxisbeispiele
	grün	= Neues (Hypothese)
	...	
	...	

Am Rand anstreichen:	Vollständige Sätze bzw. Absätze größeren Umfangs, bei denen das Unterstreichen unzweckmäßig ist. Dabei empfiehlt sich ein Zusatz, wofür die jeweilige Information wichtig ist.
Am Rand kennzeichnen:	! = Zustimmung ? ! = Zweifel ? = Unklarheit x = Wichtiges W = Wiederholen N = Nachlesen – klären D = Definition F = Formulierung V = Vergleiche
Am unteren Seitenrand festhalten:	Worterklärungen (Fremdwörter)

2. Logische Gliederung

Mit Hilfe der oben behandelten *inhaltlichen* Gliederung werden die einzelnen Textabschnitte unabhängig von ihrer Bedeutung für den gesamten Argumentationszusammenhang, für das Textganze gekennzeichnet.
Das reicht jedoch für eine adäquate Rezeption des Gelesenen, für das Erschließen der Argumentation des Verfassers nicht aus. Erforderlich ist daher, über die Aufgliederung der einzelnen Textabschnitte (die inhaltliche Gliederung) hinaus, eine Zuordnung und Strukturierung der Gedankenfolge, d. h. eine logische Gliederung vorzunehmen.

Funktion

Die *logische* Gliederung setzt die verschiedenen Argumentationsstränge eines Textes in Beziehung. Die im ersten Durchgang festgehaltene inhaltliche Gliederung wird in einen geordneten (logischen) Zusammenhang gebracht. Die logische Gliederung kennzeichnet, ob es sich bei einem bestimmten Textabschnitt um:

- eine einleitende Problemstellung,
- die Darstellung einer These,
- die Kennzeichnung eines übergeordneten Zusammenhangs,
- den Nachtrag eines Gedanken,
- die Widerlegung eines Einwandes,
- die Explikation der eigenen Auffassung,
- die Zusammenfassung eigener Ergebnisse usw.

handelt – um so den betreffenden Text zu durchdringen, ihn in seinem Aufbau und grundlegenden Gehalt zu erfassen.

Technisches

Die logische Gliederung wird am Rande ausgeworfen und durch Gliederungsziffern (1.; 1.1.; 1.1.1.; ... 1.2.; ... 2.) und/oder Funktionsbezeichnungen (Fragestellung, Hypothese, Begründung usw.) ausgedrückt.
Dabei kann man häufig feststellen, daß die Zäsuren der inhaltlichen und logischen Gliederung voneinander abweichen.

Zusammenfassend können wir festhalten:

Zusammenfassung

Die Funktion einer ersten – inhaltlichen – Gliederung besteht darin, die äußere Struktur des Textes aufzuschlüsseln; die Aufgabe der zweiten – logischen – Gliederung ist es, die Gedankenfolge, den Argumentationsverlauf zu strukturieren. Resultat des ersten Schrittes sind Leitwörter (Schlag- und Stichwörter), des zweiten Schrittes Funktionsbestimmungen und Gliederungsziffern.

3.2.2.5. Lesekontrolle und Rekapitulation

Ist der betreffende Text durchgearbeitet, wird eine **Lesekontrolle** vorgenommen, d. h. ein nochmaliges Lesen des Hervorgehobenen, des Wesentlichen.

Funktion

Funktion dieses Überlesens ist es, sich über den Inhalt des Textes, über die zentralen Gedankengänge und Erkenntnisse des Autors und über die daraus zu ziehenden Schlußfolgerungen zu vergewissern, die Gesamtstruktur der Gliederung auf ihre innere Schlüssigkeit und Vollständigkeit zu überprüfen. Dieser Schritt unterstützt damit gleichzeitig eine nachhaltige Aufnahme und Verarbeitung des betreffenden Textes.

Die Lesekontrolle ersetzt aber nicht die **Rekapitulation,** das in Erinnerung Rufen der wichtigsten Ergebnisse aus dem Gedächtnis.

Funktion

Funktion dieser Rekapitulation ist es, festzustellen, ob man das Gelesene auch tatsächlich verstanden hat und es in seinen wesentlichen Grundzügen wiedergeben kann.
Um dabei der Gefahr einer Selbsttäuschung zu entgehen, fertigt man bei dieser Rekapitulation Notizen an. Werden Lücken festgestellt, schlägt man nach. Zu diesem

Schritt gehört es auch, eigene Fragen zu beantworten (vgl. 3.2.2.1.).

Entscheidend bei diesen Notizen ist es, stets *eigene Formulierungen* zu gebrauchen: Die Fähigkeit fremde Gedanken in eigene Worte zu fassen, ist ein wichtiger Gradmesser wirklicher Textverarbeitung.
Die Notizen können am Ende des Buches oder auf einem Zettel festgehalten werden. Gewährleistet werden soll dadurch ein

- bewußtes Aufnehmen,
- besseres Verankern im Gedächtnis,
- kritisches Überdenken,
- verbinden erworbener Kenntnisse mit bereits vorhandenen.

Kontrollfragen und Übungen

4. Notieren Sie die Mängel des nachstehenden Ausschnitts (Beginn) einer Mitschrift.

Die Verwissenschaftlichung von Erziehung und Aus-
bildung. Durch die Herauslösung von Erziehung
und Ausbildung aus dem unmittelbaren
Familien- und Produktionszusammenhang
wird die Frage, was die Heranwachsenden in
den verschiedenen Institutionen des Bildungs-
wesens lernen sollen, zum wissenschaftlichen
Problem. Die in den Institutionen tätigen
professionellen Erzieher ... ? tun müssen.
Zwar arbeiten sie in .....
. . . . .
. . . . .
. . . . .
. . . . .

5. Verschaffen Sie sich in fünf Minuten einen Überblick über Kapitel 5.4. und beantworten Sie im Anschluß daran folgende Fragen:

   a) Welche Angaben enthält ein Literaturverzeichnis?

b) Wann spricht man bei einem Beleg von einer Fußnote?

6. Finden Sie ein Schlagwort (kurze Überschrift) für folgenden Text:

Wie andere Wirkungen der gesellschaftlichen Umwelt setzen sich pädagogische Einwirkungen auf die Entwicklung des Schülers „... nicht linear, im Sinne mechanisch gefaßter Ursache-Folge-Beziehungen, in Entwicklungsresultate um. Sie treffen in der Persönlichkeit auf bestimmte innere Bedingungen ..., und sie werden durch diese inneren Bedingungen in spezifischer Weise gebrochen. Pädagogische ... Einwirkungen müssen also innere Widersprüche auslösen, die die Aktivität der Persönlichkeit in der Auseinandersetzung mit der gesellschaftlichen Umwelt stimulieren, und die Lösung dieser Widersprüche erst bewirkt das ‚Umschlagen' des Aneignungsprozesses in beabsichtigte Entwicklungsresultate." (Klingberg, L.: Einführung in die allgemeine Didaktik. Frankfurt/Main um 1973. S. 91 f.).

3.3. FESTHALTEN DES MATERIALS

Ausgangspunkt

Die dominierende Tätigkeit während des Studiums ist, wie wir bereits erwähnten, in der Regel die Auseinandersetzung mit wissenschaftlicher Literatur, sei es in der Form des Lesens, Diskutierens oder der Anfertigung schriftlicher Arbeiten. Hierfür ist es unerläßlich, wichtige Aussagen und Erkenntnisse gelesener Bücher, Zeitschriften und Skripten festzuhalten, schriftlich auszuwerten und zu sammeln. Nicht nur bei ausgeliehenen, sondern auch bei eigenen Büchern, denn Unterstreichungen und Anmerkungen alleine stellen noch keine Gedankenfolge für eine eigene Arbeit dar; schließlich geraten wichtige Passagen, sind sie schriftlich fixiert, weit weniger schnell in Vergessenheit.

3.3.1. Formen des Festhaltens

Es gibt verschiedene Möglichkeiten, das Gelesene festzuhalten. Unabhängig von der gewählten Form empfehlen wir, das jeweilige Material auf einheitlich großen, leicht zu handhabenden losen Blättern zu fixieren.

Wir unterscheiden folgende vier Formen, in denen aufgenommene Informationen festgehalten werden können:

3.3.1.1. Plan

Definition

Der Plan ist die *formalisierende* Wiedergabe des *Aufbaus* eines Argumentations*verlaufs* in einem Text. Er dient einer inhaltlichen Orientierung und zusammenfassenden Strukturierung als Grundlage einer möglichen weiteren Verarbeitung des Textes.

3.3.1.2. Exzerpt [20]

Definition

Das Exzerpt ist die *auszugsweise* Wiedergabe eines Textes. Es wird meist unter einer bestimmten Fragestellung erstellt und kann selbständig, je nach der zugrundeliegenden Fragestellung, gegliedert werden und braucht nicht dem Aufbau des Textes zu folgen. Der Gesamtzusammenhang als Kontext des Exzerpierten muß allerdings erkennbar bleiben.

Exzerpte können *wörtliche* oder *paraphrasierende* (d. h. mit eigenen Worten arbeitende) Auszüge sein. In der Praxis emphiehlt sich oft eine Mischform zwischen beiden: Definitionen, zentrale Begriffe und Thesen werden wörtlich übernommen, Überleitungen und Argumentationsketten knapp paraphrasiert. Exzerpte sollten möglichst knapp abgefaßt werden. Auch hier sind Abkürzungen, Symbole usw. sinnvoll.

3.3.1.3. Konspekt

Definition

Der Konspekt ist die zugleich *beurteilende* und *bewertende* Wiedergabe eines Argumentations*zusammenhangs*. Er wird nach der Vorlage gegliedert. Auch hier empfiehlt sich eine Mischung von Zitat und Paraphrase, die Verwendung knapper Formulierungen und Abkürzungen. Die eigenständige Kommentierung (oder der Vergleich mit anderen Texten) muß deutlich von den exzerpierten Teilen abgehoben werden, damit eine Unterscheidung jederzeit möglich ist. Der Konspekt kann erst dann sinnvoll angelegt werden, wenn der betreffende Text gründlich durchgearbeitet worden ist.

---

20 Vgl. S. 225 ff.

3.3.1.4. Thesenpapier [21]

Definition

Das Thesenpapier ist die *inhaltlich zusammenfassende* Wiedergabe der Argumentations*ergebnisse* im Text. Thesen sind Leitsätze, die von den zentralen Aussagen und Problemen eines Textes ausgehen und dazu verbindliche Behauptungen und Aussagen festhalten. Thesen müssen einen Zusammenhang aufweisen. Eine Sammlung von Schlagworten ist kein Thesenpapier. Sie sollten in eins damit den wissenschaftstheoretischen Standpunkt des jeweiligen Verfassers verdeutlichen.

3.3.2. Technische Hilfsmittel: Karteisysteme

3.3.2.1. Allgemeines

Über Karteiführung gibt es eine Fülle von Literatur. Nicht selten allerdings ufert ein Text über dieses technische Hilfsmittel wissenschaftlicher Arbeit zu einer Kartei-Philosophie aus.

Notwendigkeit

Rationaler Kern solcher Bemühungen ist die Tatsache, daß die kontinuierlich wachsende Informationsmenge (vgl. 5.1.), mit der wir konfrontiert werden, die Kapazität unseres Gedächtnisses weitaus überschreitet, wir also ein – angemessenes – Hilfsmittel brauchen, um aufgenommene Informationen für unsere Arbeit festzuhalten.

Das ist die Kartei.

Vorteile

Ihre leichte Handhabung, die Möglichkeit sie nach speziellen Erfordernissen zu ordnen, rasch Informationen über bearbeitete Sachgebiete zu erlangen, ihre Flexibilität (unkomplizierte Ergänzung und Verwendung), der Umstand, daß man Teile von ihr bequem ins Seminar oder die Bibliothek mitnehmen und anschließend wieder mühelos in das bestehende System einordnen kann, haben dazu geführt, daß sie (entgegen früheren Zeiten) dem gebundenen Heft oder Schnellhefter als Ordnungsmittel in der wissenschaftlichen Arbeit (ebenso im Büro und Verwaltung) vorgezogen wird.

Karteiführung

Die genannten Vorteile können aber nur dann in Anspruch genommen werden, wenn die Kartei kontinuier-

21 Vgl. Anhang S. 276.

lich einheitlich geführt und mit Sorgfalt zusammengehalten wird.[22]

Dazu zunächst eine Reihe **organisatorischer Hinweise:**

Größe

Das Spektrum möglicher Größen der Karteikarten bewegt sich zwischen DIN A 7 (74 x 105 mm) und DIN A 5 (148 x 210 mm). Eine Entscheidung für ein bestimmtes Format ist in erster Linie davon abhängig, für welches Kartei*system* man sich entscheidet. Legt man lediglich eine Verfasserkartei an (vgl. S. 166 f.), reichen DIN A 7 Karten vollkommen aus. Karten mit mehr Text erfordern zwangsläufig ein größeres Format. Neben sachlichen Kriterien für die Wahl einer bestimmten Größe sind auch finanzielle Aspekte zu berücksichtigen: 100 stabile Karteikarten DIN A 5 kosten zwischen fünf und sieben DM.
In jedem Fall besteht aber die Möglichkeit, auch andere Schriftstücke oder normales Schreibpapier im Normformat, wird es sorgfältig gefaltet, in die Kartei einzuordnen (DIN A 4 einmal gefaltet ergibt DIN A 5 usw.). Für welches Format man sich auch immer entscheidet, es ist zu bedenken, daß ein später erfolgender Formatwechsel die Brauchbarkeit des aufbewahrten Materials erheblich beeinträchtigt oder die Führung zweier Karteien erfordert.

Qualität

Damit man die Karteikarten aufrecht stellen kann, müssen sie Postkartenstärke haben. Holzfrei sollten sie sein, um ein Vergilben zu vermeiden. Linierte Karten erleichtern handschriftliche Notizen. Benutzt man verschiedenfarbige Karten, etwa um zwischen Textauszügen und eigenen Gedanken optisch zu unterscheiden, ist zu beachten, daß die Tönung der Karten nicht zu stark ist, da sonst farbige Unterstreichungen und Bemerkungen unter Umständen kaum hervortreten.

Beschriftung

Die Karten werden nur auf der Vorderseite beschriftet, um einen besseren Überblick zu gewährleisten. Fortlaufende Karten werden immer numeriert, die letzte

---

22 Diese formale Seite der Karteiführung ist eine notwendige aber noch keineswegs hinreichende Bedingung, um die Vorteile einer Kartei vollständig in Anspruch nehmen zu können. Zu den inhaltlichen Anforderungen vgl. 3.3.2.2.

Karte mit Bleistift gekennzeichnet. Unterscheidungen auf der Karte können durch verschiedene Farben vorgenommen werden.
Zum Beispiel:

grün:	Zitat
blau:	Paraphrase
schwarz:	Stellungnahme
rot:	Sperrung

Zitate und/oder Hervorhebungen des Autors sind dabei exakt zu kennzeichnen.
Um Zeit und Platz zu sparen, verwendet man Abkürzungen: Päd., EB, Psy., Soz. usw.
Zur Aufbewahrung der Karteikarten dienen Kästen aus Plastik oder (teure!) aus Holz, aber auch eine genügend starke Pappschachtel leistet die erforderlichen Dienste.

Ordnung

Um die Karten übersichtlich zu ordnen, benutzt man Leitkarten. Das sind Karten, die über die anderen herausragen (vgl. Abb. 19). Diese Leitkarten werden mit einem entsprechenden Gliederungsvermerk (Buchstaben in der Verfasserkartei, Oberbegriffe in der Schlagwortkartei) versehen oder man benutzt Reiter (s. u.). Sinnvoll ist ferner, sich neben einem größeren Karteikasten mit einem festen Platz auf oder neben dem Schreibtisch ein leicht transportables kleines Kästchen zuzulegen, in dem man die erforderliche Anzahl Karten zu Arbeitsgruppensitzungen oder in die Bibliothek mitnehmen kann.

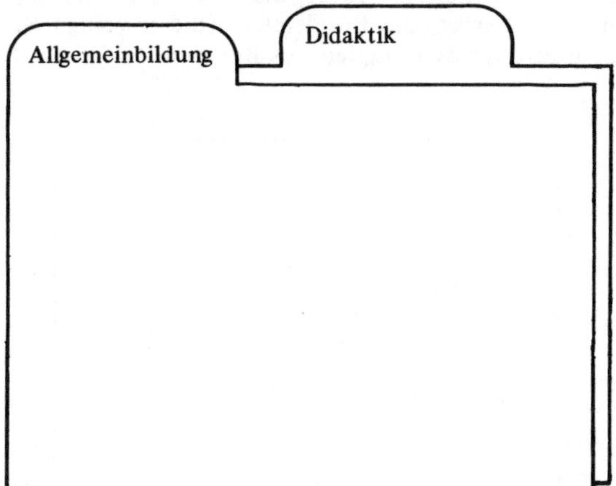

Abb. 19: Leitkarte

3.3.2.2. Karteisysteme

Es gibt eine Vielzahl von Systemen der Karteiführung, solche

- der gelesenen Bücher,
- der eigenen Bibliothek,
- mit markanten Zitaten und geflügelten Worten,
- für Fachtermini, Fremdwörter, Abkürzungen,
- für in Ordnern abgelegtes Material,
- für verwendete Schlagwörter.

Grundsätzlich werden Karteien nur für solche Informationen und Materialien angelegt, die auch tatsächlich häufig gebraucht werden, da sonst der Aufwand nicht lohnt.
Wir wollen im folgenden nur die allgemein gebräuchlichsten erläutern: Die Verfasser-, Schlagwort-, Exzerpt-, Reiter- und Randlochkartei.

1. Verfasserkartei

Die Verfasserkartei legt man zweckmäßigerweise für bestimmte Themenbereiche an: Für Themen, zu denen man aktuell eine Arbeit erstellen muß oder solche, die Studienschwerpunkte betreffen und/oder von individuellem Interesse sind.

Angaben

Vermerkt werden in der Verfasserkartei Bücher und Zeitschriften. Folgende Angaben werden dabei auf der Karteikarte festgehalten: Autor, Sachtitel, Erscheinungsjahr und -ort, Verlag, die Fundstellen (die jeweilige Bibliothek und/oder den Namen des Bekannten, der das Buch

Abb. 20: Verfasser-Karteikarte

Lassahn, Rudolf:

Einführung in die Pädagogik.
2. durchges. Aufl. Heidelberg:
Quelle und Meyer 1976 (= UTB 178).

UB: Päd. 2 Las; Bernd, Rosi

auch besitzt) und die Signatur, um bei Bedarf nicht am Bibliothekskatalog nachsehen zu müssen, wo das betreffende Buch eingeordnet ist. Bei der Verfasserkartei bietet sich zwingend die alphabetische Ordnung nach den Verfassernamen an.

Das betreffende Buch ist in unserem Beispiel in der Universitätsbibliothek (UB) der jeweiligen Ausbildungsstätte (Signatur: Päd. 2 Las) und bei zwei Bekannten zu entleihen.

2. Schlagwortkartei

Die Schlagwortkartei verweist auf Fundstellen, die das bezeichnete Gebiet behandeln. Sie kann unterschiedlichen Zwecken dienen und demnach verschiedene Formen annehmen. Als Alternative zur Verfasserkartei bietet sich *die* Form der Schlagwortkartei an, die Literatur zu einem bestimmten Thema verzeichnet. Lassahns „Einführung in die Pädagogik" wäre demnach auf folgender Karte vermerkt:

Form 1

Abb. 21: Schlagwort-Karteikarte

<u>Einführung in die Pädagogik</u>

Gamm, Hans-Joachim: Einführung in das Studium der Erziehungswissenschaft. München: List 1974.

Lassahn, Rudolf: Einführung in die Pädagogik. 2. durchges. Aufl. Heidelberg: Quelle und Meyer 1976 (= UTB 178).

Naumann, Werner: Einführung in die Pädagogik. Berlin (DDR): Verlag Volk und Wissen 1975.

In diesem Muster fehlen jeweils Fundort und Signatur.

Für die Erarbeitung eines Themas, als Hilfe für die Erstellung einer schriftlichen Arbeit oder für ein späteres Nachschlagen unter einem bestimmten Gesichtspunkt ist die Brauchbarkeit dieser Form der Schlagwortkartei jedoch recht gering. Das soll am Themenkomplex „Curriculum“ verdeutlicht werden: Eine Schlagwortkartei, die nur unter dem Oberbegriff „Curriculum“ Literatur verzeichnet, könnte wie folgt aussehen:

Abb. 22: Schlagwort-Karteikarte

Curriculum

Achtenhagen, Frank; Meyer, Hilbert L.: Curriculumrevision. Möglichkeiten und Grenzen. 4. Aufl. München: Kösel-Vlg. 1975.

Robinsohn, Saul B.: Bildungsreform als Revision des Curriculum. 5. Aufl. Neuwied: Luchterhand 1975.

...

Es fehlen: Fundort und Signatur

Form 2

Daß beispielsweise Robinsohn zu curricularen Fragen publizierte, gerät kaum in Vergessenheit, wenn man sich mit diesem Problemkomplex beschäftigte. Wichtiger ist es, rasch wieder aufzufinden, an welcher Stelle in der vermerkten Literatur prägnante Aussagen, z. B. eine Definition von Curriculum, zu finden sind. Wirklich funktional wird die Schlagwortkartei für den Prozeß der Erstellung einer Arbeit also erst dann, wenn das zentrale Schlagwort „Curriculum“ aufgegliedert ist, wenn die bei der Lektüre eines Buches ausgeworfenen wichtigsten Leitworte vermerkt sind. Das könnte für das Beispiel Curriculum so aussehen:

Abb. 23: Schlagwort-Karteikarte

Curriculum	
– Definition/Begriff	
Achtenhagen/Meyer (Hrsg.)	11 f.
Becker/Jungblut	127 f., 177
...	
– im Unterschied zur Didaktik	
Knab (in Achtenhagen/Meyer)	165 f.
...	
– offenes	
Siebert (1974)	98–107
...	

Wird die studierte Literatur in dieser Form auf Karteikarten festgehalten, verfügt man über eine nützliche Hilfe bei der Erstellung einer schriftlichen Arbeit, da man mühelos die entscheidenden Passagen findet, die man für den eigenen Argumentationsverlauf benötigt.

Form 3

Auch andere schriftliche Materialien (Seminarpapiere, Zeitungsausschnitte, Fotokopien usw.), die in Ordnern abgeheftet sind, können so erfaßt werden. Numeriert man diese Unterlagen fortlaufend, ist auch die zunehmende „Paper-Flut" während des Studiums auf einer überschaubaren Zahl von Karten zu bewältigen. Eine solche Schlagwortkarte könnte (enthält sie keine Buchverweise) wie folgt aussehen:

Abb. 24: Schlagwort-Karteikarte

<u>Schule</u>

– Hauptschule	Sch. 1, 2, 9, 11
– Gesamtschule	Sch. 3, 6, 8
– „Gegenschule“	Sch. 4
– Schulversuch Glocksee	Sch. 5,
– Benachteiligung von Mädchen in der	Sch. 7, 10, 12, 28
...	
...	
...	

„Sch“ steht für den Ordner mit Materialien zum Thema „Schule“.

Problem

Der Vermerk auf der Schlagwortkarte, daß bei Siebert auf den Seiten 98–107 Ausführungen zu Fragen „offener Curricula“ zu finden sind, nützt sehr wenig, wenn man einige Zeit nach der Lektüre des Buches diese Ausführungen dringend nachlesen muß, das Buch aber nicht in der eigenen Bibliothek steht, sondern entliehen war und im Moment in der Bücherei vergriffen ist. Die zuvor erläuterte Form der Schlagwortkartei ist also nur für die Erfassung der eigenen Bücher sinnvoll. Wie legt man nun eine Schlagwortkartei an, auf der entliehene Bücher so ausgewertet werden können, daß man nicht immer gezwungen ist, auf das Buch selbst zurückzugreifen?

Form 4

Kann man sich bei der Lektüre eines Buches einerseits nicht darauf beschränken, Schlag- und Stichworte und die Verweise auf betreffende Fundstellen festzuhalten, will man andererseits aber auch kein Exzerpt anfertigen, bietet sich die Möglichkeit, kurze Ausführungen eines Autors (als Zitat oder paraphrasiert) zu dem jeweiligen Schlagwort festzuhalten. Bleiben wir bei dem Beispiel „Curriculum“: Statt des Hinweises auf die entsprechenden Seiten bei Becker/Jungblut wird unter dem Punkt „Definition“ die entsprechende Passage vermerkt:

Abb. 25: Schlagwort-Karteikarte

> Curriculum
>
> – Definition
>
> Becker, E.; Jungblut, G.: Strategien der Bildungsproduktion. Frankfurt/Main 1972. S. 177.
>
> „Das Curriculum ist die Darstellung des Unterrichts über einen bestimmten Zeitraum als konsistentes System mit mehreren Bereichen zum Zwecke der Planung, der optimalen Realisierung und Erfolgskontrolle des Unterrichts." (K. Frey) „Curriculum bezeichnet keine Realprozesse, sondern eine ‚geordnete Folge von Lernsituationen', die . . ."

Es fehlen: Fundort und Signatur

Für dieses Verfahren wird man sich also entscheiden, wenn das betreffende Buch entliehen ist und wenn nicht die gesamte Argumentation des Verfassers benötigt wird, sondern nur ausgewählte Aspekte. Oder, beim eigenen Buch, wenn man sicher ist, daß gerade dieser Auszug für die anzufertigende Arbeit verwendet wird. Auf diese Weise hat man die benötigten zentralen Textausschnitte bequem griffbereit und der Schreibtisch ist nicht mit Büchern zum beständigen Nachschlagen überfrachtet. Die Karten können nach den Erfordernissen der eigenen Arbeit geordnet und gegebenenfalls in das Rohmanuskript eingeheftet und nach der Reinschrift wieder in die Kartei einsortiert werden.

3. Exzerptkartei

Notwendigkeit

Nicht selten steht man vor der Notwendigkeit, einen Text zu exzerpieren: Wenn ein benötigtes Buch nicht mehr im Buchhandel erhältlich ist, es in der Bibliothek nur im Lesesaal eingesehen werden kann, wenn man absehen kann, daß man mit dem betreffenden Text langfristig arbeiten muß, seine Anschaffung aber zu teuer ist, die benötigten Kapitel so umfangreich sind, daß aus Kostengründen Fotokopieren (wie es etwa bei Zeitschriftenaufsätzen möglich ist) nicht in Betracht kommt.

Auch bei eigenen Büchern kann Exzerpieren sinnvoll sein: Das Anfertigen von Auszügen unterstützt die Textrezeption, da es eine Konzentration auf die Kernaussagen und ihre logische Abfolge erzwingt, damit die Herausarbeitung des Wesentlichen eines Textes fördert. Exzerpieren erfüllt somit gleichzeitig die Funktion einer Lernkontrolle.
Allein aus diesem Grunde wird man sich aber bei eigenen Büchern nicht für dieses doch zeitaufwendige Verfahren entscheiden. Zweckmäßig wird Exzerpieren auch bei eigenen Büchern hingegen dann, wenn man für eine schriftliche Arbeit eine Vielzahl von Literatur heranziehen muß, die Anzahl der festzuhaltenden und zu verarbeitenden Gedanken und Aussagen also derart umfangreich wird, daß man sie nur schwerlich alle im Kopf behalten oder gar strukturieren kann.

Es ergibt sich daher die Notwendigkeit, nach einer ersten Informationsphase und der Erstellung einer vorläufigen, den Prozeß der weiteren Arbeit steuernden Gliederung, systematisch Material für die einzelnen Abschnitte der eigenen Arbeit zusammenzutragen und schriftlich festzuhalten. Exzerpiert man dabei unter den von der Gliederung vorgegebenen Gesichtspunkten die betreffende Literatur [23], gewinnt man einen wesentlichen (nach den eigenen Erfordernissen geordneten) Grundstock für die weitere Verarbeitung der Texte.

Nicht nur unter Ordnungsgesichtspunkten und aus Gründen der Handlichkeit, sondern vor allem wegen der optimalen Ausnutzung im Prozeß der Anfertigung einer Arbeit und der weiteren vielseitigen Verwendbarkeit ist es vorteilhaft, diese Exzerpte auf Karteikarten (vom Format DIN A 6 oder 5) festzuhalten und in die Kartei einzuordnen.

Form 1 Über die Struktur von Exzerpten haben wir bereits die erforderlichen Hinweise gegeben (vgl. 3.3.1.2.), für die Anlage einer Exzerptkarte gelten die allgemeinen Ratschläge in 3.3.2.1., ein Beispiel mag daher genügen:

---

23 Dabei ist es unbedingt erforderlich, die Gedanken und Intentionen des jeweiligen Verfassers exakt wiederzugeben; nach eigenen Kriterien strukturieren heißt also nicht, nach eigenen Kriterien interpretieren.

Abb. 26: Exzerpt-Karteikarte

	Keseling G. u. a.: Sprach-Lernen in der Schule. Köln 1974.	
11 ff.	**Das einfache Modell menschlichen Lernens**	
	Frühgeschichtliche Gesellschaftsform:	
12	Lernen keine (von den allgemeinen) abgesonderte Tätigkeit.	
	Wissen trat nicht in besonderer Form auf („steckt in den alltäglichen Arbeitstätigkeiten“).	
14 f.	Grundlage der Wissens-Weitergabe: Vergegenständlichung menschl. Fähigkeiten in den Arbeitsprodukten (+ sprachliche Fixierung)	Grundlage menschl. Lernens
15	„Lernen . . . baut auf den vergegenständlichten Erfahrungen der Gattung auf. Lernen ist ein aktiver Prozeß der Aneignung von gattungsgeschichtlich angehäuften Erfahrungen, die in den von Menschen hergestellten Produkten und der Sprache erhalten sind.“	Definition Lernen
	. . .	
	. . .	
	. . .	
17	Die Lerngegenstände, deren sachliche . . .	–2–

Anzumerken ist noch, daß Exzerptkarten wie Verfasserkarten unter dem Namen des Verfassers eingeordnet werden.

Form 2

Bleibt die Frage, wie man eigene, nicht ausführlich exzerpierte Literatur (hat man sich einmal für dieses Verfahren entschieden) erfaßt, die im Laufe des Studiums sicher nicht unbeträchtlich anwachsen wird.
Um auch sie in der Kartei festzuhalten – was, will man nicht Gefahr laufen, wichtige Gesichtspunkte eines gelesenen Textes bei einer späteren Arbeit unberücksichtigt zu lassen, unabdingbar ist – legt man **Kurzexzerpte** an: Auf der Karte werden nur die im Buch bereits ausgeworfenen Leitwörter und die jeweilige Seitenzahl vermerkt (vgl. Abb. 27).

4. Kartei-Kombination

Problem

Innerhalb eines Exzerpts kann eine Vielzahl themen- und problemübergreifender Aspekte enthalten sein. Wir haben zuvor gesagt, daß Exzerpte geschlossen unter dem Namen des Verfassers eingeordnet werden, um die Voll-

Abb. 27: Kurzexzerpt

Heckhausen, H.: Förderung der Lernmotivierung und der intellekturellen Tüchtigkeiten.
In: Begabung und Lernen. Stuttgart 1968. S. 193–228.

193	Bedingungsvariablen „intellektueller Tüchtigkeit“: – sachstruktureller Entwicklungsstand – kognitiver Stil	196 ff.	extrinsische, intrinsische Motivation
		199 ff.	Entstehungsbedingungen (Eb) des sachstrukturellen Entwicklungsstandes
194	– Motivierung/Lernmotivierung (Def.:) Leistungsmotivation (LM)	203	Eb der kognitiven Stile Eb der LM
195	Situationsabhängige Anregungsv. der LM – Erreichbarkeitsgrad – Aufgabenanreiz	204	– „häusliches Erziehungsmilieu“ – „sozio-kulturelle Geschlechtsnormen“
196	(Neuigkeitsgehalt) Bedingungsvariablen der Lernmotivierung (Formelausdruck)	. . .	. . .

ständigkeit des betreffenden Kontextes beizubehalten. Damit läuft man Gefahr, daß verschiedene Aspekte des Exzerpts verloren gehen, denn einmal eingeordnet sind sie nur noch thematisch zu erschließen, nicht mehr unter den verschiedensten Gesichtspunkten. Der Hinweis, wenn erforderlich, alle Karten durchzusehen, verbietet sich von selbst, da damit der Sinn einer Kartei aufgehoben würde und man gleich im betreffenden Buch nachschlagen kann. Gliedert man dagegen das Exzerpt auf, zerlegt es in einzelne Schlagwortexzerpte (d. h. Schlagwort und kurze Ausführungen), die in die Schlagwortkartei eingeordnet werden, sind zwar alle behandelten Aspekte übersichtlich erfaßt und einzuordnen, der Zusammenhang der einzelnen Aussagen aber ist zerstört. Dies beeinträchtigt das Verständnis der so gewonnenen Schlagwortkarten oft erheblich, da die einzelnen Ausführungen ihre Bedeutung erst aus dem Zusammenhang gewinnen. Diese Beeinträchtigung ist noch größer, wenn man nach längerer Zeit wieder auf die betreffenden Karten zurückgreift: Der Zusammenhang der einzelnen Aussagen kann dann in vielen Fällen nur noch schwer oder gar überhaupt nicht mehr rekonstruiert werden. Schließen sich also die Beibehaltung der Gesamtstruktur eines Exzerpts und das vollständige Erfassen aller Aspekte aus oder anders formuliert: schließen sich Exzerpt- und Schlagwortsysteme aus?

Lösung 1

Eine Möglichkeit, die verschiedenen übergreifenden Aspekte, die das Exzerpt enthält, bei Aufrechterhaltung des Kontexts zu erfassen und jederzeit wieder bequem ermitteln zu können, ist die Kombination von Exzerpt- und Schlagwortkartei.

Beispiel

Dafür ein Beispiel: In der Verfasserkartei wird das vollständige Exzerpt eingeordnet:

Abb. 28: Exzerpt-Karteikarte

Keseling, G. u. a.: Sprach-Lernen in der Schule.
Köln 1974.
ZB: ...., Willi

83 89 f. 92 97	Text Exzerpt	–3– . . . vgl. Lomp- scher S. 27 –4–

Dieses Exzerpt ist zum Thema „Lernen und die Rolle der Sprache bei der Entwicklung geistiger Fähigkeiten" angelegt worden. Auf Seite 97 des Textes werden einige Aussagen über die Relevanz der vertretenen Lerntheorie für die Erwachsenenbildung getroffen. Diese Aussagen werden im Exzerpt festgehalten (einmal unterstellt, Erwachsenenbildung wäre im Studium von Bedeutung). Um sie so zu erfassen, daß sie jederzeit wieder bequem in der Kartei ermittelt werden können, ist es erforderlich eine zweite Kartei zu führen, eine Schlagwortkartei. Auf einer Schlagwortkarte (in unserem Beispiel der Karte „Erwachsenenbildung" unter dem Unterpunkt „Lerntheorien für die Erwachsenenbildung") wird ein Verweis auf die betreffende Stelle im Exzerpt verzeichnet:

Abb. 29: Schlagwort-Karteikarte

Erwachsenenbildung
– Lerntheorien für die
Keseling, G. u. a.: Sprach-Lernen (III)
(der Ansatz Galperins)
. . .
. . .

Die Schlagwortkarte dient in diesem Falle also als Verweiskarte. Sie verweist auf Karte drei (III) des Exzerpts von „Sprach-Lernen in der Schule", auf der Aussagen über den Ansatz Galperins zu finden sind, die für Lerntheorien in der Erwachsenenbildung relevant sind. Der Gefahr, daß diese Textstellen, da sie nicht unmittelbar zum Themenschwerpunkt gehören, vergessen werden, ist so begegnet: Das Exzerpt kann in die Verfasserkartei eingeordnet werden, die Schlagwortkartei enthält auf der Karte „Erwachsenenbildung" einen Verweis auf die betreffenden Ausführungen.

Lösung 2

Diesem erhöhten Aufwand kann man mit dem System der Reiterkartei entgehen.

5. Reiterkartei

Vorteil

Die Reiterkartei vereinigt die unter 4. beschriebenen Karteisysteme in einer Kartei. Ein auf einer Reiterkartei festgehaltenes Exzerpt kann in seiner Gesamtheit erhalten bleiben und trotzdem können alle auf der betreffenden Kartei erfaßten Aspekte mit Hilfe der Reiter unabhängig voneinander gekennzeichnet und damit jederzeit wieder erschlossen werden.

Wie wird eine solche Kartei angelegt?

Anlage

Bei der Reiterkartei ist die Oberkante der Karteikarten mit Nummern versehen, auf die Reiter aufgesteckt werden, die über die Karte hinausragen. Jeder Reiter vertritt dabei ein ganz bestimmtes Schlagwort. Gleiche Reiter an der gleichen Stelle repräsentieren demnach identische Sachverhalte. Bei der Anlage einer Karte wird jeder im

Exzerpt festgehaltene Ordnungsgesichtspunkt (Schlagwort) durch einen Reiter ausgedrückt. So kann ein Exzerpt unter den vielfältigsten Gesichtspunkten aufgeschlüsselt werden und kein Aspekt muß deshalb verloren gehen, weil er nicht unmittelbar unter den Oberbegriff, dem Schlagwort, des betreffenden Themas zu subsumieren ist. Sollen die Karteikarten unter einem bestimmten Sachverhalt abgerufen werden, nimmt man alle Karten heraus, die an der betreffenden Stelle mit einem Reiter versehen sind, und erhält so die gesamte Anzahl verfügbarer Karten zu dem jeweiligen Punkt.

Ein Beispiel soll diesen Vorgang verdeutlichen:

Beispiel

Nehmen wir an, daß ein Referat zum Bereich der Bildungsökonomie zu erstellen sei. Im Prozeß der Themenverarbeitung ergeben sich (u. a.) folgende Aspekte, die in der Arbeit behandelt werden sollen:
„Gegenstand und Problemstellung der Bildungsökonomie (BÖ)“, „das Verhältnis von BÖ und Bildungsplanung“, „die unterschiedlichen bildungsökonomischen Ansätze“ usw.
Diese für den Inhalt und die Struktur zentralen Schlagwörter werden auf einem Schlagwortverzeichnis, das den Exzerptkarten vorangestellt wird, notiert.

Abb. 30: Schlagwortverzeichnis

1	Gegenstand/Problemstellung	16	Residualgrößen-Ansatz
2	BÖ u. Bildungsplanung	17	....
3	Entstehung der BÖ	18	
4	....	19	
5		20	
6		21	
7		22	
8		23	Mikro-BÖ
9		24	
10		25	
11		26	
12		27	
13		28	
14	Ertragsraten-Ansatz	29	
15		30	

Die Exzerptkarten werden entsprechend der auftretenden Gesichtspunkte bereitert:

Abb. 31: Reiter-Karteikarte

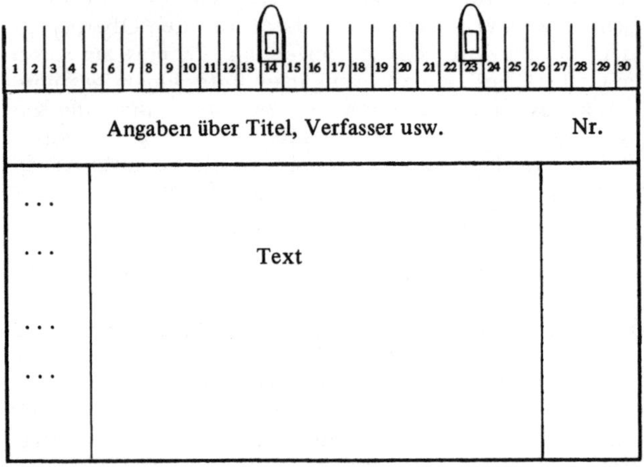

Unser Beispiel zeigt, daß die Exzerptkarte Aussagen über den „Ertragsraten-Ansatz“ und „Mikro-Bildungsökonomie“ enthält.

Unabhängig von der konkreten inhaltlichen Abfolge des einzelnen Exzerpts können nun – nach der Gliederung der eigenen Arbeit – die Karten mit Hilfe ihrer Reiter nach den jeweiligen Sachverhalten befragt werden. Ein Blick auf die Reiter genügt, um festzustellen, auf welchen Karten beispielsweise Ausführungen zum „Residualgrößen-Ansatz“ zu finden sind. Die ermittelten Karten werden der Kartei entnommen und ihr Material zu diesem Unterpunkt der Arbeit ausgewertet. Die auf den Exzerptkarten auf der rechten Seite vermerkten Leitworte helfen dabei, die entsprechenden Exzerptstellen rasch zu finden.

Entschließt man sich zur Anlage einer Reiterkartei, mit der man auch die beschriebenen Kurzexzerpte erfassen kann, so muß diese, um funktional zu sein, folgenden Anforderungen nachkommen:

Anforderungen

– hohe Kapazität (viele Ordnungsgesichtspunkte),

- eindeutige und festliegende Reiterpositionen (um Verwechslungen zu vermeiden),
- feste Anbringung der Reiter,
- leichte Auswechselbarkeit der Reiter.

Empfehlung

Diesen Anforderungen werden die von GRESCHAT u. a. entwickelten **Rand-Schlitzkarten** weit eher gerecht als die oben beschriebenen Reiterkarten. Die Handhabung der Rand-Schlitzkarte erfolgt nach dem gleichen Prinzip, nur die Beschaffenheit von Karten und Reitern ist anders. Die Karten haben am oberen Rand 41 eingestanzte Schlitzpaare, durch die die dazugehörigen Durchsteckreiter gesteckt werden.

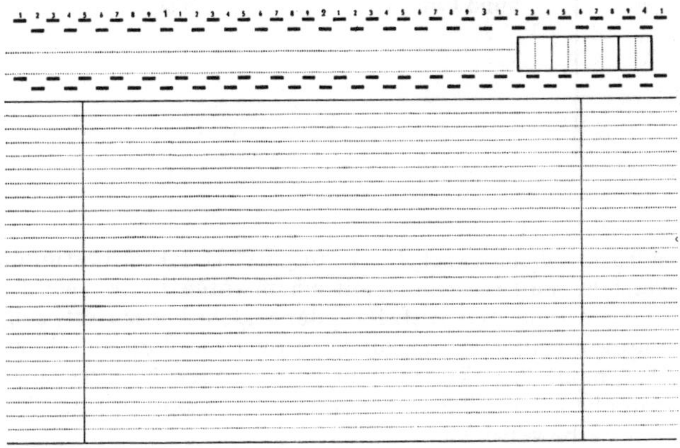

Abb. 32: Rand-Schlitzkarte

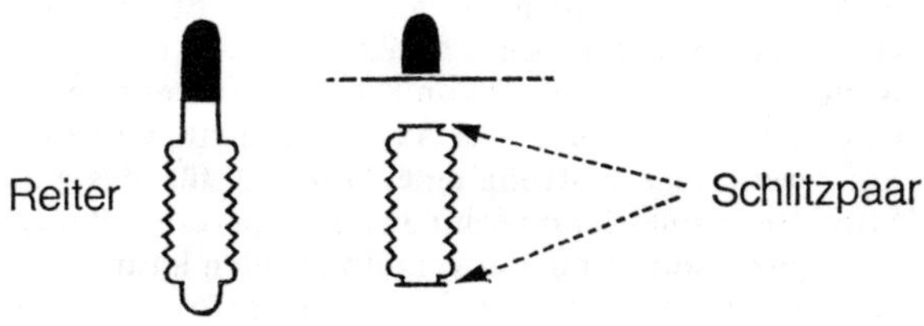

Abb. 33: Reiter u. Schlitzpaar

(GRESCHAT u. a., S. 112 f.)

Kapazitätserhöhung

Eine zusätzliche Erhöhung der Kapazität ist durch die Zuordnung von zwei Sachverhalten (Schlagworten, Begriffen) zu jedem Schlitzpaar zu erreichen. Eine solche *Kapazitätsverdoppelung* macht es erforderlich, mit drei verschiedenfarbigen Reitern zu arbeiten. Das geschieht wie folgt: Die verschiedenen Begriffe werden auf einem Schlagwortverzeichnis notiert und erhalten eine Reiterfarbe zugeordnet. Ein solches Schlagwortverzeichnis könnte, würde es beispielsweise für eine Arbeit zur Didaktik angelegt, so aussehen:

Abb. 34: Schlagwortverzeichnis (Ausschnitt)

1.	Begriff	(rot)
	Gegenstand/Aufgabe	(gelb)
2.	und Methodik	(r)
	und Pädagogik	(g)
3.	...	
4.	...	

Wird in einem Exzerpt der „Begriff" Didaktik bestimmt, versieht man Position 1 mit einem roten Reiter, werden „Gegenstand und Aufgabe" der Didaktik erläutert, zeigt dies ein gelber Reiter auf Position 1 an. Werden schließlich beide Aspekte in dem betreffenden Exzerpt angesprochen, wird Position 1 mit einem Reiter in einer dritten Farbe versehen.

Dokumentation

Unsere Erläuterungen der verschiedenen Karteisysteme waren bisher vorwiegend am Prozeß der Erarbeitung eines Themas für eine schriftliche Arbeit orientiert. Richtet man die Anlage von Karteikarten nur jeweils auf eine Arbeit aus, lohnt der Aufwand nicht. Sinnvoll ist er nur, wenn das festgehaltene Material für das künftige Studium (und darüber hinaus im späteren Beruf) zur Verfügung steht und Verwendung finden kann. Das wirft aber weitere Probleme auf, die wir im folgenden behandeln wollen.

Was geschieht nun mit den Karteikarten, die nicht ihren vollständigen Niederschlag in einer Arbeit gefunden haben, nach Abschluß dieser Arbeit? Der Hinweis, sie werden in den Karteikasten eingeordnet, reicht hier nicht aus. Die Einordnung der behandelten Verfasser-

und Schlagwortkarten stellt kein Problem dar, denn Autorennamen und Schlagwörter bilden sinnvolle Ordnungsgesichtspunkte, die ihre Bedeutung nach der Einordnung beibehalten und zudem von unbeschränkter Kapazität sind. Das gilt auch für die erläuterte Kombination von Exzerpt- und Schlagwortkartei, bei der man über ein in sich geschlossenes Exzerpt verfügt, das über die Schlagwortkartei aufgegliedert ist, damit jederzeit in Anspruch genommen werden kann und keinen Beschränkungen hinsichtlich der Ordnungskriterien unterliegt.

Problem

Komplizierter ist es bei der Reiter- bzw. Rand-Schlitzkarte: Ihre Kapazität genügt in der Regel nur den Erfordernissen während der Erstellung *einer* Arbeit. 82 oder auch 123 Ordnungsgesichtspunkte (ordnet man jedem Schlitzpaar drei Sachverhalte zu) genügen aber nicht, um während des gesamten Studiums alle bearbeiteten Bereiche hinreichend differenziert in einer Kartei zu dokumentieren. Was ist also zu tun, will man die Vorzüge einer Exzerptkartei, bei der gleichzeitig alle enthaltenen Aspekte unabhängig voneinander gekennzeichnet und ermittelt werden können, in Anspruch nehmen und soll gleichzeitig gewährleistet sein, daß die gesamte Kartei über eine genügend große Zahl von Ordnungsgesichtspunkten verfügt?

Drei Möglichkeiten bieten sich hier an:

Lösung 1

Eine Lösung besteht in der bereits beschriebenen – aufwendigen – Kombination von Verfasser- und Schlagwortkartei.

Lösung 2

Die zweite Möglichkeit besteht darin, daß die Kartei in thematische Bereiche aufgeteilt wird, z. B. Pädagogik, Psychologie, Soziologie, Erdkunde, Politik oder Erwachsenenbildung, Vorschulerziehung (also das jeweilige Wahlfach). Hier wird die angestrebte Kapazitätserhöhung durch Vervielfachung der Kartei erreicht. Abgesehen davon, daß man so Gefahr läuft, interdisziplinäre Bezüge zu zerstören bzw. nicht zu erfassen, bleibt es fraglich, ob selbst innerhalb dieser Schwerpunkte die zur Verfügung stehende Anzahl von Ordnungsgesichtspunkten ausreicht.

Lösung 3

Die dritte und effektivste Lösung ist die Rand-Lochkartei.

6. Rand-Lochkarte

Der Rand-Lochkarte liegt das gleiche Prinzip wie der Reiter- bzw. Rand-Schlitzkarte zugrunde, nur treten Löcher an die Stelle der Schlitze und entfallen die Reiter. Ihr Vorteil gegenüber der Rand-Schlitzkarte liegt in der erheblich *größeren Kapazität* und in der überaus *bequemen Ordnung*.

Vorteil

Wie sieht das konkret aus?

Aufbau

Bei der Rand-Lochkarte handelt es sich um ein Karteiblatt, in dessen Rand rundum (eine oder zwei) Lochreihen eingestanzt sind. Bei der einfachsten, der einreihigen Rand-Lochkarte mit 64 oder 73 Löchern [24], geht man wie folgt vor:

Jedem der Löcher wird wie bei der Reiterkartei ein bestimmter Begriff zugeordnet, der in einer Liste festgehalten und stets beibehalten wird.

Der betreffende Gesichtspunkt, der festgehalten werden soll, wird gekennzeichnet, indem das ihm zugeordnete Loch mit einer dafür vorgesehenen Zange zum Rand hin eingekerbt wird.

Will man unter bestimmten Gesichtspunkten eine Information abrufen, werden die Karten aus dem Kasten genommen und durch die betreffenden Löcher eine Nadel geführt. Die an der gleichen Stelle gekerbten (benötigten) Karten fallen heraus.

Damit wird auch die Einordnung der einzelnen Karten in einer bestimmten Reihenfolge erspart. Jede Karte – ist sie richtig gelocht! – ist unabhängig von ihrem Standort in der Kartei stets auffindbar.

Um zu vermeiden, daß man einzelne Karten seiten- oder kantenverkehrt einordnet, sind solche Karten zu empfehlen, die an einer der oberen Ecken abgeschrägt sind.

---

24 Ihre Kapazität ist allerdings noch zu gering. Sie dient daher hier nur zur Erläuterung des grundlegenden Prinzips der Rand-Lochkarte. Durch Erhöhung der Anzahl der Lochreihen kann man die Kapazität der Rand-Lochkarte – freilich auf Kosten des für Eintragungen zur Verfügung stehenden Raums – um ein Vielfaches erhöhen.

Falsche Kerbungen können durch sogenannte „Kartenretter" wieder zugeklebt werden.[25]

Kontrollfragen und Übungen

7. Welche Angaben fehlen bei folgender Verfasserkarte?

> Beck, Johannes u. a.:
> Ansichten pädagogischer Berufspraxis.
> Eine Bremer Einführung in das Lehrerstudium.
> Frankfurt/Main: Europäische Verlagsanstalt 1973.

8. Sie fertigen eine Hausarbeit zum Thema „Grundlagen der menschlichen Entwicklung" an und stoßen im Verlaufe der Literatursichtung auf nachstehenden Text über Begabung. Was würden Sie exzerpieren?

„Was bedeutet es denn tatsächlich, an ‚Begabungen' zu glauben? Es bedeutet – oft auch ohne sich dessen bewußt zu sein –, die Feststellung einer *Tatsache* – die ungleiche geistige Entwicklung der Individuen, beurteilt vor allem nach schulischen Kriterien – zu verknüpfen mit der Übernahme einer *Hypothese*: diese Ungleichheit habe ihre Wurzel in angeborenen natürlichen ‚Gegebenheiten' von biologischem, sogar vererbbarem Charakter, die durch pädagogische Anstrengun-

25 Diese Hinweise erklären keineswegs die Möglichkeit einer Rand-Lochkarte erschöpfend. Sie sollen nur auf diese Möglichkeit der Dokumentation verweisen. Wer sich für die Anlage einer Rand-Lochkarte entscheidet, dem sei das Buch von GRESCHAT u. a. empfohlen, in dem (S. 142–170) eine übersichtliche Anleitung und wichtige Hinweise über Arten der Rand-Lochkarten, die Erhöhung ihrer Kapazität, ihre Verschlüsselung usw. zu finden sind.

gen und soziale Veränderungen durchaus modifiziert, aber keineswegs beseitigt werden können.
In anderen Worten – und man kann das sehr gut aus dem Gedankengang des oben zitierten Schularztes ersehen – impliziert dieser Glaube die Annahme, daß die Vererbung biologischer Merkmale wie etwa die Farbe der Augen oder der Haare, ganz selbstverständlich einhergehe mit einer Vererbung psychologischer Merkmale, wie der Fähigkeit, richtig zu singen oder Mathematik zu verstehen.
Das ist im Grunde eine Haltung, die nicht sehr verschieden ist vom Rassismus – auch wenn viele Leute, die an ‚Begabungen' glauben, den Rassismus ablehnen; denn die rassistische Ideologie ist bis jetzt von fortschrittlichen Menschen wirksamer bekämpft und gebrandmarkt worden als die Ideologie der ‚Begabungen'.
Wenn also die ungleiche intellektuelle Entwicklung als Tatsache anerkannt wird, die eine Erklärung erfordert, so kann man andererseits mit Sicherheit feststellen, daß die Hypothese der ‚Begabungen', daß der Glaube an eine psychologische menschliche Vererbung eine fehlerhafte Erklärung ist. Gehen wir direkt zum Kern des Beweises: Während sich bei den Tieren die Arterfahrung im allgemeinen im Verlaufe eines sehr langsamen Prozesses der biologischen Entwicklung im genetischen Erbe niederschlägt, das jedes Einzeltier bei seiner Geburt in Form von vererbten Handlungsmustern *in sich selbst* vorfindet, liegt das Eigentümliche der Menschen im Gegensatz dazu darin, daß sie ihre Erfahrungen – in einem mit der biologischen Entwicklung nicht vergleichbaren Prozeß – in einem *gesellschaftlichen Erbe* ansammeln (Produktivkräfte, gesellschaftliche Beziehungen, Sprachen und Wissen, Institutionen usw.), das jedes Individuum bei seiner Geburt *außerhalb von sich selbst* vorfindet, und das es sich aneignen muß, um psychisch ein Mensch zu werden.

Anders gesagt: Der Übergang vom Tier-Sein zum Mensch-Sein bedeutet den Übergang von einer Weise der internen, erblichen Ansammlung von psychischen Eigenschaften zu einer externen, gesellschaftlich vermittelten, die sich zugleich von der Schwerfälligkeit der biologischen Bestimmtheit befreit wie von den

Besonderheiten und Beschränkungen der Individualität. Gerade in der *Emanzipation* von den Mechanismen der biologischen Vererbung liegt also die grundlegende Besonderheit des *menschlichen* Psychischen. Hier liegt die Ursache, warum man festhalten kann, daß der Glaube an die ‚Begabungen', d. h. tatsächlich an die Vererbung des menschlichen Intellekts, ein grundsätzlicher Irrtum ist, der darauf hinausläuft, den Ansatz von Darwin – den tierischen Ursprung des Menschen – festzuhalten, aber denjenigen von Marx nicht zur Kenntnis zu nehmen: daß nämlich die Beziehung, in der die Menschen zur Natur stehen, die genaue *Umkehrung* der Beziehung ist, in der die Tiere zu ihr stehen, da die Menschen die Mittel zu ihrem Lebensunterhalt selbst produzieren und sich daher selbst produzieren auf der Grundlage ihrer gesellschaftlichen Aktivität. Und das ist auch die Ursache, warum sich jede tiefgehende *gesellschaftliche Emanzipation* von Menschengruppen, die für ‚minderbegabt' gehalten werden – Frauen, arbeitende Klassen, unterdrückte Völker –, allmählich bei diesen in einer offensichtlichen *geistigen Entfaltung* ausdrückt."
(Sève, Lucien: Kampf der Begabungsideologie. Demokratische Erziehung Jg. 1 (1975) H. 1, S. 89 f.)

9. Ergänzen Sie die aufgeführten Unterpunkte zum Schlagwort „Bildung" um weitere zehn.

Bildungs (s)

- Definition
- Funktion
- Theorie
- politische
- gewerkschaftliche
- Vergesellschaftung der
- Planung
- Beratung
- Krise
- Chancen

3.4. Techniken der Darstellung des Materials

Bevor wir uns nun den verschiedenen Techniken der Darstellung des Material zuwenden, einige Vorbemerkungen. In Abhängigkeit von der Form der wissenschaftlichen Arbeit (vgl. 2.2.) ist der Anteil formaler Strukturelemente jeweils unterschiedlich groß. Ist beispielsweise das Inhaltsverzeichnis bei einer Prüfungsarbeit unbedingt erforderlich, so kann man bei einem Referat darauf verzichten, wenngleich ein Inhaltsverzeichnis bei einem sehr umfangreichen Referat dem Leser einen weitaus besseren Überblick verschafft.

Unabhängig von der Form einer wissenschaftlichen Arbeit – ausgenommen sind hier lediglich das Thesenpapier und das Protokoll – weisen alle anderen Formen gleichartige Strukturelemente auf. Dies sind folgende Teile einer Arbeit:

- Titelblatt
- Gliederung
- Belege
- Abkürzungen
- Literaturverzeichnis

Die Punkte Gestaltung des Titelblatts und Gliederung wurden in Abschnitt 2.2. bereits behandelt, so daß wir uns in diesem Abschnitt auf folgende Punkte konzentrieren können:

Inhalt 3.4.

3.4.1. Die Verarbeitung fremden Materials – Das Belegen

Es entspricht den allgemeinen Gepflogenheiten wissenschaftlichen Arbeitens – stellt zudem *ein* Kriterium von Wissenschaftlichkeit dar –, den Gebrauch fremden Materials auszuweisen. Die Formen, mit denen sichergestellt werden kann, daß fremdes Material in jedem Fall unmißverständlich erkennbar bleibt, nennen wir **Beleg.**

Ein Beleg umfaßt mehrere Möglichkeiten des Ausweisens

Formen des Belegs

- in Form der Zitation (vgl. 3.4.1.1.),
- in Form der Titelangabe (vgl. 3.4.1.2. und 3.4.3.2.),
- in Form der Anmerkung (vgl. 3.4.1.3.).

Der Beleg erfüllt in *formaler* Hinsicht eine doppelte Funktion:

formale Funktion

- er ermöglicht die Unterscheidung zwischen eigenem und fremden Gedankengut,
- er garantiert die Nachprüfbarkeit des fremden Gedankenguts.

In *inhaltlicher* Hinsicht erfüllt der Beleg mehrere Funktionen. Er dient

inhaltliche Funktion

- der Weiterführung und Ergänzung des eigenen Gedankengangs,
- als Ausgangspunkt für die Auseinandersetzung mit abweichenden Auffassungen, die selbst nicht dargestellt werden,
- der besonderen Hervorhebung oder Bestärkung der eigenen Meinung (des eigenen Urteils, der eigenen Schlußfolgerung usw.),
- der Bestätigung wissenschaftlicher Thesen durch anerkannte Autoritäten oder Arbeiten der Wissenschaft.

3.4.1.1. Die Zitation

Definition

Unter Zitation versteht man die wörtliche oder nichtwörtliche (sinngemäße) Übernahme oder Wiedergabe schriftlicher oder mündlicher Äußerungen anderer.

Die Praxis der Zitation unterliegt gewissen Regeln allgemeiner und spezifischer Art.

A) Allgemeine Regeln

Regel 1

Zitate sind als solche immer zu kennzeichnen

a) Wörtliche Zitate werden durch *Ein- und Ausführungszeichen* gekennzeichnet.

Beispiel

„Die materielle Situation von Studenten übt einen nachhaltigen Einfluß auf ihr Studienverhalten aus."

(„. . .") Man kann die Anführungszeichen auch nach oben setzen. (". . .")

Der Schriftsatz erlaubt darüber hinaus noch weitere Möglichkeiten der Kennzeichnung von Zitaten:

(». . .«), («. . .»), (‘. . .’), (’. . .‘)

b) Nicht-wörtliche (sinngemäße) Zitate werden nicht in Ein- und Ausführungszeichen gesetzt.

Beispiel

Original:
"Eine solche politische Perspektive von Sozialarbeit ist natürlich nicht nur mit kognitiven Lernprozessen verbunden, sondern wird ständig durch politische Lernprozesse angeregt."

sinngemäß:
Die politische Perspektive der Sozialarbeit hängt mit kognitiven und politischen Lernprozessen zusammen.

Regel 2

Zitate müssen genau sein

Dies gilt sowohl für die Form als auch den Inhalt eines Zitats. In der *Form* bedeutet Genauigkeit: Immer wörtlich zitieren, d. h. einen Text in seiner Orthographie und Interpunktion genau wiedergeben.

Beispiel

„Sie waren außer der Welt, sie waren außer Stanz, sie waren bey mir, und ich war bey ihnen."
Pestalozzi, H. H.: Sämtliche Werke. Bd. XIII.
Berlin, Leipzig 1932. S. 5.

Hinsichtlich des *Inhalts* bedeutet Genauigkeit: Jedes Zitat, daß in einen neuen Kontext aufgenommen wird, muß seinen ursprünglichen Sinn behalten.
Alle Veränderungen (Auslassungen, Ergänzungen, Erläuterungen, Hervorhebungen, Verschmelzungen, Zitate im zitierten Satz und Einführungen) sind besonders zu

kennzeichnen. Mit Veränderungen dieser Art befassen sich die speziellen Regeln.

Zitate müssen unmittelbar sein

Regel 3

Das heißt, es sollte nicht aus „zweiter Hand" zitiert werden, sondern immer nur aus dem Original-Material. Wer aus „zweiter Hand" zitiert, setzt sich der Gefahr aus, daß er Fehler übernimmt, die dem Autor beim Zitieren aus dem Original-Material unterlaufen sind. Erfahrungsgemäß können sich solche Fehler, sind sie erst einmal entstanden, über längere Zeit hinweg hartnäckig in der Literatur halten.

Diese Regel erfährt indes eine Einschränkung:
- das Zitieren aus „zweiter Hand" kann *notwendig* sein, wenn beispielsweise das Original-Material nicht zu beschaffen ist,
- es kann *sinnvoll* sein, wenn es sich um die Verarbeitung eines großen Gegenstandsbereichs handelt.

Sofern aus „zweiter Hand" zitiert wird, muß dies durch den Zusatz *„zitiert nach"* oder abgekürzt *„zit. n."* gekennzeichnet werden.

Beispiel

Gerlach, U.: Zur Kritik der psychoanalytischen Sozialpsychologie. Der Antagonismus zwischen Individuum und Gesellschaft bei K. Horn. Dipl. Arb., Berlin 1969. S. 60. Zit. n.: Milhofer, P.: Familie und Klasse. Frankfurt am Main 1973. S. 208.

Zitate müssen zweckentsprechend sein

Regel 4

Sie sollen immer dem entsprechen, was man selbst damit zum Ausdruck bringen will.
Enthält das Zitat weitere, über den Kontext der eigenen Arbeit hinausgehende oder abweichende Aspekte, so ist es zu vermeiden.

B) Spezielle Regeln

a) Auslassungen

Auslassungen (auch Ellipsen genannt) sind zulässig, wenn dadurch der ursprüngliche Sinn des Zitats nicht verändert wird.
Für Auslassungen im allgemeinen gilt, daß sie durch *drei Punkte* gekennzeichnet werden. **Regel 1**

Nun gibt es allerdings mehrere Möglichkeiten, Teile eines Satzes oder ganze Sätze in einem Zitat auszulassen. Auslassungen dieser Art folgen spezifischen Regeln.

aa) Auslassung am Satzanfang

Regel 2 Wird bei der Verschmelzung eines kürzeren Zitats in den eigenen syntaktischen Zusammenhang der Anfang eines zitierten Satzes ausgelassen, so geht das Einführungszeichen den drei Auslassungspunkten voraus.

Beispiel Original:
„Auf alle Fälle ist es unerläßlich, die Lehrerausbildung stärker auf die Praxis und die Bedürfnisse der zukünftigen Lehrer auszurichten."

Auslassung:
Der Verfasser ist der Ansicht, daß „. . . die Lehrerausbildung stärker auf die Praxis und die Bedürfnisse der zukünftigen Lehrer auszurichten" sei.

bb) Auslassungen mitten im zitierten Satz

Regel 3 Hier gilt die allgemeine Regel.

Beispiel Original:
„Seit dem Beginn der 60er Jahre, die Verfechter und Buchautoren des Stoffkanons sind heute noch unter den Autoren, wird diese Konzeption jedoch in Frage gestellt."

Auslassung:
„Seit dem Beginn der 60er Jahre . . . wird diese Konzeption jedoch in Frage gestellt."

cc) Auslassung am Satzende

Regel 4 Bei einer Auslassung am Satzende – unabhängig ob es sich dabei um Wörter oder Satzteile handelt – steht das Ausführungszeichen *vor* dem den Satz schließenden Punkt.

Beispiel Original:
„Politischer Unterricht kann nicht auf der Grundlage einer einzelnen Fachwissenschaft beruhen, auch nicht der Politikwissenschaft."

Auslassung:
„Politischer Unterricht kann nicht auf der Grundlage einer einzelnen Fachwissenschaft beruhen . . .".

dd) Auslassung eines Satzendes in einem Zitat von mehreren Sätzen

Wird ein Zitat von mehreren Sätzen nach der Auslassung eines Satzendes fortgeführt, so muß dies durch eine der beiden alternativen Formen gekennzeichnet werden: **Regel 5**

– nach der Auslassung und einem Leeranschlag wird ein vierter Punkt gesetzt.

„Hmmmmmm mmmm mmmmm . . . . Hmmm mmmmm mmmmm." **Beispiel**

– die Auslassung wird durch vier aufeinander folgende Punkte gekennzeichnet.

„Hmmmmmm mmmm mmmmm. . . . Hmmmm mmmm mmmmm."

ee) Auslassung eines oder mehrerer Sätze in einem Zitat von mehreren Sätzen

Der oder die ausgelassenen Sätze werden durch drei Punkte in runden Klammern gekennzeichnet. **Regel 6**

„Hmmmm mmmmm mmmmmm mmmm mmmm. (. . .) Hmmm mmm **Beispiel**

b) *Ergänzungen*

Ergänzungen (auch Interpolationen genannt) sind Zusätze des Zitierenden zum Text des Zitats. Zitate dürfen ergänzt werden, wenn es sich dabei entweder um eine notwendige oder sinnvolle Erläuterung oder um eine Anpassung an die syntaktische Struktur des eigenen Textes handelt.

aa) Erläuterung

Die Erläuterung wird in runden Klammern eingefügt und mit dem Vermerk *„d. Verf."* (= der Verfasser) versehen. **Regel 7**

Original: **Beispiel**
„In diesem Jahr schloß er seine Arbeiten ab."

Erläuterung:
„In diesem Jahr (1914, d. Verf.) schloß er seine Arbeiten ab."

bb) Anpassung

Die Anpassung wird in runden Klammern eingefügt (sie erhält keinen Vermerk). **Regel 8**

Original: **Beispiel**
„Gerade in dieser Zeit stellte die Sozialdemokratie in Preußen

jenen Kultusminister, unter dem der Nationalsozialismus im Bildungswesen üppig gedeihen konnte."

Anpassung:
Zeitweise führte die Politik der Sozialdemokraten, die in Preußen „... jenen Kultusminister (stellte), unter dem der Nationalsozialismus im Bildungswesen üppig gedeihen konnte", zu fatalen Folgen...

c) Verschmelzungen

Regel 9 Einzelne zitierte Wörter können in den syntaktischen Zusammenhang des eigenen Textes eingeschmolzen werden. Veränderungen, die diese Wörter durch Deklination oder Konjugation erfahren, werden nicht gekennzeichnet.

Beispiel Original:
„Hierbei handelt es sich in erster Linie um Studien fachwissenschaftlicher und fachdidaktischer Orientierung."

Verschmelzung:
Nach Auffassung des Autors müßten die Studien eine „fachwissenschaftliche" und „fachdidaktische" Orientierung aufweisen.

d) Hervorhebungen

Hervorhebungen in einem Zitat sind zulässig. Die Entscheidung darüber, wann etwas hervorgehoben wird, liegt beim Verfasser und dessen Intention.

Regel 10 Hervorhebungen müssen immer in einer der nachstehenden Formen gekennzeichnet werden:

- *„(Hervorh. nicht im Original)"*
- *„(Hervorh. vom Verfasser)"*
- *„(Hervorh. von mir)"*
- *„(Hervorh. K. L.)"* K. L. = Initial des Vor- und Nachnamens des Verfassers

Regel 11 Immer hervorgehoben werden müssen

- Buchstaben, Wörter und Sätze, die als solche in den Sprachgebrauch eingegangen sind:

Beispiele Das „D" auf den Kraftfahrzeugen der BRD bedeutet Deutschland.
oder:
Man spricht hier von „falschem Bewußtsein".

- fremdsprachliche Ausdrücke:

Ein entsprechendes „feedback" ist nur dann zu erwarten, wenn...

– Titelüberschriften von Schriftdokumenten:

Wie in der letzten Ausgabe der „Hessischen Blätter für Volksbildung" zu lesen war, . . .

Formen der Hervorhebung:

– mit der Schreibmaschine: Unterstreichung, S p e r r u n g, VERSALIEN
– im Schriftsatz darüber hinaus: *Kursivdruck* sowie **halbfette** und **fette** Schriften

e) Zitate im zitierten Satz

Wird eine fremde Aussage zitiert, innerhalb derer ein weiteres Zitat steht, so ist dieses Zitat in *Apostrophe* zu setzen. **Regel 12**

„Die erzieherische Praxis der Schule erleben Junglehrer nach ihrem Studienende oftmals als Praxisschock, der zumeist das ‚Restbewußtsein von Theoriebedeutung' zerstört." **Beispiel**

Das Zitat innerhalb eines Zitats braucht nicht identifiziert zu werden.

f) Einführungen

Längere Zitate sollten immer förmlich eingeführt werden – insbesondere fremdsprachliche Zitate. **Regel 13**

Hierzu führt Heydorn aus: „. . ." **Beispiel**
Wie Negt betont: „. . ."

Abschließender Hinweis:
Wenngleich über den größten Teil spezieller Zitationsregeln in der Literatur Konsensus besteht, so handelt es sich bei einigen Regeln um Empfehlungen unsererseits, d. h. der Leser wird in der Literatur auch anderen Vorschlägen begegnen.
Für welche Zitationstechnik man sich auch immer entscheiden mag, wichtig ist, daß die einmal in einer Arbeit gewählte Zitationstechnik durchgehend beibehalten wird.

3.4.1.2. Die Identifizierung des Materials – Die Titelangaben

Wie eingangs erwähnt, besteht eine Funktion des Belegs darin, daß er die Nachprüfbarkeit fremden Gedankenguts garantiert, indem er dieses in Form einer Titelangabe identifiziert.

Die Art und Weise dieser Identifizierung folgt allerdings keinem einheitlichen Prinzip, sondern ist unterschiedlich.

Unterscheidung

- Wir unterscheiden einerseits vier verschiedene Verfahren der Identifizierung des Materials (A, B, C, D; vgl. Abb. 34, vertikale Achse).
- Wir unterscheiden andererseits vier Kriterien, die bei der Identifizierung des Materials zu berücksichtigen sind und deren Behandlung sich nach der jeweiligen Entscheidung für eines der vier Verfahren richtet (a, b, c, d; vgl. Abb. 34, horizontale Achse).

Abb. 34: Formen der Titelangaben

UNTERSCHEIDUNGSKRITERIEN					
		formale Kennzeichnung des Zitats	**Plazierung der Titelangabe**	**Form der Titelangabe**	**Formkonsequenz bei wiederholtem Zitieren des gleichen Materials**
Verfahren	Arbeit	a	b	c	d
A	ohne Literaturverzeichnis (LV)	Anmerkungsziffer (AZ)	Fußnote	gekürzt	„a.a.O.“ „ebd.“
B	ohne LV	AZ	Anmerkungsapparat	gekürzt	„a.a.O.“ „ebd.“
C	mit LV	AZ	Fußnote	Kurzform, (vollständig im LV)	„a.a.O.“ „ebd.“
D	mit LV	keine AZ	im Text	Kurzform, (vollständig im LV)	keine

Verfahren A

a) Die formale Kennzeichnung der Titelangabe erfolgt im Text durch eine um eine halbe Zeile hochgestellte Ziffer – die sogenannte **Anmerkungsziffer.**

„Erziehung hat sich an den Interessen des Menschen zu orientieren.“[28] **Beispiel**

Diese Ziffer kann auch mit einer rechtsseitigen Klammer versehen werden.

„. . . an den Interessen des Menschen zu orientieren.“[28)] **Beispiel**

Bezieht sich die Ziffer auf ein einzelnes Wort oder einen teilweise zitierten Satz, so steht sie *vor* einem eventuell folgenden Satzzeichen.

„Bei der Verwirklichung von Zielen im Erziehungsprozeß kommt es darauf an, nach Gesetzmäßigkeiten zu suchen“[1)], die . . . **Beispiel**

Bezieht sich die Ziffer auf einen vollständig zitierten Satz, so steht sie *hinter* dem den Satz abschließenden Punkt.

„Wer darüber nachdenkt, wie irgendwelche Ziele im Erziehungsprozeß verwirklicht werden können, beginnt . . . nach Gesetzmäßigkeiten zu suchen, die beim erzieherischen Handeln zu berücksichtigen sind.“[1)] **Beispiel**

b) Die Titelangabe wird mit der entsprechenden Anmerkungsziffer versehen am Fuße der jeweiligen Seite plaziert – man spricht dann von einer **Fußnote.**

c) Die Titelangabe selbst wird gekürzt aufgeführt. Wir richten uns hierbei nach dem vom Deutschen Normenausschuß herausgegebenen Normblatt DIN 1505, das für die Angabe von Schrifttum in Fußnoten folgende gekürzte Titelangaben vorsieht[26]:

26 Anzumerken ist, daß das Normblatt keine Auskunft über die Titelangaben von Zeitungen und Diplomarbeiten gibt – es sich hierbei um Empfehlungen unsererseits handelt.

Gekürzte Titelangaben

Bücher

Es gilt für Bücher:

Reihenfolge der Angaben	Interpunktion
1. Nachname d. Verf.	,
2. Vorname d. Verf. (abgek.)	.:
3. Sachtitel (Ohne Untertitel)	.
4. Auflage (abgek. = Aufl.)	
5. Ort	
6. Jahr	.
7. Seitenangabe	.

Beispiel

Blankertz, H.: Theorien und Modelle der Didaktik. 2. Aufl. München 1969. S. 14.

Zeitschriftenaufsätze

Es gilt für Aufsätze aus Zeitschriften:

1. Nachname d. Verf.	,
2. Vorname d. Verf. (abgek.)	.:
3. Sachtitel d. Aufsatzes	.
4. Titel der Zeitschrift	
5. Jahrgäng (abgek. = Jg.)	
6. Jahr	( )
7. Heftnummer (abgek. = H.)	,
8. Seitenangabe	.

Beispiele

Keim, W.: Reform der Sekundarstufe I – Ziele und Probleme. Demokratische Erziehung 3. Jg. (1977) H. 1, S. 32.
oder
Herrman, U.: Kindheit und Jugend im Werk J. Campes. Neue Sammlung 15 (1975) 5, S. 471.

Aufsätze aus Sammelwerken

Es gilt für Aufsätze aus Sammelwerken:

1. Nachname d. Verf.	,
2. Vorname d. Verf. (abgek.)	.:
3. Sachtitel d. Aufsatzes	.
4. „In:“	
5. Titel des Sammelwerks	.
6. ggf. Bandangabe	.
7. Auflage (abgek. = Aufl.)	
8. Ort	
9. Jahr	.
10. Seitenangabe	.

Beispiel

Tiemann, R.: Zur Charakterisierung fachlicher und überfachlicher Studienorientierung. In: Politische Sozialisation von Studenten. Stuttgart 1974. S. 66.

Zeitungsartikel

Es gilt für Artikel auf der Zeitungen

1.	Nachname d. Verf.	,
2.	Vorname d. Verf. (abgek.)	.:
3.	Titel des Artikels	.
4.	Titel der Zeitung	.
5.	Nummer der Ausgabe	
6.	„vom“	
7.	Datum	.

Beispiele

Rey, R.: Der Mensch setzt die Grenzen. Frankfurter Rundschau. Nr. 13 vom 17. 1. 1977.

Sofern der Sachtitel namentlich nicht gekennzeichnet ist, steht der Titel des Artikels am Anfang.

Kein normaler Vorgang. Frankfurter Rundschau. Nr. 13 vom 17. 1. 1977.

Promotions- und Habilitationsschriften

Es gilt für Promotions- und Habilitationsschriften

1.	Nachname d. Verf.	,
2.	Vorname d. Verf. (abgek.)	.:
3.	Sachtitel	.-
4.	Hochschulort	,
5.	Art der Schrift („Diss.“ oder „Habil.-Schr.“)	
6.	Jahr der Abnahme	.
7.	Seitenangabe	.

Beispiel

Schwiercz, L.: Beziehungen zwischen verschiedenen Formen der Normvermittlung und der Identifizierungsbereitschaft der Gruppenmitglieder.-Jena, Diss. 1971. S. 35.

Diplomarbeiten

Es gilt für Diplomarbeiten:

1.	Nachname d. Verf.	,
2.	Vorname d. Verf. (abgek.)	.:
3.	Sachtitel	.
4.	„Dipl. Arb.“	,
5.	Hochschulort	
6.	Jahr der Abnahme	.
7.	Seitenangabe	.

Beispiel

Estel, R.: Die Wirksamkeit unterschiedlicher Erziehungsmethoden bei der Aneignung von Tischsitten im Kindergarten. Dipl. Arb., Leipzig 1970. S. 17.

d) Bei wiederholtem Zitieren des gleichen Materials ergeben sich für die Form der Titelangabe Formkonsequenzen.
   - Wird im eigenen Text auf einer Seite mehrmals auf den gleichen Titel verwiesen, so kann an die Stelle des Titels der Hinweis „*a.a.O.*" (= am angegebenen Ort) treten.

Beispiel

1) Holzkamp, K.: Sinnliche Erkenntnis. Frankfurt am Main 1975. S. 40.
2) Holzkamp, a.a.O., S. 55.

   - Wird auf einer Seite mehrmals auf die gleiche Seite eines Titels verwiesen, so kann an die Stelle des Titels der Hinweis „*ebd.*" (= ebenda) treten.

Beispiel

1) Holzkamp, K.: Sinnliche Erkenntnis. Frankfurt am Main 1975. S. 55.
2) Ebd.

Verfahren B

Bis auf die Plazierung der Titelangabe (b) werden alle anderen Punkte in der gleichen Weise wie in Verfahren A behandelt.
Die Titelangabe wird dagegen nicht als Fußnote, sondern im **Anmerkungsapparat** aufgeführt. Der Anmerkungsapparat steht am Ende des Textes und führt in numerischer Folge alle Titelangaben und Anmerkungen auf.

Alle wissenschaftlichen Arbeiten, die kein Literaturverzeichnis enthalten, können in der zuvor beschriebenen Art und Weise verfahren. Allerdings geben wir dem Verfahren A gegenüber B den Vorzug, da es dem Leser das ständige Nachschlagen im Anmerkungsapparat erspart. Der Leser kann aus der Fußnote unmittelbar entnehmen, ob es sich um eine Titelangabe oder um eine Anmerkung handelt. Auf diese Weise wird verhindert, daß der Prozeß des Lesens durch häufiges Nachschlagen unterbrochen wird.

Bei wissenschaftlichen Arbeiten, die Literatur in größerem Umfang verarbeiten, empfiehlt sich unbedingt die Anlage eines Literaturverzeichnisses.

Verfahren C

a) Die formale Kennzeichnung der Titelangabe erfolgt durch die Anmerkungsziffer.

b) Die Titelangabe wird als Fußnote plaziert.

c) Die Titelangabe erscheint in vollständiger Form im Literaturverzeichnis – Umfang und Reihenfolge der einzelnen Angaben werden wir deshalb dort (vgl. 5.4.3.) behandeln.
Aus der vollständigen Titelangabe im Literaturverzeichnis ergeben sich Konsequenzen für die Darstellung der Titelangabe in der Fußnote: An die Stelle des gekürzten Titels tritt nur noch der Nachname des Verfassers und die Seitenzahl als Kurzform der Titelangabe:

38) Blankertz, S. 8. **Beispiel**

Zitiert man mehrere Werke eines Autors, so fügt man zwischen dem Verfassernamen und der Seitenzahl den Sachtitel (ggf. in einer gekürzten Fassung) ein.

39) Blankertz, Theorien . . ., S. 27. **Beispiel**
40) Blankertz, Bildung . . ., S. 17.

d) Formkonsequenzen, die sich aus wiederholtem Zitieren des gleichen Materials ergeben, werden in Form der Hinweise „a.a.O." und „ebd." berücksichtigt.

Verfahren D

Dieses Verfahren findet zunehmend größere Verbreitung. In naturwissenschaftlichen und psychologischen Publikationen wird es schon seit geraumer Zeit konsequent angewandt. Auch in erziehungswissenschaftlichen Publikationen wird es von einigen Verfassern bereits praktiziert.

a) Die formale Kennzeichnung der Titelangabe entfällt.

b) Die Titelangabe wird direkt im Text plaziert, d. h. sie wird nach einem wörtlichen oder nicht-wörtlichen Zitat in runden Klammern eingefügt.

c) In ihrer vollständigen Form erscheint sie – wie bei C – im Literaturverzeichnis. Hieraus ergibt sich wiederum für die Darstellung der Titelangabe die Kurzform: In der Klammer wird – ebenso wie bei C – nur noch der Verfassername und die Seitenzahl genannt.

In einem Text sieht dies dann so aus:

Beispiel

Das grundlegende Problem bestand für Galperin in der Frage, wie gegenständliche Handlungen zu geistigen Handlungen werden, und wie dadurch neue psychologische Funktionen gebildet werden (Galperin, S. 374). Er ging dabei zunächt von der Annahme aus, daß geistige . . .

Zitiert man mehrere Werke eines Autors, so fügt man zwischen Verfassernamen und Seitenzahl noch das Erscheinungsjahr des Titels ein.

Beispiel

. . . Funktionen gebildet werden (Galperin 1967, S. 374).

Zitiert man mehrere Werke eines Autors mit gleichem Erscheinungsjahr, so kennzeichnet man sie mit den Kleinbuchstaben des Alphabets.

Beispiel

. . . gebildet werden (Galperin 1967 a, S. 374).

Da dieses Verfahren den Lesefluß eines Textes am wenigsten stört, möchten wir es zur Nachahmung empfehlen.

3.4.1.3. Die Anmerkung

Über die bereits im vorangegangenen Abschnitt geschilderte Funktion (Beleg zu sein) hinaus hat die Anmerkung weitere Funktionen:

Als *Ergänzung* enthält sie

Funktion 1

– Hinweise auf weiterführende Literatur, ausführlichere Detailuntersuchungen, kontroverse Standpunkte, Diskussionen in der Literatur, einführende Werke, Zusammenfassungen und Übersichten.

Hinweise dieser Art werden mit dem Zusatz „*Vgl.*" (= Vergleiche) eingeleitet.

Beispiel

24) Vgl. hierzu v. a. Brickenkamp, R.: Handbuch psychologischer und pädagogischer Tests, Göttingen 1975.

Als *Erläuterung*

- dient sie der Klärung von bestimmten Begriffen, enthält sie Ergänzungen zum besseren Verständnis zitierter Textstellen, weist sie auf Einschränkungen und nebensächliche Aspekte hin. **Funktion 2**

Als *Querverweis*

- gibt sie Hinweise auf Kapitel, Passagen, wichtige Ausführungen, Begriffserklärungen, Tabellen, Skizzen u. ä. im eigenen Text. **Funktion 3**

  Querverweise sollten jedoch nur dort angebracht werden, wo sie aus Gründen der Verständlichkeit und Übersichtlichkeit sinnvoll und/oder notwendig sind. Sie sind kein Mittel, um mögliche Schwächen der Gliederung oder der inneren Schlüssigkeit eines Textes zu beheben. Querverweise können als Anmerkung, d. h. in der Fußnote

  13) Vgl. Anhang II. **Beispiele**

  oder im Text untergebracht werden.

  . . . zeigen die Ergebnisse (siehe Abb. 16) eine . . .

Auf die äußere Form der Anmerkung wurde bereits eingegangen.
Sofern die Anmerkung als Fußnote erscheint, bieten sich zwei Möglichkeiten der **Numerierung** an:

- Anmerkungen können fortlaufend numeriert sein:

  S. 6 Anmerkung 1), 2), 3), 4), 5) **Beispiel**
  S. 7 Anmerkung 6)
  S. 8 Anmerkung 7), 8), 9)
  usw.

- Anmerkungen können auf jeder Seite mit 1 neu beginnend numeriert sein:

  S. 6 Anmerkung 1), 2), 3), 4), 5) **Beispiel**
  S. 7 Anmerkung 1)
  S. 8 Anmerkung 1), 2), 3)

Beim Gebrauch von Anmerkungen sind die folgenden Hinweise unbedingt zu beachten:

- Wichtige Aussagen gehören in den Text und nicht in die Anmerkung; **Mißbrauch**

- Anmerkungen sind kein Abladeplatz für alle möglichen Kenntnisse, sie erfüllen ausschließlich die zuvorgenannten Funktionen;
- Anmerkungen sind nicht als Gelegenheit zu betrachten, um nachträglich eventuell Vergessenes noch unterzubringen oder seinen Zettelkasten auszumisten.

3.4.2. Die Abkürzungen

Kein Text kommt ganz ohne Abkürzungen aus. Man kann sogar sagen, daß die Zahl der in wissenschaftlichen Arbeiten benutzten Abkürzungen gestiegen ist und ständig steigt.
Welche Abkürzungen es gibt und wann man sie verwendet, damit befassen sich die nachstehenden Ausführungen.

Im Anhang befindet sich zudem ein Verzeichnis der sowohl wichtigsten allgemeinen als auch der wichtigsten bibliographisch-technischen Abkürzungen.

Wir unterscheiden zunächst

3.4.2.1. Allgemeine Abkürzungen

Dies sind beispielsweise: „z. B." (= zum Beispiel), „u. a." (= unter anderem), „z. T." (= zum Teil), „usw." (und so weiter) und ähnliche.

Über den Gebrauch allgemeiner Abkürzungen gibt es keine verbindlichen Vorschriften. Ausschlaggebend ist hier zumeist das stilistische Empfinden des Verfassers. Im Gegensatz zu ihrer Verwendung in den Anmerkungen, wo sie aus Gründen der Platzersparnis sogar zu empfehlen sind, wirkt sich der übermäßige Gebrauch allgemeiner Abkürzungen im Text häufig störend aus, wie nachstehendes Beispiel zeigt:

Beispiel

Der Autor macht z. B. darauf aufmerksam, daß u. U. gerade die, v. a. beläufig erwähnten . . .

3.4.2.2. Abkürzungen bibliographisch-technischer Ausdrücke

Dies sind beispielsweise: „Kap." (= Kapitel), „S." (= Seite), „Aufl." (= Auflage), „o. O." (= ohne Ort) und ähnliche.
Ihre Verwendung beschränkt sich ausschließlich auf die Anmerkungen und Titelangaben. Im Text sind sie zu vermeiden.

Beispiel

- richtig: (in der Anmerkung)
  39) Vgl. v. a. Schulze, Kap. 4.
- richtig: (in der Titelangabe)
  39) Gottschalch, W.: Soziales Lernen und politische Bildung. 7. unveränd. Aufl. Frankfurt am Main 1974. S. 17.
- nicht empfehlenswert: (im Text)
  ... weist der Verfasser in Kap. auf S. 17 darauf hin ...

3.4.2.3. Begriffs- und Titelabkürzungen

Sie werden immer dann gebraucht, wenn sie in einem Text sehr häufig vorkommen. Es gilt jedoch zu beachten, daß beispielsweise die Abkürzung des Begriffs ‚Erwachsenenbildung' (= EB) – nachdem sie zuvor eingeführt wurde – nur in einem pädagogischen Text verwendet werden sollte, in einer fachfremden Abhandlung, über ein medizinisches Thema etwa, wäre sie fehl am Platze. Ebenso können Titel bei häufiger Verwendung – insbesondere Zeitschriftentitel – sowohl im Text als auch im Literaturverzeichnis abgekürzt werden.

„ZfP" anstelle von „Zeitschrift für Pädagogik"

Abkürzungen dieser Art sollten dennoch in einem separaten Abkürzungsverzeichnis erläutert werden.

3.4.2.4. Initialwörter

Wir unterscheiden hierbei Abkürzungen, die als allgemein bekannt vorausgesetzt werden können (z. B. UNO, SPD u. ä.) und solchen, die nur einem bestimmten Personenkreis bekannt sind (z. B. AStA, HRG u. ä.). Letztere sollten bei häufigem Gebrauch zunächst einmal förmlich eingeführt werden:

Beispiel Das Hochschulrahmengesetz (HRG) hat in letzter Zeit in der SPD zu heftigen Diskussionen Anlaß gegeben. Trotzdem scheint die bundeseinheitliche Anwendung des HRG . . .

3.4.2.5. Lateinische Abkürzungen

Wenngleich die Mehrzahl lateinischer Abkürzungen, deren ausschließlicher Gebrauch früher üblich war, heute durch deutsche Abkürzungen ersetzt worden ist, begegnet man ihnen zum Teil noch immer, vor allem in der fremdsprachigen Literatur.

Aus diesem Grund haben wir die geläufigsten lateinischen Abkürzungen im Anhang erläutert.
Wir raten von der Verwendung lateinischer Abkürzungen ab. Wie immer man sich entscheidet, wichtig ist die Einheitlichkeit in der Verwendung der Abkürzungen, d. h. entweder nur deutsche oder nur lateinische.

3.4.2.6. Das Abkürzungsverzeichnis

Wie bereits erwähnt, ist bei einem häufigen Gebrauch von Abkürzungen – insbesondere von Begriffs- und Titelabkürzungen – die Anlage eines Abkürzungsverzeichnisses zu empfehlen. Dieses kann am Ende des Textteils sowohl hinter als auch vor dem Literaturverzeichnis erscheinen. Manchmal erscheint es allerdings auch hinter der Gliederung, vor allem dann, wenn im Text besonders häufig mit spezifischen Abkürzungen gearbeitet werden muß.

3.4.3. Das Literaturverzeichnis (LV)

Die Herstellung eines LV ist für viele wissenschaftlich Arbeitende keine Selbstverständlichkeit. Nach wie vor verbreitet ist die Praxis, benutzte Literatur lediglich in Fußnoten oder im Anmerkungsapparat aufzuführen.
Wir sind dagegen der Meinung, daß bei einer größeren Anzahl verarbeiteter Literatur auch ein LV erstellt werden sollte. Folgende Vorteile sprechen dafür:

Das LV bietet

Vorteile

- dem Leser einen schnellen Überblick über die vom Autor verarbeitete Literatur und darüber hinaus Anhaltspunkte für die Relevanzprüfung (vgl. 3.2.2.2.)

auf Grund der Vollständigkeit der Angaben (z. B. Verlag, Reihe, Untertitel),
- dem Verfasser die Möglichkeit der Rationalisierung seiner Titelangaben.

Drei Fragen gilt es vor der Erstellung eines LV zu klären:
- Welches Material muß im LV enthalten sein?
- Wie müssen die Titelangaben aussehen?
- Welche formalen und inhaltlichen Ordnungskriterien bieten sich bei der Gestaltung des LV an?

3.4.3.1. Das Material

Das LV enthält die zum Thema *benutzte* Literatur. Dazu gehören

Inhalt des LV

- gelesene Literatur,
- in Auszügen gelesene Literatur,
- zitierte Literatur,
- statistisches Material,
- mündliche Informationen (diese stehen am Schluß eines Literaturverzeichnisses, unter Angabe des Namens und der Anschrift des Informanten).

Es enthält *nicht* – und damit soll einer weitverbreiteten Unsitte entgegengewirkt werden – nicht-gelesene und nicht-verarbeitete Literatur.

3.4.3.2. Die vollständigen Titelangaben[27]

Die Titelangaben in einem LV müssen, im Gegensatz zu jenen in der Fußnote oder im Anmerkungsapparat, *vollständig* sein.
Umfang und Reihenfolge der einzelnen Angaben richten sich wiederum nach dem unterschiedlichen Material (Bücher, Zeitschriften, Zeitungen, Hochschulschriften).

---

27 Unter dem Begriff „Titel" ist nicht der Text auf dem äußeren Schutzeinband, der sogenannte Schmutztitel zu verstehen, sondern stets der auf der (inneren) Titelseite eines Buches. Abgesehen davon, daß Auflagenangabe, Erscheinungsort und -jahr nur der inneren Titelseite zu entnehmen sind, werden die Untertitel auf dem Schutzeinband und auf der Titelseite gelegentlich unterschiedlich formuliert.

Es gilt für Bücher:

Bücher

– **mit einem Verfasser**

1.	Nachname d. Verf.	,
2.	Vorname d. Verf.	:
3.	Sachtitel	.
4.	Untertitel	.
5.	Auflage (abgek. = Aufl.)	
6.	Ort(e)	:
7.	Verlag	
8.	Jahr	
9.	Serien- oder Reihentitel, sowie Band- oder Heftangabe	(=).

Beispiel

Schwerdtfeger, Inge Christine: Fremdsprache mangelhaft. Zum Verhältnis von Persönlichkeitsvariablen und Leistung im Englischunterricht. Paderborn: Schöningh 1976 (= Informationen zur Sprach- und Literaturdidaktik. 8).

Sind mehrere Erscheinungsorte genannt, so werden diese durch Kommata getrennt:

Beispiel

Berger, Walter: Die vergleichende Erziehungswissenschaft. Einführung. Forschungsskizzen, Methoden. Mit 3 Beiträgen von Karl H. Gruber. Wien, München: Vlg. Jugend und Volk 1976 (= Pädagogik der Gegenwart. 119).

Zusätze wie „*Mit einem Beitrag von . . .*" erscheinen nach der Nennung des Sach- bzw. Untertitels.
Gilt der Name des Verlegers als Verlagsbezeichnung, so kann auf den Zusatz „Vlg." oder „Verl." verzichtet werden:

Beispiele

Paderborn: Schöningh
Hannover: Schroedel

Ansonsten erfolgt der Zusatz „*Vlg.*" oder „*Verl.*" (= Verlag):

Beispiele

Wien, München: Vlg. Jugend und Volk
Frankfurt am Main: Insel-Vlg.

Im Titel angegebene Zusatzbezeichnungen zur Auflage, wie „*erw.*" (= erweiterte), „*durchges.*" (= durchgesehene), „*veränd.*" (= veränderte), „*neu bearb.*" (= neu bearbeitete) und ähnliche sind in abgekürzter Form zu übernehmen.

Schiffler, Ludger: Einführung in den audiovisuellen Fremdsprachenunterricht. 2. durchges. u. erw. Aufl. Heidelberg: Quelle & Meyer 1976. **Beispiel**

„Ist der Erscheinungs*ort* nicht genannt, aber dennoch bekannt, so wird er in runden Klammern in die Titelangabe eingefügt. Wird der Erscheinungsort nur vermutet, so wird er mit dem Zusatz *‚vermutet.'* (= vermutet . .) eingefügt. Der Vermerk *‚o. O.'* (= ohne Ort . .) ist nur in Ausnahmefällen zu verwenden."
Das gleiche gilt für die *Jahresangabe.* Die vermutete Zeitangabe wird mit dem Vermerk *„um . . ."* eingefügt. „Der Vermerk *‚o. J.'* (= ohne Jahr . .) ist nur in Ausnahmefällen zu verwenden." (DIN 1505, S. 3. Hervorh. d. Verf.)

Klingberg, Lothar: Einführung in die allgemeine Didaktik. Vorlesungen, Frankfurt am Main: Fischer um 1973 (= Fischer Athenäum Taschenbücher. 3011). **Beispiel**

– mit bis zu drei Verfassern: **Bücher**

Die Nennung der Verfassernamen kann wie folgt aussehen:
Nachname, Vorname; Nachname, Vorname; Nachname, Vorname:

Rückriem, Georg; Stary, Joachim; Franck, Norbert: **Beispiel**

oder:
Nachname, Vorname; Vorname Nachname u. Vorname Nachname:

Rückriem, Georg; Joachim Stary u. Norbert Franck:

– mit mehr als drei Verfassern: **Bücher**

Sie werden entweder unter ihrem Sachtitel angeführt

1. Sachtitel	:
2. Untertitel	.
3. Vorname	
4. Nachname des im Titel erstgenannten Autors	
5. „u. a."	
6. Auflage (abgek. = Aufl.)	
usw.	

Politische Sozialisation von Studenten: Alexander Deichsel u. a. Hrsg.: Christian v. Ferber u. a. Stuttgart: Enke 1974 (= Sozialforschung und Gesellschaftspolitik. 3). **Beispiel** oder aber unter Nennung des im Titel erstgenannten Verfassernamens und dem anschließenden Zusatz „*u. a.:*“

Beispiel Deichsel, Alexander u. a.: Politische Sozialisation von Studenten. Hrsg.: . . .

Bücher – **mit** einem oder mehreren Verfassern und **einem oder mehreren Herausgebern:**

Die Reihenfolge der Angaben richtet sich hier nach den Titelangaben.
Werden der oder die Herausgeber zuerst genannt, dann erfolgt hinter der Nennung des Namens des oder der Herausgeber der Zusatz „*(Hrsg.):*“

Beispiel Achtenhagen, Frank; Meyer, Hilbert L. (Hrsg.): Curriculumrevision – Möglichkeiten und Grenzen. 4. unveränd. Aufl. München: Kösel Vlg. 1975.

Werden der oder die Autoren zuerst genannt, so folgt die Nennung des oder der Herausgeber nach dem Sach- bzw. Untertitel.

Beispiel Diekershoff, Sibylle; Diekershoff, Karl Heinz: Bildungs- und Weiterbildungsbereitschaft von Frauen bis zu 45 Jahren. Hrsg.: Bundesminister für Jugend, Familie und Gesundheit. Stuttgart, Berlin, Köln, Mainz: Kohlhammer 1976 (= Schriftenreihe des Bundesministers für Jugend, Familie und Gesundheit. 42).

Bücher – **mit** einer **Institution** als Verfasser:

Der Name der Institution wird wie der Verfassername behandelt. Er wird im LV unter dem entsprechenden Buchstaben (hier: B) eingeordnet.

Beispiel Bundesminister für Bildung und Wissenschaft: Arbeiterkinder im Bildungssystem. Bonn: BMBW 1976.

Bücher – **mit unbekanntem Verfasser** (Anonyma):

Sie werden am Ende des LV unter ihrem Sachtitel aufgeführt. Mehrere Anonyma werden alphabetisch nach dem Anfangsbuchstaben des ersten Substantivs im Sachtitel geordnet.

Bücher – die im **Selbstverlag** erschienen sind:

Anstelle eines Verlagsnamens steht der Vermerk „*Selbstverlag*“ oder der Name des Verfassers.

Beispiel Elsner, Hermann A.: Erstellen von Schrifttums-Referaten für Informationskarteien. Frankfurt am Main: Selbstverlag 1965.

Es gilt für Aufsätze aus Zeitschriften: **Zeitschriftenaufsätze**

1.	Nachname d. Verf.	,
2.	Vorname d. Verf.	:
3.	Sachtitel des Aufsatzes	.
4.	Titel der Zeitschrift	,
5.	Erscheinungsort	,
6.	Band- oder Jahrgangszahl	
7.	Erscheinungsjahr	( )
8.	Heftnummer	,
9.	Erste bis letzte Seite des Aufsatzes	.

Braunmühl, Ekkehard v.: Gegen die pädagogische Ambition. Vorgänge, Weinheim, 13 (1974) 1, S. 107–120. **Beispiel**

Bei Zeitschriften ohne Angabe der Heftnummer tritt an deren Stelle die Monatsbezeichnung.

Es gilt für Aufsätze aus Sammelwerken: **Aufsätze aus Sammelwerken**

1.	Nachname d. Verf.	,
2.	Vorname d. Verf.	:
3.	Titel des Aufsatzes	.
4.	„In“	:
5.	Titel des Sammelwerkes	.
6.	„Hrsg.“	:
7.	Vorname d. Hrsg. (abgek.)	
8.	Nachname d. Hrsg.	.
9.	Auflage (abgek. = Aufl.)	
10.	Erscheinungsort(e)	:
11.	Verlag	
12.	Erscheinungsjahr	.
13.	Erste bis letzte Seite des Aufsatzes	.
14.	Serien- oder Reihentitel sowie Band- oder Heftangabe	(=).

Markert, Hartmut: Zur Konstruktion von Unterrichtsmodellen zur Friedenserziehung. In: Kritische Friedenserziehung. Hrsg.: Ch. Wulf. Frankfurt am Main: Suhrkamp 1973. S. 92–123. (= edition suhrkamp. 661). **Beispiel**

Zeitungsartikel

Es gilt für Zeitungsartikel:

1.	Nachname d. Verf.	,
2.	Vorname d. Verf.	:
3.	Titel des Artikels	.
4.	Titel der Zeitung	,
5.	Erscheinungsort, sofern dieser nicht aus dem Titel hervorgeht	( ).
6.	Ausgabe, sofern mehrere Ausgaben tägl. oder regional verschiedene Ausgaben erscheinen	.
7.	Nummer der Zeitung	
8.	„vom“	
9.	Datum	.
10.	Seitenangabe	.

Beispiele

Grobe, Karl: Südlich vom Mittelmeer. Frankfurter Rundschau. Ausgabe D. Nr. 19 vom 24. 1. 1976. S. 3.

Schorr, Gerhard: Jeder gegen jeden und Leistungsdruck gegen alle. Das Parlament (Bonn). Nr. 42 vom 16. 10. 1976. S. 4.

Promotions- und Habilitationsschriften

Es gilt für Promotions- und Habilitationsschriften:

1.	Nachname d. Verf.	,
2.	Vorname d. Verf.	:
3.	Sachtitel	. –
4.	Hochschulort	,
5.	Name der Hochschule	,
6.	Fakultät oder Fachbereich	,
7.	Bezeichnung für die Art der Schrift („Diss.“ oder „Habil.-Schr.“)	
8.	Datum der Abgabe	.

Beispiel

Prim, Rolf: Planspiel und Partizipationstraining. Eine vergleichende Studie zur Didaktik und Methodik außerschulischer Jugendbildungsarbeit. – Regensburg, Universität, Philos. Fak., Diss. 1975.

Diplomarbeiten

Es gilt für Diplomarbeiten:

Die vollständige Angabe von Diplomarbeiten unterscheidet sich von der gekürzten Titelangabe nur insofern, als der Vorname des Verfassers ausgeschrieben und gegebenenfalls der Name der Hochschule noch hinzugefügt wird.

3.4.3.3. Ordnungskriterien

formale Ordnungskriterien

Literaturverzeichnisse werden in formaler Hinsicht in der Regel nach dem Alphabet der Verfassernamen geordnet. Eine Anordnung der Titel nach chronologischen Gesichtspunkten ist nur bei historischen Arbeiten sinnvoll. Neben den Anonyma können Zeitschriftenaufsätze, Zeitungsartikel, Hochschulschriften und sonstiges, vor allem unveröffentlichtes Material am Ende des LV gesondert aufgeführt werden.

Die nachstehenden Beispiele sollen einige von vielen Möglichkeiten der formalen Anlage eines LV veranschaulichen.

Auswerfen des Verfassernamens

Form 1

Beispiel

Adorno, Theodor W.:	Stichworte. Kritische Modelle 2. Frankfurt am Main: Suhrkamp 1966 (= edition suhrkamp. 347).
Albert, Hans:	Traktat über kritische Vernunft. 2. unveränd. Aufl. Tübingen: Mohr 1969 (= Die Einheit der Gesellschaftswissenschaften. 9).

Einrücken nach der ersten Zeile

Form 2

Beispiel

Lipps, Hans: Untersuchungen zu einer hermeneutischen Logik. 2. Aufl. Frankfurt am Main: Klostermann 1959 (= Philosophische Abhandlungen. VII).

Litt, Theodor: Das Allgemeine im Aufbau der geisteswissenschaftlichen Erkenntnis. 2. Aufl. Groningen: Wolters 1959 (= Acta Paedag. Ultrajectina. XVI).

Hervorheben des Verfassernamens

Form 3

Beispiel

THEUNISSEN, Michael: Gesellschaft und Geschichte. Zur Kritik der kritischen Theorie. Berlin: de Gruyter 1969.

TOMBERG, Friedrich: Basis und Überbau. Sozialphilosophische Studien. Neuwied, Berlin: Luchterhand 1961 (= Soziologische Essays. 10).

sachliche Ordnungskriterien

Eine Systematisierung nach sachlichen Gesichtspunkten bietet sich insbesondere dann an, wenn die Zahl der Titelangaben sehr umfangreich ist.
Ein Buch zum Thema „Einführung in die Technik des wissenschaftlichen Arbeitens“ könnte die von ihm ausge-

wiesene Literatur beispielsweise nach verschiedenen Hauptgebieten oder Gegenstandsbereichen ordnen:

Beispiel

1. Techniken des wissenschaftlichen Arbeitens

1.1. Allgemeine Darstellungen

BEER, Karl: Die Technik des schriftlichen wissenschaftlichen Arbeitens. Eine übersichtliche Zusammenfassung für Schriftsteller und Studierende aller Wissensgebiete. 5. Aufl. Nürnberg: Fränkische Verlagsanstalt 1972.

BÖTTCHER, Winfried; ZIELINSKI, Johannes: Wissenschaftliches Arbeiten – Theorie und Praxis. Arbeitsanleitungen für Studium und Selbststudium. Hrsg. von W. Böttcher. Düsseldorf: Droste Vlg. 1974 (= Droste Kolleg programmiert).

usw.

1.2. Darstellungen mit Fachbezug

BINDER, Alwin u. a.: Einführung in die Techniken literaturwissenschaftlichen Arbeitens. Kronberg i.T.: Scriptor Vlg. 1974 (= Monographien Literaturwissenschaft. 8).

usw.

1.3. Bibliotheken und Bibliographien

BAER, Hans: Bibliographie und bibliographische Arbeitstechnik. 2. verb. Aufl. Frauenfeld: Huber 1964 (= Bibliothek des Schweizer Buchhandels. 3).

HACKER, Rupert: Bibliothekarisches Grundwissen. Unter Mitarbeit von Hans Popst und Rainer Schöller. 3. neu bearb. Aufl. München-Pullach: Vlg. Dokumentation 1976 (= Universitäts Taschenbücher. 148).

usw.

2. Psychische Aspekte wissenschaftlichen Arbeitens

2.1. Gedächtnis und Aufmerksamkeit

BEYER, Günther: Gedächtnis- und Konzentrationstraining. Ein Lehrbuch zum Selbststudium und für fortschrittliche Schulen. Düsseldorf: Econ Vlg. 1974.

usw.

2.2. Motivation und Lernerfolg

. . .

. . .

Kontrollfragen und Übungen

10. Was ist hier falsch?

Original: Hat die Erziehung eine derart verändernde Funktion, bestimmt sich ihre Stellung in der Gesellschaft ganz anders als in anderen Theorieansätzen. Grundsätzlich ist . . .

Zitat: „Hat die Erziehung eine derart verändernde Funktion, bestimmt sich ihre Stellung in der Gesellschaft ganz anders als in anderen Theorieansätzen (z. B. positivistischer Ansatz). Grundsätzlich ist . . .

11. Setzen Sie richtige Satzzeichen:

Original: Ein wesentliches Ergebnis lernpsychologischer Forschung ist, daß der Studienerfolg in hohem Maße abhängt von den Lerneinstellungen und Lerngewohnheiten, die die Studenten aus ihrer familiären und schulischen Sozialisation mitbringen.

Zitat (ohne Satzzeichen):
Der Autor betont, daß der Studienerfolg in hohem Maße abhängt von den Lerneinstellungen und Lerngewohnheiten.

12. Was ist hier falsch?

Original: Die Klärung und der Erwerb adäquater Lerngewohnheiten ist daher eine der wichtigsten Voraussetzungen für die Einübung in das wissenschaftliche Arbeiten.

Zitat: Deshalb kommen „(der, d. Verf.) Klärung und (dem, d. Verf.) Erwerb adäquater Lerngewohnheiten . . .“ eine große Bedeutung bei.

13. Was ist hier falsch?

Wenn SIEBERT in den Hessischen Blättern für Volksbildung auf den großen Stellenwert der education permanente hinweist, dann übersieht er keineswegs . . .

4. Von der Themenwahl bis zur Niederschrift

Wir haben im fünften Kapitel die wesentlichen *Techniken,* die für den Prozeß wissenschaftlichen Arbeitens während des Studiums erforderlich sind, behandelt: Das Finden, Aufnehmen, Festhalten und Darstellen wissenschaftlichen Materials. Wir haben sie dabei allerdings nur partiell *in* diesem Prozeß dargestellt. Ihre weitgehende Herauslösung aus der sachlich-zeitlichen Abfolge des wissenschaftlichen Arbeitens war erforderlich, um alle notwendigen Informationen zu jedem Teilprozeß detailliert ausführen zu können, denn die Vielzahl der erläuterten Möglichkeiten tritt in ihrer Gesamtheit nie zusammen auf und hätte demnach prozeßorientiert nur schwerlich erläutert werden können.

Inhalt Kapitel 4

Erst jetzt und auf dieser Grundlage können daher die einzelnen Elemente der Techniken wissenschaftlichen Arbeitens *im* Prozeß, in ihrem Zusammenhang und ihrer Abfolge dargestellt werden. Dabei werden die einzelnen Techniken verständlicherweise nicht noch einmal detailliert behandelt, sondern nur noch exemplarisch angeführt, an die Stelle ausführlicher Erörterungen treten daher Verweise auf die entsprechenden Abschnitte in Kapitel 3.

Außer den Verweisen auf bereits Bekanntes sind völlig neue Erläuterungen notwendig, die einen anderen Zusammenhang betreffen: Wir haben bereits darauf hingewiesen, daß Techniken wissenschaftlichen Arbeitens noch nicht das wissenschaftliche Arbeiten selbst sind. Bei einer prozessualen Darstellung müssen daher Momente hinzutreten, die den Rahmen der Techniken überschreiten und forschungslogische bzw. wissenschaftstheoretische Überlegungen aber auch ganz pragmatische Aspekte berühren (wie sie in 4.1. angeführt werden). Wir haben solche Überlegungen relativ allgemein gehalten, um die Ausführungen nicht zu stark theoretisch zu überlasten.
Bietet sich im Verlauf der Darstellung die Möglichkeit an, wird gleichzeitig auf die behandelten psychischen Aspekte verwiesen.

Thema

Das Thema, an dem wir den Prozeßverlauf von der Themenwahl bis zur Niederschrift verdeutlichen wollen, lautet: „Prüfungen und Prüfungsangst". Wir sind der Ansicht, damit nicht nur einen formalen Rahmen zur Erläuterung des Prozeßverlaufs, sondern auch eine inhaltlich relevante Problematik gewählt zu haben.

Anlaß

Der unterstellte Anlaß für die Bearbeitung dieses Themas sei eine „schriftliche Hausarbeit", das was man üblicherweise Referat nennt, also nicht die Arbeit für das Erste Staatsexamen.

Vorbemerkung

Noch eine Bemerkung zuvor: Die Darstellung bewegt sich auf zwei Ebenen: Wir erläutern in jedem Abschnitt zunächst allgemein die in jeder Prozeßphase notwendigen Überlegungen und Anforderungen, um sie dann für unser Beispiel zu konkretisieren. Ergebnisse der Arbeit in den einzelnen Phasen sind optisch hervorgehoben.

4.1. Themenwahl

Themenwahl

In der Regel beginnt der Prozeß wissenschaftlichen Arbeitens mit der Themenwahl.
Wir haben für unsere Darstellung ein Thema als gegeben vorausgesetzt. Zu fragen ist, welche Überlegungen sind notwendig und möglich bei einer freien Themenwahl? Bevor wir diese Frage beantworten, wollen wir Gesichtspunkte benennen, die unabhängig davon, ob ein Thema vorgegeben ist oder frei gewählt werden kann, zu berücksichtigen sind.

Es sind dies vor allem die folgenden drei Aspekte, die sich aus Planungs- und motivationalen Gründen ergeben:

Allgemeine Aspekte

- Aus welchem Anlaß soll das Thema bearbeitet werden?
- Welche Zwecke verbindet man persönlich mit diesem Thema?
- Wieviel Bearbeitungszeit steht zur Verfügung?

Mögliche Antworten und ihre Konsequenzen könnten z. B. lauten:

- Das Thema ist die Grundlage einer Seminardiskussion. Seine Bearbeitung erfordert daher neben einer intensiven Beschäftigung auch eine für jedermann verständliche Aufbereitung.
- Das Thema soll Gegenstand einer Prüfung sein. Dann muß erst recht gewährleistet sein, daß es fundiert erarbeitet wird.

- Das Thema ist persönlich relevant (etwa „Prüfungen und Prüfungsangst", weil man unmittelbar davon betroffen ist). In diesem Fall kann eine größere Bereitschaft zur intensiven Beschäftigung in Rechnung gestellt werden.
- Das Thema ist sehr umfangreich, es steht aber nur wenig Zeit für seine Bearbeitung zur Verfügung. Dann wird man abwägen müssen, ob eine oberflächliche Behandlung als erster Einstieg von Nutzen sein kann oder es sinnvoller ist, das Thema später, dafür aber gründlicher zu bearbeiten.

Freie Themenwahl

Steht man vor der Möglichkeit oder Notwendigkeit, selbst ein Thema zu wählen, sollten über die genannten hinaus mindestens noch folgende Überlegungen angestellt werden:

Hinweis 1

Für Studienanfänger wie für Kommilitonen, die vor ihrer Abschlußarbeit stehen, ist es gleich wichtig, daß ein präsumtives Thema in einem *adäquaten Rahmen* steht. Das heißt zum einen (und daran verzweifeln oft viele, die über ihrer Examens- oder Diplomarbeit sitzen): das Thema darf nicht so weit gesteckt sein, daß seinem Anspruch nicht nachgekommen bzw. es nur oberflächlich behandelt werden kann. Zum anderen sollte es nicht so eng gefaßt sein, daß es schwierig wird, überhaupt Material zu finden.[1]

Konkretisierung

Konkretisieren wir das für unser Thema, so werden wir eine Anpassung an den für eine schriftliche Hausarbeit vertretbaren Umfang vornehmen müssen (vgl. 4.2.).

Hinweis 2

Eine weitere zentrale Überlegung ist die, ob man bereits über einen bestimmten Bereich garbeitet hat, zu dem mit dem neuen Thema *Verbindungen* hergestellt werden können, ob das bereits bearbeitete Thema unter neuen Gesichtspunkten beleuchtet, interdisziplinär behandelt werden kann, ob Bezüge zu eigenen Vorkenntnissen und Erfahrungen möglich sind (zur lernpsychologischen Bedeutung dieser Möglichkeit vgl. 1.2.1. u. 1.2.3.).

---

1 Für diese Empfehlung sprechen nicht nur die genannten inhaltlichen Sachanforderungen, sondern auch motivationale Gründe (vgl. 1.3.2.).

Konkretisierung

Hat man z. B. bereits zum Komplex „Leistungsdruck an Schule und Hochschule" gearbeitet, wäre eine sinnvolle Vertiefung und Ergänzung mit dem von uns gestellten Thema möglich.

Hinweis 3

Unser letzter Hinweis knüpft an Überlegungen zur Motivation an: Besteht die Möglichkeit, über ein Thema selbst zu entscheiden, sollte, besonders wenn seine Bearbeitung sich über einen längeren Zeitraum erstreckt, seine *reale* (praktische, theoretische) und *persönliche Bedeutsamkeit* gewährleistet sein und bewußt reflektiert werden. Ist eine solche Bedeutsamkeit gegeben, dann sind auch größere Anstrengungen gerechtfertigt, zu überstehen und nutzbringend.

Konkretisierung

Die Entscheidung für unser Thema könnte z. B. Resultat folgender Überlegungen sein:

– Mich plagt beständig Prüfungsangst. Ist das nur mein oder ein allgemeines Problem von Studenten?
– Warum kommt Prüfungsangst überhaupt auf?
– Was kann ich individuell dagegen unternehmen?
– Was ist hochschulpolitisch sinnvoll und möglich?

Ist das Thema gewählt, gilt es, den immer wieder zu beobachtenden Fehler zu vermeiden, sich sofort in die Literatur zu vertiefen – nach der Devise „mal sehen, was man aus dem Thema machen kann". Welche Schritte vorher noch erforderlich sind, wollen wir nun erörtern.

4.2. Themenreflexion

Themenwahl
Themenreflexion

Vor der Materialsammlung steht die Themenreflexion. Auf ihre Notwendigkeit wurde bereits nachdrücklich hingewiesen (vgl. 3.2.2.). Um der Gefahr zu entgehen, in der Flut der Literatur hilflos zu versinken und ziellos Buch für Buch zu durchforsten, ist es unbedingt erforderlich, eine vorläufige erste Bestimmung darüber vorzunehmen,

– welche Anforderungen sich aus dem Thema ergeben,
– welche Fragen es aufwirft und nach welchen Antworten man sucht,
– über welche Vorkenntnisse man selbst verfügt.

Kurz: um die weitere Arbeit gezielt in Angriff nehmen zu können, ist eine Themenreflexion unabdingbar. Die konkrete Form dieses Arbeitsschrittes ist abhängig vom

Charakter der jeweiligen Arbeit. Welche Überlegungen können bei unserem Thema angestellt werden? [2]

Allgemeine Erwägungen

Zunächst wird man auf die Erwägungen zurückgreifen, die auch für die Themenwahl ausschlaggebend waren. Die in diesem Zusammenhang aufgeworfenen Fragen (vgl. 4.1.) resultierten weitgehend aus persönlichem Interesse. Individuelle Erfahrungen und Interessen können allerdings nicht primär den Modus der weiteren Themenbehandlung bestimmen. Versuchen wir daher Fragen zu entwickeln, mögliche Vor-Kenntnisse zu aktivieren, die mehr vom Thema gesteuert werden und helfen können, es für die weitere Arbeit einerseits stärker aufzuschließen und andererseits einzugrenzen:

Konkretisierung

In den unterschiedlichsten Situationen und Institutionen finden Prüfungen statt: Aufnahme-, Zwischen- und Abschlußprüfungen. In Schule, Hochschule und Beruf. All diesen Prüfungen muß etwas gemeinsam sein. Aber was? Was ist *die* allgemeine Funktion von Prüfungen? Gibt es überhaupt *eine* allgemeine Funktion? Wenn ja, worin besteht sie? Ist es die Funktion der Leistungs-

---

2 Für textanalytische Arbeiten bzw. Quelleninterpretationen (z. B.: „Zum Verhältnis von Schule und Leben bei Pestalozzi") geben GRESCHAT u. a. (S. 47 ff.) einen nützlichen Hinweis:
Die Zusammenfassung der Anfangsbuchstaben der Arbeitsschritte vor der Materialsuche lautet „ZUVOR". Das Thema ist zu
Z erlegen in seine einzelnen Bestandteile (Begriffe, Aspekte),
U eberlegen (was weiß man, welche Fragen ergeben sich, wie fängt man an?)
V eranschaulichen (die einzelnen Themenelemente graphisch darstellen),
O rdnen (die einzelnen Elemente in Beziehung setzen, Überordnen, Unterordnen),
R ahmen (das Thema ein- bzw. abgrenzen)
Einschränkend ist allerdings zu vermerken, daß GRESCHATs Anregungen sehr stark auf textimmanente Interpretationen orientieren. Die nach unserem Verständnis notwendige Herausarbeitung der Text-Genesis, die den jeweiligen Text als sozial-historisch bestimmten Ausdruck der jeweiligen Realität aufweist, ist nicht angelegt. Für empirische Arbeiten vgl.: Erdmann, H.-W.; Petersen, J.: Strukturen empirischer Forschungsprozesse. 2 Bde. Ratingen, Kastellaun 1975.

messung? Wenn ja, mißt sie tatsächlich (nur) Leistung? – Wie stellt sich das Allgemeine im Besonderen Hochschule dar? – Was ist Angst? Wie entsteht sie? Wie äußert sie sich? – Welche Besonderheiten prägen Prüfungsangst? Wie prägt sie das Prüfungsverhalten? – Warum erzeugen Prüfungen Angst? Ist Prüfungsangst aus der Funktion von Prüfungen abzuleiten? – Wenn ja, welche Schlußfolgerungen ergeben sich daraus hinsichtlich der Möglichkeiten zur Verringerung von Prüfungsangst?

Themenbegrenzung

Schon dieses Spektrum von Fragen zur Operationalisierung des Themas deutet seine Komplexität an. Um alle Aspekte des Problems ausführlich zu behandeln, müßte man sich allen übrigen Anforderungen des Studiums weitgehend entziehen, um nur noch an diesem Thema zu arbeiten. Da wir uns an den realen Bedingungen orientieren wollen, ist es notwendig zu klären, welche Fragen besonders interessieren bzw. welche Problemaspekte behandelt werden sollen (und können). Dies ist eine allgemeine Anforderung an jede Themenreflexion. Auf dieser Grundlage ist es möglich, eine dem jeweiligen Anlaß und den zeitlichen Möglichkeiten entsprechende Eingrenzung des Themas vorzunehmen, d. h. einen praktikablen *Arbeitstitel* festzulegen. Ehe wir hierzu einen Vorschlag für unser konkretes Thema unterbreiten, einige allgemeine Bemerkungen zur Themenformulierung:

Themenformulierung

Es wurde bereits im Zusammenhang mit der Themenwahl davor gewarnt, ein Thema so weit zu stecken, daß man zwangsläufig an dem formulierten Anspruch scheitern muß. Ergebnis der Themenreflexion muß daher eine Themenfassung sein, die nicht mehr so vage ist, daß man mit einem unendlich weiten Problemfeld konfrontiert bleibt, das unmöglich zu bearbeiten ist. Positiv ausgedrückt: Es ist eine Präzisierung des Themas vorzunehmen, die die Bereiche des Themas für die weitere Bearbeitung eingrenzt und gegenüber solchen Bereichen, die nicht mit einbezogen werden können, abgrenzt. Das so bestimmte Thema wird lernzielbezogen formuliert (wir werden das an unserem Beispiel verdeutlichen). Im Verlaufe der weiteren Arbeit wird der vorläufige Arbeitstitel, auf der Grundlage und nach den Erfordernissen der ausgewerteten Literatur und der gewonnenen Erkenntnisse und Einsichten häufig erneut modifiziert oder durch einen Untertitel präzisiert werden müssen. Es sei hier schon vorweggenommen, daß aus der endgültigen Formulierung einer wissenschaftlichen Arbeit eindeutig auf ihren Inhalt zu schließen sein muß. Dieser Anforderung gerecht zu werden, ist insbesondere dann wichtig, wenn die betreffende Arbeit zugleich als Leistungsnachweis fungiert. In diesem Fall ist es stets ein Bewertungsmaßstab, inwieweit die Ausführungen der Themenstellung gerecht werden. Eine Diplom- oder andere Abschlußarbeit sollte daher nie lauten „Die Anti-Pädagogik", wenn nur einige Ansätze dieser Bewegung dargestellt und beurteilt werden. Keine falschen Erwartungen kann dagegen etwa folgende Formulierung erwecken: „Darstellung und Kritik ausgewählter Strömungen der Anti-Pädagogik". In der Regel entsprechen solche Themenstellungen auch den Möglichkeiten einer fundierten Bearbeitung.

Zeitfaktor

Für unser Thema, so wollen wir annehmen, stehen zwei Monate Bearbeitungszeit zur Verfügung unter Beibehaltung der übrigen Anforderungen während des Semesters. Der Zeitfaktor beeinflußt entscheidend die Breite und Tiefe, in der das Thema bearbeitet, also welches Problemspektrum (Breite) erfaßt und wie intensiv (Tiefe) es behandelt werden kann. Die von uns unterstellte Zeitspanne zwingt zur Begrenzung des Themas, soll es hinreichend gründlich behandelt und nicht lediglich eine Vielzahl von Aspekten gestreift werden.

Konkretisierung

Alle genannten Komponenten bestimmen die vorläufige Formulierung, den **Arbeitstitel** des Themas:

> „Welche Funktionen haben Prüfungen in unserer Gesellschaft und in welchem Zusammenhang stehen Prüfungen und Prüfungsangst? – Unter besonderer Berücksichtigung von Hochschulprüfungen und der Möglichkeiten der Angstreduktion."

Funktion Arbeitstitel

Diese etwas umständlich klingende Formulierung ist bewußt gewählt: In ihr kommt eine Lernzielorientierung zum Ausdruck. Die weitere Literatursuche und -auswertung wird, an diesen Fragen und Aspekten orientiert, gezielt gesteuert: *Welche* Texte sagen *was* über die Funktion von Prüfungen und den Zusammenhang von Prüfungen und Prüfungsangst aus? *Wo* und *wie* werden diese

Aussagen für die Hochschule präzisiert? *Welche* Empfehlungen werden zur Angstbekämpfung angeboten? Mit diesen Fragen ist es möglich, gezielt Literatur zu suchen und nach Antworten zu befragen, um so eine Materialgrundlage für die Entwicklung einer eigenen Konzeption zu gewinnen. Ergänzungen um weitere Aspekte für eine Modifizierung der Vor-Überlegungen auf der Basis der Materialrezeption sind damit keineswegs ausgeschlossen.

Material- u. Methodenkonsequenzen

In unserem konkreten Beispiel ohne Relevanz, nichtsdestotrotz notwendig zu erwähnen, sind zwei Überlegungen, die sich an die Formulierung der Fragestellung (allgemeiner: Problemstellung) anschließen bzw. in diese eingehen: Welche Material- und welche methodischen Konsequenzen ergeben sich aus einer Problemstellung? Bin ich überwiegend auf fremdsprachige Literatur angewiesen (und beherrsche ich die betreffende Sprache)? Muß ich vor allem solches Material durcharbeiten, das nicht in Bibliotheken zugänglich, nicht ausleihbar ist (und habe ich die Zeit und das Geld, Archive an den verschiedensten Orten aufzusuchen)? Ergibt sich die Notwendigkeit, eigene empirische Untersuchungen vorzunehmen (und verfüge ich über die entsprechenden Kenntnisse)?

Überlegungen dieser Art sind (vor allem bei Abschlußarbeiten) unabdingbar, um eindeutig bestimmen zu können, wie ein Thema bearbeitet werden muß und ob dafür die zeitlichen und sachlichen Voraussetzungen gegeben sind.

Konkretisierung

Läge beispielsweise nicht bereits eine ausreichende Menge von Untersuchungen über die Auswirkungen von Prüfungsangst vor, könnten in unserem Falle ohne eigene empirische Erhebungen keine fundierten Aussagen zu diesem Komplex getroffen werden.

4.3. Zeitplanung

Themenwahl

Wir gehen in unserem Beispiel davon aus, daß unser Thema innerhalb von zwei Monaten zu erarbeiten ist. Damit ist die Frage der Zeitplanung angesprochen, auf deren Bedeutung bereits verwiesen wurde (vgl. 1.1.4.). Eine grobe Planung ging bereits der Entscheidung für das Thema voraus: Wann muß die Arbeit fertiggestellt sein?

Welchen Anforderungen muß während dieser Zeit noch nachgekommen werden? Die überschlägig ermittelte zur Verfügung stehende Zeit wurde in die Themenreflexion einbezogen und bestimmte als ein wesentlicher Faktor den vorläufigen Rahmen der Themenbehandlung mit. Nun wird der weitere Arbeitsprozeß exakter terminiert, um die vorgegebene Zeit einhalten zu können und zu verhindern, daß man etwa für die Lektüre eines interessanten Textes zu viel Zeit aufwendet und so die weitere Materialverarbeitung und -darstellung gefährdet. Eine zeitliche Abstimmung der weiteren Schritte ist also erforderlich, um planmäßig das gesteckte Ziel zu erreichen und nicht unter Druck ganze Nächte durcharbeiten oder andere Seminare vernachlässigen zu müssen. So themenunangemessen hierbei oft Zeitbeschränkungen für einzelne Prozeßphasen sind, so notwendig ist eine solche Planung, um bei den gegenwärtigen Studienbedingungen überhaupt noch ein Minimum an sinnvoller wissenschaftlicher Arbeit zu leisten.

Themenreflexion

Zeitplanung

Notwendigkeit

Welche Arbeitsschritte sind nun noch weiter erforderlich und wieviel Zeit wird für jeden veranschlagt?

Der Prozeß der weiteren Arbeit läßt sich in den folgenden Begriffen fassen:

- Materialsuche und -sichtung,
- Materialaufnahme,
- Materialverarbeitung,
- Erstellung des Rohmanuskripts,
- Endfassung, Schlußkorrektur.

Konkretisierung

Geht man von 40 *Arbeits*stunden pro Woche aus und davon, daß (mindestens) 16 Wochenstunden für Seminare und Vorlesungen beansprucht werden, dann steht pro Woche maximal ein gesamter Arbeitstag für die Bearbeitung des Themas zur Verfügung. Dabei ist unterstellt, daß für die übrigen Seminare das durchschnittliche (bei einer solchen Mindeststundenzahl zwangsläufig ohnehin zu geringe) Maß an Vor- und Nachbereitung beibehalten wird.

Die dann nach unserer Einschätzung für die zwei Monate zur Verfügung stehenden acht Tage veranschlagen wir mit je acht Stunden intensivem Studium. Übertragen wir diese Zeit auf die notwendigen Arbeitsschritte, ergibt sich folgender Planungsvorschlag:[3]

Materialsuche und -sichtung	8 Stunden
Materialaufnahme	24 Stunden
Materialverarbeitung	10 Stunden
Rohmanuskript	14 Stunden
Endfassung, Schlußkorrektur	8 Stunden

Das zeitliche Verhältnis der einzelnen Prozeßphasen ist abhängig vom Charakter der jeweiligen Arbeit. Besonders die Materialsuche und -sichtung kann unter Umständen (vor allem bei Abschlußarbeiten) einen erheblich größeren Anteil am Gesamt der zur Verfügung stehenden Zeit in Anspruch nehmen. Dieser konkrete Zeitplan ist daher nicht zu verallgemeinern, wenngleich davon ausgegangen werden kann, daß bei der Mehrzahl der schriftlichen Arbeiten während des Studiums die Materialaufnahme stets die meiste Zeit in Anspruch nimmt.

Exkurs: Gruppenarbeit

Ausgangspunkt

Unsere bisherige Darstellung des Prozeßverlaufs von der Themenwahl bis zur Niederschrift, ja unsere gesamten bisherigen Ausführungen, können, von einigen Bemerkungen im Abschnitt über psychische Aspekte abgesehen, den Eindruck erwecken, wir votierten ausschließlich oder doch zumindest überwiegend für das individuelle Studium, die Einzelarbeit. *Dem ist nicht so!* Allerdings gehen wir davon aus, daß die hier behandelten Techniken notwendig sind, *unabhängig* davon, ob man allein oder in Gruppen studiert. Gruppenarbeit kann keinen Ersatz für Mängel in diesem Bereich bieten. Was Gruppenarbeit leisten kann und an welche Bedingungen sie geknüpft ist, das wollen wir im folgenden benennen.

Einschränkung

Dabei beschränken wir uns auf fachliche Aspekte der Gruppenarbeit im engeren Sinne. Wir vernachlässigen also alle sozialen und psychischen Aspekte (private Kommunikation, Vermeidung von Isolation, gegenseitige

3 Eine solche Planung wird bereits hinfällig, wenn zwei schriftliche Arbeiten innerhalb des gleichen Zeitraums zu erstellen sind, demnach keine 64 Stunden mehr für ein Thema zur Verfügung stehen. Eine Einschränkung, die nochmals die Verschulung großer Bereiche der pädagogischen Ausbildung vor Augen führt.

Hilfe, zwangsfreie Lernkontrolle, Abbau von Angst usw.), die ebenfalls den Studienerfolg erheblich beeinflussen (vgl. 1.2.5. u. 1.3.); schließlich thematisieren wir auch nicht die politische Komponente der Gruppenarbeit. Nur zwei, für Pädagogen besonders bedeutsame Aspekte vorweg:

Soziales Lernen

Erstens: In dem Maße, wie Konkurrenz statt Kooperation den Studienbetrieb (Lernsituationen überhaupt) bestimmt, beargwöhnt jeder jeden als potentiellen Rivalen, „. . .gegenseitige Hilfe, ein unbelastetes, angstfreies Verhältnis untereinander, Sensibilität für die Probleme anderer, Einsetzen für die Interessen . . . " anderer Kommilitonen, „. . .kurz: Solidarität, werden nicht nur nicht gelernt, sondern systematisch zerstört. Das Klima wird bestimmt durch Aggressivitäten, Herrschsucht, Anbiedern." (GRONEMEYER, S. 75) – Auf der Strecke bleibt das *soziale Lernen*.

Praxisvorbereitung

Zweitens: Gruppenarbeit spielt eine wichtige Rolle in der pädagogischen Praxis, in der schulischen und außerschulischen Erziehung. Sich mit ihr bereits während des Studiums vertraut zu machen, ist für angehende Pädagogen also zugleich immer eine Form praktischer Ausbildung für den künftigen Beruf.

Fragestellung

Kommen wir zurück zu unserer eigentlichen Aufgabenstellung und fragen, was und wann studiert man allein bzw. gemeinsam? Die Beantwortung dieser Frage ist abhängig von den jeweils konkreten Bedingungen:
- Kann bei einer gegebenen Aufgabenstellung Gruppenarbeit mehr ergeben als die Addition von Einzelleistungen?
- Ist bei einer kurzfristig zu erledigenden Arbeit eine terminliche Übereinkunft möglich?
- Haben die möglichen Gruppenmitglieder annähernd die gleichen Ausgangsvoraussetzungen und Interessen?

Wir müssen uns daher auf eine allgemeine Antwort beschränken:

Einzelstudium

Allein sollte man sich mit neuem Wissensstoff auseinandersetzen, Bücher lesen, ein Thema geistig durchdringen, Gedanken formulieren. Diese Arbeit kann einem niemand abnehmen. Mehr noch: Andere stören dabei meist nur oder aber die Arbeit wird unproduktiv (etwa wenn versucht wird, in einer Gruppe endgültige Formulierungen zu finden).

Gruppenstudium

Die Planung der Erarbeitung eines Themas, die Erörterung und Bewertung gewonnener Erkenntnisse (in einem größeren Bezugsrahmen) geschieht jedoch effektiver in *Gruppen*- als in Einzelarbeit.

Was spricht für eine solche Arbeit in Gruppen?
Die Vorteile der Gruppenarbeit liegen vor allem in dem Mehr an Informationen und Kenntnissen, das zusammenkommt, an dem größeren (praktischen) Erfahrungshintergrund, der Möglichkeit zur Diskussion. In einer Gruppe

Vorteile

- erhöht sich die Wahrscheinlichkeit, Fehler, Unklarheiten und Lücken eher und besser zu erkennen;
- zwingt die gemeinsame Diskussion zur Präzision, vage Formulierungen können nicht bestehen;
- kommen mehr Vorschläge zur Bearbeitung eines Themas, zur Vorgehensweise zusammen;
- hilft die Diskussion, Gelerntes besser zu verarbeiten (vgl. 1.2.5.);
- gelingt es, ein anzufertigendes Papier – aufgrund verschiedener Sichtweisen, eines breiteren Informationsspektrums – gründlicher und abgerundeter abzufassen;
- ist in der Regel die Einhaltung eines Arbeitszieles besser zu kontrollieren und zu gewährleisten.

Wie sieht das konkret bei der gemeinsamen Erarbeitung eines (bisher nicht vertrauten) Themas aus? Was heißt das für die zeitliche und inhaltliche Organisation? Die vorherigen Ausführungen hierauf übertragen, ergibt (schematisiert) etwa folgenden Prozeßverlauf:

Abb. 35: Phasenschema Gruppenarbeit

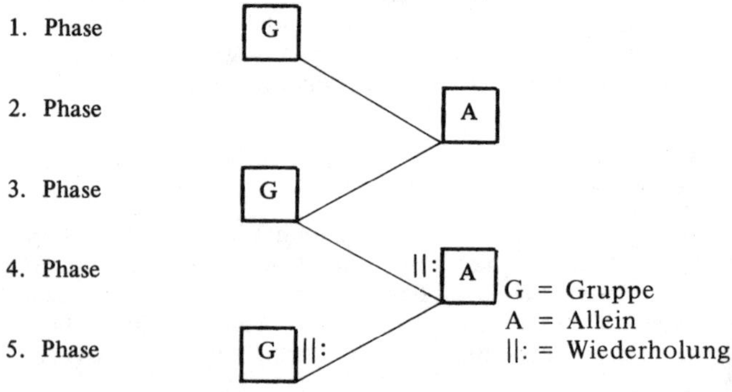

Phase 1

Ausgangspunkt jeder Arbeitsgruppe, die in einem Seminar zu einem bestimmten Thema gegründet wird, ist – neben dem persönlichen Kennenlernen, dem Austausch der Adressen – die Klärung der Frage, welche *Interessen* den Einzelnen zur Mitarbeit veranlassen, welche Zwecke er mit der Bearbeitung des betreffenden Themas verfolgt. Hier sollte nach Möglichkeit weitgehende Übereinstimmung herrschen, um die künftige Arbeit nicht zu gefährden. Darüber hinaus wird das *Verhältnis* der *Gruppe* zum *Seminar* geklärt: Arbeitet sie nur zu dem gestellten Thema oder werden die gesamten Seminarinhalte gemeinsam diskutiert? Sofern zeitlich zu vereinbaren, sollte die letztgenannte Arbeitsform gewählt werden, weil so eher eine optimale Integration des Arbeitsgruppenthemas in die gesamte Seminarthematik zu gewährleisten ist. Zu den Aufgaben der ersten Gruppensitzung gehört es auch, die *Arbeitsweise* zu klären und einen *Zeitplan* für die künftige Arbeit festzulegen. Inhaltlich werden gemeinsam *erste Fragen,* Probleme und Gedanken zusammengetragen (analog 4.2.). Dieser vorläufige Fragen- und Problemkatalog dient auch als Grundlage der Materialbeschaffung. Um hierbei die Vorteile der Gruppenarbeit wirkungsvoll in Anspruch nehmen zu können, raten wir, daß jedes Gruppenmitglied sich an dieser Arbeit beteiligt. So können mehrere relevante Bibliotheken am Ort ohne Mehrbelastung für den Einzelnen aufgesucht und damit die Chance, ein Höchstmaß der benötigten Literatur zu bekommen, beträchtlich erhöht werden.

Phase 2

In Einzelarbeit macht sich jedes Gruppenmitglied mit dem jeweiligen Thema vertraut, verschafft sich einen Überblick über die besorgte Literatur und formuliert Vorstellungen zum vorläufigen Fragenkatalog, Einschätzungen zur vorliegenden Literatur.

Phase 3

In der Gruppe wird dann gemeinsam das weitere inhaltliche Vorgehen geplant, auf der Grundlage der ersten Literaturdurchsicht die Themenstellung eventuell präzisiert und festgelegt, welche Schwerpunkte gesetzt werden sollen, wer welche Aufgaben übernimmt und nach welchen Kriterien die Literatur ausgewertet werden soll. Die Arbeitsteilung sollte dabei nicht so weit gehen, daß ein bestimmter Text nur von einem Mitglied bearbeitet wird, da sonst eine gemeinsame Diskussionsgrundlage verloren gehen kann, die Gruppe sich nur noch aus Experten, die sich auf „ihr“ Gebiet oder „ihren“ Autor beschränken, zusammensetzt oder gar einseitige Interpretationen die weitere Arbeit bestimmen.

Phase 4

In einer vierten Phase wird in Einzelarbeit der eigene Kenntnisstand vertieft, die Literatur intensiv durchgearbeitet und (gegebenenfalls auch zu zweit) eine Vorlage erarbeitet, die Bestandteil der Gesamtarbeit werden soll.

Phase 5

Gemeinsam werden Probleme und Schwierigkeiten, die bei der individuellen Lektüre auftraten, besprochen, werden die verschiedenen Einzelbeiträge diskutiert, bewertet, verändert und in die Gesamtkonzeption eingearbeitet sowie die möglichen theoretischen und praktischen Konsequenzen der erzielten Ergebnisse überprüft.

Phase vier und fünf sind nicht in einem einmaligen Schritt abgeschlossen (deshalb das Wiederholungszeichen in der vorstehenden Übersicht). Nachdem die verschiedenen Vorlagen in der Gruppe diskutiert worden sind, wird sich die Arbeit der vierten und daran anschließend der fünften Phase wiederholen, um zu gewährleisten, daß die Gruppenarbeit mehr leistet als die Addition von Einzelleistungen, von denen jede nur von ihrem Verfasser vertreten werden kann.[4]

Gestaltung der Gruppensitzungen

Der Inhalt von Gruppensitzungen wird also nicht durch Wiederholungen und Abfragen bestimmt, sondern durch wissenschaftlichen Meinungsstreit, die Erarbeitung gemeinsamer Konzeptionen, die Überprüfung des eigenen Wissens und wissenschaftlicher Positionen und die Klärung offener Fragen. Inhaltliche Kontroversen sind dabei stets *sachlich* auszutragen: Nie die Ansicht eines Gruppenmitgliedes gegen die eines anderen stellen, sondern die jeweiligen unterschiedlichen Positionen gemeinsam entwickeln und prüfen, was sie leisten. Durch eine solche sachbezogene Gegenüberstellung kann die Gruppe

---

4 Anzumerken bleibt, daß auch abschließende Tipparbeiten angemessen aufgeteilt werden müssen und nicht nur einem Gruppenmitglied (womöglich noch einem weiblichen) diese Arbeit aufgehalst werden sollte.

zu einem gemeinsamen Ergebnis gelangen, ohne daß sich einzelne Gruppenmitglieder „niederdiskutiert" fühlen. Gelingt es nicht, eine gemeinsame Auffassung zu erzielen, wird das in der Arbeit ausgewiesen, notfalls können auch zwei Arbeiten angefertigt werden. Es besteht kein – äußerlicher – Zwang, zu einhelligen Ergebnissen zu gelangen. Eine Abstimmung über den Inhalt der endgültigen Fassung einer Arbeit ist das denkbar schlechteste, ein der Sache abträgliches Verfahren.

Gruppengröße

Wie die Gruppe (Größe: etwa 3–6 Mitglieder) unter fachlichen Gesichtspunkten zusammengesetzt sein sollte, heterogen oder homogen, wird von Fall zu Fall (abhängig vom Gegenstand der Gruppenarbeit) zu entscheiden sein.[5] Auf jeden Fall sollten sich alle Mitglieder über die *Bedingungen* und *Voraussetzungen* von Gruppenarbeit klar sein. Nur dann können die genannten Vorteile auch eintreffen, kommt es zu keinem fachlichen (unter Umständen auch persönlichen) Fiasko.

Anforderungen

Erfolgreiche Arbeit in Gruppen, also Kooperation, ist nur dann möglich, wenn alle Beteiligten das *gleiche Ziel* anstreben, ein annähernd *gleiches Interesse* am Thema haben.

Bei der Konstituierung einer Arbeitsgruppe muß man sich darüber klar sein, daß sie nach aller Erfahrung nur dann erfolgreich funktioniert, wenn bei jedem potentiellen Mitglied die grundsätzliche Bereitschaft zur *Einstellung auf die Gruppe,* zu kollegialem Verhalten, Toleranz und Selbstkritik gegeben ist. Das heißt auch, daß nicht auf individuellen Arbeitsgewohnheiten zu Lasten der Gruppenarbeit beharrt werden darf, sondern diese mit denen der Mehrzahl der Gruppenmitglieder in Übereinstimmung gebracht werden müssen.
Inhaltliche Voraussetzung für erfolgreiche Gruppenarbeit ist es in der Regel, daß die *wissenschaftlichen Stand-*

---

5 Gerade für angehende Pädagogen sollte die Fähigkeit zur Zusammenarbeit mit Personen unterschiedlicher inhaltlicher Voraussetzungen und Mentalität ein Lernziel sein.
Für den Umgang mit Gruppenmitgliedern, die über einen Vorsprung an Vorkenntnissen verfügen, gibt Junne nützliche Hinweise: Junne, G.: Kritisches Studium der Sozialwissenschaften. Stuttgart 1976. S. 69 ff.

punkte, die Einstellungen zu einem Thema *nicht allzu verschieden* sind.
Schließlich ist zu beachten, daß für Gruppenarbeit zunächst ein *höherer Zeitaufwand* zu veranschlagen ist, da sich alle Beteiligten erst aufeinander einstellen und die Arbeit abstimmen müssen.

Negativ formuliert: Wenn Arbeitsgruppen scheitern, dann liegt das vor allem an folgenden Gründen:

Mißerfolgsursachen

- „Häufig fehlt ein gemeinsames Ziel der Gruppe, wenn etwa die Studenten je unterschiedliche Teilgebiete eines Gesamtthemas unabhängig voneinander bearbeiten . . . .
- Wenn kein Konsensus über Verfahrensweisen und Inhalte erzielt wird . . . .
- Wenn . . . den Beteiligten kein Raum für eigene Ideen und Entscheidungen (bleibt).
- Oft scheitert Kleingruppenarbeit einfach an überhöhten Erwartungen der Beteiligten . . . .
- Vielfach wird auch angenommen, daß Kleingruppenarbeit ein Ersatz und nicht nur eine Ergänzung der Einzelarbeit . . . ist.
- Zumeist werden auch die Lernprozesse der Beteiligten unterschätzt, und es werden zu viel sichtbare Ergebnisse erwartet.
- Manchmal dominieren einige wenige Mitglieder, während andere sich nicht entfalten können.
- Schließlich kann Kleingruppenarbeit auch daran scheitern, daß Einzelne nicht bereit sind, Zugeständnisse zu machen, die im Interesse der gemeinsamen Arbeit erforderlich sind: sich in den verabredeten Arbeitsstil einfügen, gelegentlich auf Lieblingsideen verzichten . . .“. (HERZ; REIF; SADER, S. 33)

Diese Aufzählung und die davor genannten Anforderungen sollten nicht entmutigen, sondern eine realistische Einschätzung ermöglichen und Kriterien benennen, um entscheiden zu können, unter welchen Bedingungen die Arbeit in einer Gruppe besser gar nicht erst begonnen werden sollte.

Empfehlung

Immer dann, wenn (unter fachlichem Gesichtspunkt) Gruppenarbeit mehr leistet als die Summation von Einzelleistungen, sollte man ihre Möglichkeit nutzen. Daher und aus den angedeuteten sozialen und psychologischen Gründen kann unsere Empfehlung nur lauten: Auf keinen Fall das Studium alleine absolvieren, sondern mit anderen, *gemeinsam studieren!*

Gruppenformen

Zwei Formen sind hierbei möglich:

1. Arbeitsgruppen

Sie werden für die Bearbeitung *eines Themas* oder für den Zeitraum *eines Seminars* ins Leben gerufen.
Die Gründung solcher Arbeitsgruppen sollte in jedem Seminar organisiert und nicht dem Selbstlauf überlassen werden.

2. Studiengruppen

Sie arbeiten nicht nur kurzfristig zusammen, sind nicht an ein bestimmtes Thema oder Seminar gebunden, sondern organisieren ihr Studium *über Semester hinweg* gemeinsam, machen zusammen Prüfungen, bearbeiten über ein Seminar hinausgehende Themen.
Diese Form gemeinsamen Studierens ist u. E. die anstrebenswerteste. Für eine solche Studiengruppe, die Ergebnis einer Arbeitsgruppe sein kann, sind gewöhnlich gemeinsame Interessen, ein annähernd gleicher Studienstand, aber auch persönliche Beziehungen Voraussetzung. Für ihr Gelingen sind die genannten Bedingungen von größter Bedeutung. Je öfter man in Arbeitsgruppen gearbeitet hat, um so eher wird man in der Lage sein, die besonderen und erheblichen Vorteile der Studiengruppe ausschöpfen zu können.

4.4. Materialfindung

Themenwahl

Themenreflexion

Bevor wir die Materialsuche und -sichtung beginnen, wollen wir uns noch einmal Klarheit über die Voraussetzungen verschaffen, die unser weiteres Vorgehen bestimmen. Drei wichtige Voraussetzungen haben wir bereits genannt:

- Aus dem *Zweck* der Arbeit folgt, daß diese auf einem gewissen Literaturfundus basieren muß.
- Die *Zeit*limitierung zwingt zur Entwicklung inhaltlicher Kriterien, um eine begründete Beschränkung

Zeitplanung

auf ein bestimmtes Quantum an Literatur vornehmen zu können.

- Die *Themenreflexion* gibt den inhaltlichen Rahmen für die Materialbeschaffung vor.

Materialfindung

Eine weitere fundamentale Voraussetzung ist der eigene Kenntnisstand, sowohl die speziellen Vor-Kenntnisse zum Thema als auch die aus dem bisherigen Studium resultierenden allgemeinen Kenntnisse und wissenschaftlichen Anschauungen. Diese gehen zwar bereits in die zuvor genannten Überlegungen ein, sind aber deshalb noch einmal gesondert aufgeführt, weil auf ihrer Grundlage bestimmte Erklärungsansätze für das zu bearbeitende Problem als relevant oder unzureichend bestimmt werden können.[6] Damit sind in unserem Beispiel alle Grundlagen für die Materialermittlung benannt.

1. Schritt: Tertiärliteratur

Begründung

Unser erster Weg führt zur Tertiärliteratur. Hierfür sprechen zwei Gründe: Aufgrund der geringen Vorkenntnisse zum Thema versprechen wir uns davon eine erste Einführung in unser Thema bzw. seine beiden Aspekte „Prüfung" und „Angst".[7] Darüber hinaus kann erwartet werden, dadurch wichtige Literaturhinweise, vor allem auf sogenannte Schlüsselveröffentlichungen zu erhalten. Bei der Vielzahl der zur Verfügung stehenden Wörterbücher und Lexika konzentrieren wir unsere Auswahl auf ausschließlich neuere Werke, in der Erwartung, den

---

6 Wäre es Aufgabe, verschiedene Angstkonzeptionen darzustellen und zu bewerten, kommt man nicht umhin, auch solche Positionen zu diesem speziellen Problem zu bearbeiten, deren allgemeiner Ansatz abgelehnt wird. In unserem Falle ist dies nicht unbedingt erforderlich, wenngleich die Erörterung unterschiedlicher Positionen die Arbeit bereichern würde. Dies ist allerdings nicht so zu verstehen, daß man umstandslos die unterschiedlichsten Positionen vereinigt. Nach unserer Auffassung schließen sich – beispielsweise – eine materialistische Bestimmung der Prüfungsfunktionen und eine psychoanalytische Erklärung von Prüfungsangst aus.

7 Diese Funktion von Tertiärliteratur spricht dafür, sie u. U. bereits zur Themenreflexion heranzuziehen.

neuesten Erkenntnis- bzw. Diskussionsstand repräsentiert zu finden. Wir wählen die folgenden Titel:

Ausgewählte Titel

- Fischer-Lexikon Pädagogik (1971)
- Wörterbuch Kritische Erziehung (1972)
- Wörterbuch der Erziehung (1972)
- Wörterbuch der Pädagogischen Psychologie (1974)
- Pädagogisches Taschenlexikon (1974)
- Pädagogisches Lexikon (1970)
- Wörterbuch der Pädagogik (1971)
- Kritisches Lexikon der Erziehungswissenschaft und Bildungspolitik (1975).

Allerdings ist darauf zu verweisen, daß bei den ausgewählten Titeln nicht immer die neueste Ausgabe zur Verfügung stand (von drei der angeführten Titel liegen bereits neuere Ausgaben vor).[8]

Ergebnis

Das Ergebnis der Durchsicht dieser Literatur bleibt unbefriedigend: Lediglich zwei Titel enthalten Ausführungen zum Zusammenhang von Prüfungen und Angst. Die übrigen Bücher sind kaum von Nutzen.[9]

Schlußfolgerung

Soll man daraus nun etwa die allgemeine Schlußfolgerung ziehen, künftig auf Tertiärliteratur zu verzichten? Keineswegs: Gerade in der Anfangsphase des Studiums sollte man möglichst viele Wörterbücher und Lexika für die eigene Arbeit heranziehen. Dadurch gelangt man sukzessive zu einer Einschätzung der Qualität der betreffenden Bücher und kann sich somit bei künftigem Gebrauch auf die als relevant erachteten Titel stützen.

Zu unserem Thema erscheinen uns lediglich die Ausführungen im „Kritischen Lexikon der Erziehungswissenschaft und Bildungspolitik“ von Bedeutung. Die wesent-

---

8 Dieser Tatbestand ist dann von Bedeutung, wenn es sich bei Neuauflagen um veränderte, ergänzte und erweiterte Ausgaben handelt. Zugleich ist damit angedeutet, daß der Erfolg der Literaturermittlung nicht zuletzt von der Bibliotheksausstattung abhängt.

9 Diese Feststellung und die Literaturhinweise in diesem Kapitel beziehen sich auf den Zeitpunkt der Erstauflage unseres Buches.

lichen Passagen halten wir fest (vgl. nachstehenden Ausschnitt):

Abb. 36

S. 22–30	Kritisches Lexikon der Erziehungswissenschaft und Bildungspolitik. Hrsg.: H. Speichert Reinbek 1975	„Angst"
23	Es gibt verschiedene theoretische Erklärungsansätze des Begriffes „Angst". Fragestellungen, die den wissenschaftstheoretischen Hintergrund der Erklärungsansätze verdeutlichen: – Angst = momentaner Status oder generelles Persönlichkeitsmerkmal? – Ist Angst angeboren, quasi-angeboren oder erlernt? – Bezieht man sich auf somatische (körperliche) oder psychische Begleiterscheinungen? – Angst = Reiz oder Reaktion?	

Ferner notieren wir folgende dort vorgefundene Literaturhinweise:[10]

- Ditfurth, H. v. (Hrsg.): Aspekte der Angst. München o. J.
- Harnach-Gärtner, V.: Angst und Leistung, 2. Aufl. Weinheim 1973.
- Fürntratt, E.: Angst und instrumentelle Agression. Weinheim 1974.
- Levitt, E.: Die Psychologie der Angst. 2. Aufl. Stuttgart 1973.

2. Schritt: Systematischer Katalog

Unser zweiter Schritt führt zum Systematischen Katalog.

Begründung

Die Literaturausbeute durch die Tertiärliteratur war einerseits zu gering, um als nächstes die notierten Bücher am Katalog zu ermitteln, andererseits kann erwartet werden, daß man diesen Titeln bei der Katalogsuche wieder begegnet. In der Systematik prüfen wir, ob unser Gegenstand als Systemstelle verzeichnet ist. Unter der Signatur „Päd 9i 30" ist das Schlagwort „Lehrerprüfungen" ver-

10 Wir beschränken uns auf gekürzte Titelangaben.

zeichnet. Die Durchsicht der dort eingeordneten Literatur zeigt, daß es sich hierbei nahezu ausschließlich um Literatur zur Frage „Formale Bestimmungen der Lehramtsprüfungen" handelt. Andere in Frage kommende Systemstellen sind nicht aufgeführt.

Such-strategie

Einmal unterstellt, wir hätten unseren Gegenstand als Systemstelle repräsentiert gefunden, empfiehlt es sich dann, sofort die betreffende Stelle am Regal (vorausgesetzt, es handelt sich um eine Freihandbibliothek) aufzusuchen? Diese häufig zu beobachtende Suchstrategie hat Vor- und Nachteile:

Vorteil

Der Vorteil einer solchen Vorgehensweise besteht darin, daß alle zum Themenbereich aktuell vorhandenen Titel unmittelbar zur Einsichtnahme zur Verfügung stehen und man nicht frustriert wird, wenn man eine Vielzahl von Titeln am Katalog notiert hat, dann aber nur wenige vorfindet.

Nachteile

Die Nachteile bestehen darin, daß der Benutzer den Eindruck gewinnen kann, bei der Literatur im Regal handele es sich um den gesamten Bibliotheksbestand, d. h. er übersieht die ausgeliehenen oder an einem anderen Standort (z. B. Magazin, Seminar- oder Handbücherei) untergebrachten Titel. Außerdem werden auf diese Weise nicht selten wichtigere Zeitschriftenaufsätze außer Acht gelassen. Von diesem Verfahren ist demnach zumindest dann abzuraten, wenn man vor der Notwendigkeit einer umfassenderen Literaturermittlung steht.

3. Schritt: Schlagwortkatalog

Nach der schnellen aber erfolglosen Suche am Systematischen Katalog begeben wir uns zum Schlagwortkatalog. Wir nehmen an, daß das Thema durch die Schlagwörter „Prüfungen – Hochschulprüfungen" und „Angst – Prüfungsangst" hinreichend exakt definiert ist, um die Suche gezielt angehen zu können. Tatsächlich enthält der Schlagwortkatalog 19 Verweisungen auf andere Schlagwörter, darunter die für uns relevanten Verweise „Prüfungsangst" und „Hochschulprüfungen", die jedoch nicht als selbständige, sondern als Unterschlagwörter zu „Prüfungen" verzeichnet sind. Insgesamt werden 67 Titelzitate nachgewiesen, davon entfallen zehn auf „Prüfungsangst", drei auf „Hochschulprüfungen", rund zwei Drittel aller Titelzitate sind Zeitschriftenaufsätze. Wir halten unter dem Schlagwort „Prüfungen" jene Titel fest, die vom Sachtitel her unserem Thema am ehesten entsprechen:

Titel zu Prüfungen

- Kvale, S.: Prüfung und Herrschaft. Weinheim 1972.
- Scheer, J. W.; Zenz, H.: Studenten in der Prüfung. Frankfurt am Main 1973.
- Senf, B.: Prüfungssystem – ein Machtinstrument der Herrschenden? Zeitschrift der Technischen Universität Berlin 2 (1970) 5, S. 415–430.
- Becker, P.; Schneider, E.: Persönlichkeitsspezifische Reaktionen auf eine Streßsituation: Studenten vor der Prüfung. Zeitschrift für experimentelle und angewandte Psychologie 23 (1976) 1, S. 1–29.

Bei dem Unterschlagwort „Prüfungsangst" kommen folgende Titel unserem Thema am nächsten:

Titel zu Prüfungsangst

- Heinerth, K.: Prüfungsangst von Studenten. Psychologische Rundschau 23 (1972), S. 79–90.
- ders.: Möglichkeiten der Verminderung von Prüfungsangst. Zeitschrift für Entwicklungspsychologie und Pädagogische Psychologie IV (1972) 4, S. 249–260.
- Heinerth, K.; Graessner, D.: Verminderung der Prüfungsangst durch therapeutische Gespräche. Zeitschrift für Entwicklungspsychologie und Pädagogische Psychologie 5 (1973) 1, S. 62–68.
- Prahl, H.-W.: Hochschulprüfungen – Sinn oder Unsinn? München 1976.

Unter dem Schlagwort „Angst" sind sechs Verweisungen anzutreffen, darunter auch der Verweis „Prüfungsangst". Insgesamt werden 129 Titelzitate angeführt, wobei es sich bei jenen Titeln, die das Stichwort „Prüfungen" im Sachtitel enthalten, um Mehrfacheinstellungen handelt, d. h. sie waren bereits unter „Prüfungsangst" verzeichnet. Drei Titeln, die wir bereits der Tertiärliteratur entnommen haben, begegnen wir wieder (das Buch von Ditfurth ist nicht aufgeführt); sie werden um die Bibliothekssignatur ergänzt. Der größte Teil der nachgewiesenen Titel thematisiert Angst unter speziellen Aspekten (Angst bei Schülern, im Vorschulalter, philosophische Implikationen usw.). Wir beschränken uns auf solche Titel, von denen wir annehmen können, daß sie den Gegenstand umfassender behandeln:

Titel zu Angst

- Krohne, H. W.: Theorien zur Angst. Stuttgart 1976.
- ders.: Angst und Angstverarbeitung. Stuttgart 1975.
- Duhm, D.: Angst im Kapitalismus. Lampertheim 1973.
- Denker, R.: Angst und Agression. Stuttgart 1974.
- Wiesbrock, H. (Hrsg.): Die politische und gesellschaftliche Rolle der Angst. Frankfurt am Main 1967.
- Hartfiel, G.: Angst als soziales und politisches Problem. Gegenwartskunde 17 (1968) 3, S. 213–223.

4. Schritt: Literatursichtung

Wir gehen nun direkt zur ermittelten Literatur. Dort müssen wir die Feststellung machen, daß folgende Titel ausgeliehen sind: Wiesbrock, Fürntratt, Levitt. Die Zeitschrift mit dem Aufsatz von Becker/Schneider befindet sich beim Buchbinder, da der Jahrgang 1976 gebunden werden muß.

Nachdem wir uns die verbleibende Literatur besorgt haben, beginnen wir mit ihrer Durchsicht, um die Titel auszuwählen, die wir schließlich ausleihen wollen.

Auswahlkriterien

Wir wollen hier nicht jeden Titel beurteilen, da in diesem Zusammenhang vor allem wissenschaftstheoretische Überlegungen anzuführen wären, die, wenngleich zentrales Auswahlkriterium, nicht Gegenstand unseres Beispiels sein können. Wir beschränken uns deshalb auf eine knappe Begründung für die ausgewählten Bücher: Kvale, Scheer/Zenz und Prahl entsprechen, wie die Relevanzprüfung ergab (vgl. dazu 3.2.2.2.), unserer Thematik am exaktesten, da sie sowohl ihre einzelnen Aspekte als auch das theoretische Umfeld grundlegend behandeln. Eine Einführung in verschiedene Angsttheorien versprechen Gärtner-Harnach und Krohne. Wir entscheiden uns ferner, den Aufsatz von Senf zu fotokopieren, da dieser neben einer sehr kurzen und prägnanten Darstellung des Gesamtproblems auch Vorschläge für eine veränderte Hochschul-Prüfungspraxis enthält. Bei der Durchsicht der Literaturverzeichnisse der besorgten Titel entdecken wir darüber hinaus weitere interessante Titel, die aber, wie sich schnell herausstellt, nicht in der Bibliothek vorhanden sind:

- Schütz, M. (Hrsg.): Prüfungen als hochschuldidaktisches Problem. Hamburg 1969.
- Krohne, H. W. (Hrsg.): Angst bei Schülern und Studenten. Hamburg 1977
- Buchholz, B.: Die akademische Prüfung als institutionelles und persönliches Problem. In: E. Sperling; E. Jahnke (Hrsg.): Zwischen Apathie und Protest. Bd. 2. Stuttgart 1974, S. 5–76.

Wir verzichten jedoch aus Zeitgründen auf die Einsicht in diese Titel in einer anderen Bibliothek und beginnen mit der Materialaufnahme.[11]

4.5. Materialaufnahme

Themenwahl

Themenreflexion

Als Ergebnis der von der Themenreflexion und dem eigenen wissenschaftstheoretischen Verständnis gesteuerten Materialsuche und unter Berücksichtigung des Zeitfaktors, des Verzichts weitere Bibliotheken und/oder die Fernleihe in Anspruch zu nehmen, liegen nun fünf Bücher und ein Zeitschriftenaufsatz zur Auswertung vor.

---

11 Die Ergebnisse unserer Materialsuche sind wesentlich durch die Ausstattung und Katalogführung einer bestimmten Bibliothek (hier: der ehemaligen Pädagogischen Hochschule Berlin) bedingt, was sich z.B. darin zeigt, daß der SWK Zeitschriftenaufsätze nachweist. Sicher wird die Suche in der einen Bibliothek mehr, in einer anderen weniger erfolgreich sein. Auf jeden Fall wird man bei der Beschränkung auf die Arbeit an den Katalogen (so angemessen sie für den Zwecke unseres Beispiels ist) nie die Gewißheit haben, daß man die neueste und/oder relevante Literatur ermittelt hat (s.a. 3.1.3.2.).

Hinzu kommen aus eigenem Bestand (diesen durchzusehen gehört auch zur Materialsammlung):

Zeitplanung

Materialfindung

Materialaufnahme

– Eckstein, B. (Hrsg.): Hochschulprüfungen: Rückmeldung oder Repression? Hamburg 1971.
– Verres-Muckel, M.: Lernprobleme Erwachsener. Stuttgart 1974.
– Verband Deutscher Studenten (Hrsg.): vds-Plattform für eine demodemokratische Studienreform. Bonn 1973.

1. Schritt

Womit beginnen? Es bieten sich mehrere Möglichkeiten an:

Möglichkeit 1

Man beginnt mit dem Zeitschriftenaufsatz von Senf (15 Seiten). Das Überfliegen der Zwischenüberschriften läßt die Vermutung zu, daß hier wesentliche Aspekte des gestellten Themas in komprimierter Form dargestellt werden, also ein erster Problemüberblick zu erwarten ist, der das eigene Vor-Verständnis erweitert und *tiefer* in die Thematik einführt.

Möglichkeit 2

Die zweite Möglichkeit besteht darin, das Buch von Kvale oder Prahl zum Ausgangspunkt der Materialerarbeitung zu nehmen, da beide das Problem im Vergleich zu den übrigen Texten am umfangreichsten und detailliertesten behandeln, demnach die Möglichkeit einer *breiten* Grundlageninformation bieten, die dann durch die weitere Lektüre ergänzt und vertieft wird. Zudem ist hier eher als in einem kurzen Zeitschriftenaufsatz zu erwarten, daß die vertretene Position hergeleitet und fundiert werden kann.

Möglichkeit 3

Die gesamte Literatur nur selektiv, nach den eigenen Vor-Überlegungen durchzuarbeiten, ziehen wir nicht in Betracht: Die Gefahr, wesentliche Zusammenhänge und Aspekte zu übersehen, die vorliegende Literatur nicht in ihren inhaltlichen Intentionen aufzunehmen, sondern sie überwiegend unter eigenen Kriterien zu rezipieren, ist nach unserer Meinung dabei zu groß.[12] Dieser Weg ge-

12 Jede Textrezeption hat ihren beständigen Bezugspunkt in den zuvor formulierten Fragen, in der Themenreflexion. Das schließt aber nicht aus, sondern setzt sogar voraus, daß zunächst die Ansichten des jeweiligen Verfassers zur Kenntnis

währleistet nicht, zumal bei den angeführten Vorkenntnissen, daß das Problem (den Umständen entsprechend) in seiner Gesamtheit erkannt wird. Dies ist aber eine wesentliche Voraussetzung für eine fundierte und schlüssige eigenständige Strukturierung und Behandlung des Themas.

Entscheidung Wir wollen für den Einstieg in die Themenerarbeitung Kvale[13] den Vorzug geben, d. h. der Möglichkeit sich zunächst das Thema in seiner gesamten Breite grundlegend zu erschließen, um dann erst gegensätzliche Positionen zur Kenntnis zu nehmen, einzelne Aspekte des Themas zu ergänzen und zu vertiefen.[14]

Dabei ist zu bedenken, daß bei diesem Text eventuell nur *eine* Problemsicht vorgefunden wird (Vor- und Nachwort geben hierfür Anhaltspunkte). Darin ist bei einer kritischen Reflexion und dem Vergleich mit weiteren konträren Ansichten jedoch keine Gefahr zu sehen. Der Vorteil überwiegt, von einem bestimmten Fundus aus die eher thesenartigen Ausführungen in der vds-Plattform aber auch im Senf-Aufsatz besser verstehen und beurteilen zu können.

Da wir trotz beträchtlicher Einschränkungen noch immer eine Fülle von Material vor uns haben, das sicher nicht in seiner Gesamtheit vollständig zu studieren sein wird, stellt sich schon bei dem Grundlagentext die Frage,

---

genommen werden: Die Rezeption geht von dem betreffenden Text aus. Es sind *seine* Intentionen zur Kenntnis zu nehmen, *sein* Gesamtzusammenhang zu erfassen.

13 Daß Kvale und nicht Prahl gewählt wird, ist keine inhaltliche Entscheidung. Beide erfüllen die Anforderungen an einen Grundlagentext zu unserem Thema.

14 Diese Entscheidung ist nicht zu verallgemeinern. Ob nicht doch Zeitschriftenaufsätze als Möglichkeit der ersten Grundlageninformation herangezogen werden, ist von Fall zu Fall zu entscheiden. Zu bedenken ist, daß oft der Vorteil eines Überblicks schon nach der Lektüre weniger Seiten durch die lähmende Auswirkung einer komprimierten Darstellung auf die eigene Arbeit aufgehoben wird. M. a. W.: Nicht selten wirkt die Darstellungsform und -folge eines Aufsatzes erdrückend und versperrt die Sicht auf andere Möglichkeiten des Vorgehens. Der Eindruck, daß man das Thema nur so und nicht anders darstellen kann, drängt sich bei geringen Vorkenntnissen am ehesten auf.

ob alle 240 Seiten gelesen werden sollen oder nur Auszüge. Das Inhaltsverzeichnis zeigt, daß, von einigen Unterabschnitten abgesehen, alle Kapitel für unser Thema relevant erscheinen, also der gesamte Text zu rezipieren ist.

Ergebnis

Ergebnis des Studiums des Grundlagentextes (zu den Techniken der Materialaufnahme vgl. 3.2.) ist ein grundlegender Überblick über den zu behandelnden Themenbereich, ein Informationsstand, auf dem die weitere Materialerarbeitung aufbauen kann. Berücksichtigt wird dabei die Feststellung, daß Kvale sehr akzentuiert eine bestimmte Problemsicht vertritt (wenngleich er auch andere Positionen skizziert).

Wie wird man nun weiter verfahren?

2. Schritt

Wir wollen unterstellen, daß unsere einmalige Literatursuche, die der Themenerarbeitung vorausging, ausreichend war und im Grundlagentext (und der weiteren Literatur) keine zusätzlichen Literaturverweise aufgetaucht sind, die unbedingt noch zur Kenntnis genommen werden müßten.

Zwei Möglichkeiten bieten sich dann an:

Möglichkeit 1

Man greift zu einem zweiten, ähnlich komplexen Text und arbeitet diesen ebenfalls vollständig durch. Dies ist allerdings nur dann sinnvoll, wenn erwartet werden kann, daß in diesem Text eine differierende Position vertreten wird und/oder daß er jüngeren Datums ist und daher die Verarbeitung neuerer Erkenntnisse erwarten läßt. Dem könnten in unserem Falle Prahl oder Scheer/Zenz annähernd gerecht werden: Sie behandeln (Scheer/Zenz knapper) ein ähnlich breites Spektrum wie Kvale. Das Impressum weist beide Schriften als neueren Datums aus. Inhaltsverzeichnis und Vorwort lassen zwar keine grundsätzlich andere Auffassung vermuten, schließen aber eine modifizierte Sichtweise nicht aus.

Möglichkeit 2

Der zweite Weg wäre der, nun bereits selektiv nur noch einzelne Kapitel zu lesen. Hierfür sind aber die eigenen Vorstellungen und Überlegungen noch zu vage und zu wenig strukturiert. Es bestünde demnach die Gefahr, nur der Problementwicklung Kvales zu folgen und damit eventuell zusätzliche Aspekte zu vernachlässigen.

Entscheidung

Wir entschließen uns daher zunächst, auch noch Scheer/Zenz vollständig zu lesen.[15] Wir nehmen damit allerdings in Kauf, daß der Komplex Angst nicht grundsätzlich erarbeitet werden kann, sondern gleich zur besonderen Form der Prüfungsangst übergegangen werden muß (das Buch von Krohne findet demnach keine weitere Berücksichtigung, Gärtner-Harnach wird nur auszugsweise gelesen).

Den Aufsatz von Senf lesen wir erst zum Abschluß unserer Materialverarbeitung mit der Erwartung, auf der Grundlage genügender Sachkenntnisse und einer gefestigten Meinung zum Thema für Form und Struktur der eigenen Arbeit Anregungen zu erhalten.

Festhalten des Materials

Die Rezeption dieser beiden (und der folgenden) Texte wird schriftlich festgehalten (vgl. dazu 3.3.). Das gilt auch für die Ergebnisse der *Reflexion*, die mit der Rezeption beständig einhergeht. Hierbei sind zwei Verfahren möglich: der Konspekt (vgl. 3.3.1.3.) und die Ideen-, Anmerkungs- oder Notizkarten. Der Vorteil des Konspekts liegt darin, daß Anmerkungen zur Literatur stets im Kontext des jeweiligen Textes stehen. Nachteil dabei ist, daß textunabhängige bzw. -übergreifende und spontane Anmerkungen nur schwer zu integrieren bzw. wieder aufzufinden sind. Diese Nachteile sprechen in unserem Beispiel dafür, den Notizkarten den Vorzug zu geben. Wäre nur ein Text zu bearbeiten, würden wir uns für die Form des Konspekts entscheiden. Die Kommentarkarten legt man zweckmäßigerweise als Schlagwortkarten an, die in die Kartei eingeordnet werden können. Um ein einfaches und übersichtliches Einsortieren zu gewährleisten, wird jede Karte mit Anmerkungen zu nur einem Sachverhalt versehen. Nachstehend bringen wir einen Auszug eines Exzerpts aus Kvale, das – nach der

---

15 Die Entscheidung für Scheer/Zenz und damit gegen Prahl ist im weitaus geringeren Umfang des Buches von Scheer/ Zenz, also zunächst zeitlich und dann darin begründet, daß die beiden Autoren eine eigene empirische Untersuchung vorstellen, von der u. U. wertvolle Anregungen zu erwarten sind.
Würde das Thema in einer Gruppe bearbeitet, wäre es dagegen möglich, auch noch Prahl einzubeziehen.

Lektüre des gesamten Buches – unter der Fragestellung „Was sind die Funktionen von Prüfungen?" erstellt wurde.[16]

	Kvale, Steinar: Prüfung und Herrschaft. Hochschulprüfungen zwischen Ritual und Rationalisierung. Weinheim, Basel: Beltz 1972.	
17–68	I. Zur „Rekrutierungsfunktion" von Prüfungen	
17	A. Ausgangspunkt	
	Hochschulprüfungen (HP) „. . . regeln den Zugang zu Privilegien, wie Aufnahme oder Fortsetzung eines Studiums, zu Laufbahnen und Berufspositionen in Staat und Wirtschaft."	Funktion HP
56	B. Widerspruch[17]	
	Diese bedeutsame Berechtigungsfunktion von Prüfungen (P) erfordert, daß diese ein adäquates Mittel zur Leistungs- bzw. Qualifikationsermittlung sind. Tatsächlich ist aber empirisch belegt, daß die gegenwärtigen Prüfungsverfahren nicht den Kriterien Reliabilität (vgl. 25 ff.), Objektivität (vgl. 29 ff.) und Validität (vgl. 49 ff.) nachkommen.	Dysfunktionalität
	C. Erklärungsansatz	
	Eine Erklärung dieses Widerspruchs kann darin gesehen werden, daß P., „. . .neben ihren offiziellen manifesten Funktionen als fachliche Leistungsnachweise, auch andere wichtige, aber eher verborgene, la-	manifeste und latente Funktionen

16 Im Anhang ist dieser Textteil noch einmal in Thesen dargestellt, um die Unterschiede dieser beiden Formen des Festhaltens zu verdeutlichen.

17 Das Exzerpt ist, wie erwähnt, unter einer bestimmten Fragestellung erstellt.

	tente soziale Funktionen erfüllen. Die selektive Vergabe von Bildungsprivilegien und die Schaffung von Bildungsmonopolen gehören zu den mehr latenten Funktionen des Prüfungswesen." [18]	
	c. Zur Funktion des Begriffs Chancengleichheit	
	Diese latente Funktion wird durch das Schlagwort der Chancengleichheit zu verschleiern gesucht: Im Feudalismus wurde der Zugang zu führenden Positionen als Adelsprivileg vererbt. Dieser Mechanismus „. . .wurde mit dem Aufstieg des Bürgertums durch Leistung, vornehmlich durch Bildung, als entscheidendes Rekrutierungskriterium ersetzt."	historische Ableitung
57	Der Zugang zu privilegierten Positionen in Abhängigkeit von P.-Leistungen wird von der bürgerlichen Ideologie als „Chancengleichheit" ausgegeben. Tatsächlich führt diese formale Chancengleichheit dazu, daß die höhere Ausbildung weitgehend gehobeneren Sozialschichten vorbehalten bleibt.	
59	„Die formale Gleichheit des bürgerlichen Bildungssystems bedeutet keine reale soziale Gleichheit. Kinder aus den unteren Sozialschichten werden durch wirtschaftliche, kulturelle, motivationale und sprachliche Faktoren im Vergleich zu Kindern der oberen Sozialschichten systematisch diskriminiert. Prüfungsleistungen sind kein ‚klassenneutrales' Auslesekriterium."	
60	P. fördern indes die „Illusion der Chancengleichheit": Sie erwecken den Eindruck, die individuelle – sozial bedingte – Lage sei Resultat der eigenen Leistung. So vermag das	Funktion des Begriffs

18 Durchgängige Unterstreichungen kennzeichnen Hervorhebungen im Text, unterbrochene Unterstreichungen bringen eigene Hervorhebungen zum Ausdruck.

	Bildungswesen „. . .den Kreislauf der Reproduktion der sozialen Hierarchien und der Bildungshierarchien zu legitimieren.“ (Bourdieu; Passeron, S. 225)	
	Chancengleichheit meint lediglich „. . .Gleichheit der Chancen, nicht . . . Gleichheit der materiellen und kulturellen Lebensverhältnisse.“ Eine reale Demokratisierung durch Beseitigung finanziell-sozialer Unterprivilegierung „. . .scheint bei den Befürwortern der Chancengleichheit weniger in Frage zu kommen.“	
69–93	<u>II. Zur „pädagogischen“ Funktion von Prüfungen</u>	
	<u>A. Ausgangspunkt</u>	
	P. wird eine pädagogische Steuerungsfunktion zugeschrieben. Sie sollen als Maß für den Lernerfolg, als Entscheidungshilfe für kommende Studienvorhaben fungieren.	manifeste Funktion
69	<u>B. Widerspruch</u>	
	Dieser Anspruch gerät in Widerspruch zu den realen Konsequenzen von P. für das Studium, zu der Tatsache, daß sie die Lernziele und -motivationen pervertieren:	latente Funktion
	Dienen P. als Berechtigung und Selektionsinstrument, „. . .wird es ein Ziel in sich, die Prüfung zu bestehen. Lernen richtet sich auf Prüfungen, die dann für das Studium zielsetzend werden.“	
70	Die Mehrzahl gegenwärtiger P.-Formen hat damit zur Konsequenz, daß	Konsequenzen
71	– Fakten und formale Gesichtspunkte an die Stelle selbständiger Kenntnisaneignung und -anwendung treten;	
	– Konkurrenzverhalten gefördert wird und damit	
	– Einzelarbeit die notwendige Zusammenarbeit zurückdrängt;	
73	– keine „direkte und differenzierte Rückmeldung“ über den eigentlichen Lernprozeß erfolgt;	

81	– nicht selten die Lernmotivation „. . . durch ein schmalspuriges, prüfungsorientiertes Lernen . . ., durch einen äußeren Prüfungsdruck ersetzt (wird)." Extrinsische tritt an die Stelle intrinsischer Motivation.	
	C. Erklärungsansatz	
85	Eine Ursache für diesen – pädagogischen und lernpsychologischen Erkenntnissen (vgl. 73 ff. und 81 ff.) widersprechenden – Sachverhalt kann darin gesehen werden, „. . . daß es notwendig ist, kritische Intelligenz abzulenken. Wissen ist Macht – und die herrschende Klasse in einer Gesellschaft kann das Bedürfnis haben, sich vor jenen zu schützen, denen akademisches//[19] Wissen vermittelt	subversive Potenz von Bildung
86	wurde. Ungehemmter Wissensdurst, Problembewußtsein können etablierten Interessen gefährlich werden. Es kann daher unerläßlich werden, kritische Intelligenz von einer offenen Problemorientiertheit weg auf eine prestige- und konkurrenzbetonte Zensurenjagd zu schicken. Das Prüfungs- und Notensystem kann zum bloßen Ablenkungsmanöver geraten, so daß Studenten lernen, für Ziele zu arbeiten, die andere für sie im voraus festgelegt haben." Wichtig erscheint, daß sie „. . . brav und folgsam lernen, die Zielsetzung anderer für ihre eigene Arbeit zu akzeptieren."	

Zwischenbilanz

Nach der Lektüre der beiden genannten Texte wird der Prozeß der Materialaufnahme vorläufig unterbrochen. Wir erachten es als wenig gewinnbringend, sich durch die gesamte vorliegende Literatur hindurch zu arbeiten, ohne sich bisweilen den Stand des Erreichten vor Augen zu führen. Wir halten daher zunächst fest, welches Ergebnis erzielt wurde:

---

19. Diese Doppelstriche kennzeichnen den Übergang auf die nächste Seite (hier: von S. 85 auf 86).

Die eigenen Vor-Überlegungen mußten z. T. *korrigiert* werden: Es gibt nicht nur *eine* Funktion von Prüfungen. Prüfungen erfüllen vielmehr mehrere Funktionen. Die als allgemeine Prüfungsfunktion angenommene Leistungsmessung ist nur eine Funktion unter anderen. Sie wird zudem ihrem Anspruch weitgehend nicht gerecht, d. h. sie mißt viel eher andere Qualifikationen als Fachkenntnisse und -fähigkeiten. Die Annahme, daß Prüfungsangst Resultat unterschiedlicher Prüfungsfunktionen ist, konnte *bestätigt* und *fundiert* werden. In der Literatur wurden sowohl *Übereinstimmungen* als auch *Differenzen* festgestellt,[20] ein Tatbestand der zur weiteren eigenständigen Reflexion zwingt und es notwendig macht, nach der aufeinanderfolgenden Lektüre der beiden Texte diese (und die weiteren) nochmals vergleichend zu überprüfen. Auf der Grundlage des erzielten Informationszuwachses, des modifizierten Themenverständnisses und der zur Kenntnis genommenen Differenzen wird nun eine erste Disposition entworfen, die noch keinen endgültigen Charakter hat, sondern lediglich den neuen Kenntnisstand widerspiegelt und die weitere Arbeit lenkt, für Korrekturen also stets offen ist.

Ergebnis

Diese Disposition erfüllt zwei Funktionen: Sie strukturiert den Themenbereich und bringt zugleich Arbeits-

Funktionen

20 Diese Unterschiede sind allerdings nicht grundsätzlicher Art. Es sei hier vorweggenommen, daß in der vorliegenden Literatur an keine Stelle eine prinzipielle Verteidigung des gegenwärtigen Prüfungssystems vorgenommen wird. Solche Positionen werden nur kurz referiert, um sich dann – ablehnend – mit ihnen auseinanderzusetzen. Dies mag im konkreten Fall genügen, da (a) man zumeist selbst die negativen Auswirkungen des derzeitigen Prüfungswesens erlebt hat und (b) in unserem Beispiel der zeitliche Rahmen begrenzt ist. Grundsätzlich setzt die Kritik einer Position die Lektüre dieser Position voraus. Man sollte nach Möglichkeit nie die Lektüre einer kritischen Auseinandersetzung mit einer bestimmten Auffassung beginnen, bevor man diese im Original studiert hat. Gründet man die Ablehnung einer wissenschaftlichen Position nur auf der von anderen formulierten Ablehnung, ist dies in der Regel ein schwaches Fundament. Gleichwohl muß eingeräumt werden, daß der durchschnittliche Studienbetrieb oft genug solche Vorgehensweisen unvermeidlich macht.

anweisungen zum Ausdruck. Ob letztere – wie hier – direkt in die Disposition aufgenommen oder gesondert notiert werden, ist individuell zu entscheiden.

Erste Disposition

- Prüfungen haben eine Vielzahl von Funktionen.
  Zu unterscheiden ist zwischen offiziell ausgewiesenen und tatsächlich wirkenden Funktionen.
  Die offiziell propagierten werden ihrem formulierten Anspruch nicht gerecht. Begründung.
  Das Prüfungssystem müßte demnach konsequenterweise verändert werden. Das geschieht aber nicht. Die Begründung ist in den versteckten Funktionen zu suchen.
  Ist es hier sachlich und zeitlich möglich Parallelen zum „hidden-curriculum" zu ziehen? Muß noch geprüft werden.
- Die Funktionen von Prüfungen bewirken Prüfungsangst. Begründung.
  Auswirkungen: a) Beeinträchtigung der Leistungsfähigkeit und damit b) der realen Qualifikationsbeurteilung.
- Allgemeine Konsequenzen:
  Abschaffung des Prüfungssystems?
  Für und wider.
  Vorstellungen für eine grundsätzliche Prüfungsreform.
- Individuelle (kurzfristige) Konsequenzen: Literatur bleibt unbefriedigend. Daher
  a) weiteres Literaturstudium
  b) Erfahrungen von anderen Kommilitonen einholen und eigenes Vorgehen beim Abitur überdenken.

3. Schritt

Die weitere Literatur wird nun selektiv, in der Reihenfolge wie sie von der ersten Disposition vorgegeben ist, gelesen. Zunächst die Texte mit ausdrücklichem Bezug zur Funktion von Prüfungen: [21]

Eckstein: Seite 1–17, 35–46,
vds-Plattform: Seite 47–50.

---

21 Wir haben uns bemüht, den Prozeß von der Themenwahl bis zur Niederschrift so konkret wie möglich zu demonstrieren. Das heißt auch, ihn an konkreter Literatur zu verdeutlichen. Um unsere Ausführungen umfassend nachvollziehen zu können, reicht es nicht aus, sie nur zu lesen. Der Abschnitt ist also insofern als Übungsaufgabe zu verstehen. Deshalb führen wir hier auch genaue Seitenangaben auf.

Danach zum Zusammenhang von Prüfungen und Prüfungsangst:

Verres-Muckel: Seite 45–51,
Gärtner-Harnach: Seite 73–95, 103–129.

Schließlich zu den Konsequenzen:

Eckstein: Seite 68–78, 102–107, 130–136,
vds-Plattform: Seite 50–53,
Verres-Muckel: Seite 130–132,
Gärtner-Harnach: Seite 136–138.

Auch hierbei wird im Verlaufe der Lektüre beständig darauf zu achten sein, wo Differenzen in der Literatur auftreten, ob die eigenen Vorstellungen weiter modifiziert werden müssen, was als bestätigt angesehen werden kann.

4.6. Materialverarbeitung

Halten wir kurz das Ergebnis des letzten Arbeitsschrittes fest: Wir haben das auf der Grundlage der Themenreflexion ausgewählte Material aufgenommen. Die Materialaufnahme war von einer beständigen kritischen Reflexion begleitet. In (nicht verbindlich festzulegenden) Abständen wurde dieser Prozeß unterbrochen und Bilanz gezogen, geprüft und gewichtet, was an Erkenntniszuwachs festgehalten werden konnte, welche Probleme und Unklarheiten noch bestehen, wo Differenzen in der Literatur auszumachen sind, wie die weitere Lektüre zu strukturieren ist. Bezugspunkt dieser Überlegungen war die Themenreflexion, die im Verlaufe der Arbeit modifiziert wurde. Die Ergebnisse der Rezeption, Reflexion und der Zwischenresümees wurden schriftlich festgehalten. Ist dieser sich periodisch wiederholende Prozeß abgeschlossen, die Literatur ausgewertet und eine Materialsammlung aufgebaut, geht die Material*erarbeitung* in die Material*verarbeitung* (oder Sacherarbeitung) über. Gewiß stellte die Materialaufnahme immer auch eine Form der Materialverarbeitung dar, doch ist es wichtig zu sehen, darauf verweisen GRESCHAT u. a. treffend, „. . . daß die Literatur-Aufarbeitung nicht schon selbst Sacherarbeitung ist, sondern dieser funktional zugeordnet ist im Sinn der Unterordnung. So

- Themenwahl
- Themenreflexion
- Zeitplanung
- Materialfindung
- Materialaufnahme
- Materialverarbeitung

gewiß sich also die Sach-Erarbeitung anfänglich und auf weite Strecken hin Hand in Hand mit der Literatur-Aufarbeitung vollziehen wird, so gewiß erschöpft sie sich darin nicht, sondern wird und muß an einem bestimmten Punkt die Ebene der Literatur-Aufarbeitung verlassen und zu selbständiger Arbeit an der Sache selbst werden. Natürlich ist die dann erreichte Eigenständigkeit nur eine relative, ruht sie doch auf der Literatur auf und ist durch sie überhaupt erst ermöglicht.“ (GRESCHAT, S. 78)

Bilanz

Am Beginn der Materialverarbeitung im engeren Sinne steht ein Überdenken des als Ergebnis der gesamten Lektüre erreichten Kenntnisstandes, eine Überprüfung,

- was man nun weiß,
- in welchen Themenbereichen man – warum – mit welcher Literatur übereinstimmt,
- an welchen Stellen man – warum – zu anderen Schlußfolgerungen gelangt,
- wo noch offene Fragen zu verzeichnen sind (die nicht stillschweigend als geklärt ausgegeben werden dürfen, etwa um Schwächen der eigenen Argumentation zu verdecken).

Vorläufige Gliederung

Auf dem Hintergrund dieser und ähnlicher Überlegungen wird die Literatur im Hinblick auf die weitere Auswertung beurteilt und eine *vorläufige* Gliederung aufgestellt, nach der die Materialsammlung geordnet wird. Diese vorläufige Gliederung dient als strukturelles Gerüst, um die einzelnen Themenaspekte in ihren Zusammenhängen, Wechselbeziehungen und in ihrer Abfolge einander zuzuordnen. Wie differenziert diese vorläufige Gliederung sein muß, hängt vor allem vom Typ der jeweiligen Arbeit ab. Wir empfehlen, eher zu stark als zu wenig zu gliedern, denn eine detaillierte Gliederung, die den inneren Zusammenhang eines Themas gut strukturiert, erleichtert seine Erarbeitung erheblich. Da es sich auf dieser Stufe des Arbeitsprozesses um eine Gliederung für den eigenen Gebrauch handelt, ist es kein Problem, wenn für eine Arbeit von wenigen Seiten zunächst eine Vielzahl von Haupt- und Untergliederungen vorgenommen wird. Erst bei der endgültigen Gliederung steht man vor der Notwendigkeit, die Gliederungspunkte in ein angemessenes Verhältnis zum Umfang der Arbeit zu setzen. Unsere vorläufige Gliederung (zur Klassifikation vgl. 3.2.2.) sieht wie folgt aus:

Vorläufige Gliederung

1.	Die Funktion von Prüfungen
1.1.	Zur Objektivität, Reliabilität und Validität von Prüfungen
1.2.	Der Ursprung heutiger Prüfungsformen – Initiation
1.3.	Die Hauptfunktionen von Prüfungen
1.3.1.	Selektion
1.3.2.	Steuerung
1.3.3.	Anpassung
2.	Der Zusammenhang von Prüfungen und Prüfungsangst
2.1.	Prüfungsangst als notwendiges Produkt der Prüfungsfunktionen
2.2.	Formen und Inhalte der Prüfungsangst
2.2.1.	Formen der Prüfungsangst
2.2.2.	Inhalte der Prüfungsangst
2.3.	Auswirkungen der Prüfungsangst
2.3.1.	Auswirkungen auf den Prüfungskandidaten
2.3.2.	Auswirkungen auf den Aussagewert von Prüfungen
3.	Konsequenzen für die Angstreduktion
3.1.	Hochschulpolitische Konsequenzen
3.1.1.	Anforderungen an ein Prüfungssystem
3.1.2.	Konsequenzen für eine Prüfungsreform
3.2.	Strategien individueller Angstbekämpfung
3.2.1.	Der „Vier-Faktoren-Komplex“ bei Prüfungsangst
3.2.1.1.	Der Umgang mit sich selbst
3.2.1.2.	Der Umgang mit dem Prüfer
3.2.1.3.	Der Umgang mit dem Stoff
3.2.1.4.	Der Umgang mit der Situation

Zeitpunkt

Der Zeitpunkt der Erstellung einer solchen vorläufigen Gliederung ist nicht allgemeinverbindlich festzulegen. Bearbeitet man einen Themenbereich in dem man bereits über beträchtliche Sachkenntnis verfügt, wird sich eine vorläufige Gliederung unter Umständen schon an die Themenreflexion anschließen. Bei einer empirischen Arbeit ist sie Ergebnis der theoretischen Grundlagenphase.

In unserem Beispiel ergab die Themenreflexion nicht viel mehr als Fragen und einige vage Hypothesen. Es fehlte also eine gliederungsfähige Substanz. Auf die möglichen negativen Konsequenzen des Versuchs, bereits nach der Lektüre des Grundlagentextes vorläufig gliedern zu wollen, haben wir hingewiesen (vgl. S. 223). Das umfassende Studium zweier Texte ergab eine erste Disposition für die weitere Arbeit. Erst nachdem wir das gesamte Literaturpensum absolviert haben, besteht eine fundierte Grundlage, die inneren Zusammenhänge unseres Gegenstandes aufzugliedern. Hat die erste Disposition eine bilanzierende Funktion und enthält daher auch noch Arbeitsanweisungen, so ist die vorläufige Gliederung dadurch charakterisiert, daß sie die innere Struktur des Sachgegenstandes zu erfassen und zu strukturieren sucht.

Funktion

Sie erfüllt demnach nur dann ihren Sinn, wenn sie als Anleitung zur weiteren Durchdringung des Themas verstanden wird: Zu überprüfen ist, ob diese Gliederung tatsächlich die inneren Zusammenhänge der verschiedenen Problemdimensionen zum Ausdruck bringt. Die weitere Arbeit besteht demnach in unserem Beispiel vor allem darin, auf der Basis der erzielten Materialsammlung das in der Gliederung zum Ausdruck gebrachte Verständnis durch Reflexion und Vergleich der Literatur, der Gegenüberstellung fremder und eigener Gedanken, einer Kontrolle zu unterziehen. Resultat dieser Anstrengungen ist ein Verständnis der Sache und damit eine vorläufig letzte (eigene) Bestätigung oder Korrektur der in der Gliederung zum Ausdruck gebrachten Erkenntnis des Problemganzen und seiner Zusammenhänge. Damit ist das Thema erarbeitet und es geht nun um seine Aufbereitung für die Darstellung.

4.7. Materialdarstellung

Themenwahl
Themenreflexion
Zeitplanung

Alle bisherigen Arbeitsschritte dienten der Erarbeitung des Themas, seiner Durchdringung, dem Erfassen seiner Struktur. Dies ist nun geleistet und damit die Voraussetzung dafür geschaffen, zur Darstellung überzugehen. Wir möchten ausdrücklich betonen, daß damit nur die Voraussetzungen für die endgültige Arbeit erreicht sind, nicht schon die Arbeit selbst. Die Darstellung macht es notwendig, über die Sache hinaus den Leser, an den sich ja die Arbeit richtet, einzubeziehen. Die gewonnenen Erkenntnisse, die erarbeitete Struktur des Problembereichs müssen für ihn aufgeschlossen werden, um ihm ein geistiges Nachvollziehen und Verstehen zu ermöglichen. Dazu muß das Thema aufbereitet werden, muß eine Darstellungsform gefunden werden, die die Problembereiche sukzessive entwickelt, um auf dieser Grundlage ihre Interdependenzen aufzuzeigen. Kurz: Statt einer Materialanhäufung ist für den Leser die Komplexität des Themas zunächst aufzulösen und nachvollziehbar zu entwickeln. Die sich ergebenden Unterschiede zwischen den Ergebnissen der Materialverarbeitung und der Form ihrer Darstellung können dabei, abhängig von dem jeweiligen Gegenstand der Arbeit, unterschiedlich groß sein.

Materialfindung

Materialaufnahme

Materialverarbeitung

Materialdarstellung

Die Strukturierung des Themas in Hinblick auf seine Darstellung findet ihren Ausdruck in der endgültigen *Gliederung* der Arbeit.
Wie verändert sich nun unter Berücksichtigung dieser Hinweise unsere vorläufige Gliederung?

Gliederung

	Einleitung
1.	Die Funktionen von Prüfungen in unserer Gesellschaft
1.1.	Ausgewiesene Prüfungsfunktionen – Anspruch
1.2.	Reale Prüfungsfunktionen und ihre Ursachen – Wirklichkeit
1.2.1.	Selektion
1.2.2.	Steuerung und Anpassung
1.2.3.	Disziplinierung
2.	Der Zusammenhang von Prüfungen und Prüfungsangst
2.1.	Prüfungsangst als Produkt funktionsdeterminierter Inadäquanz von Prüfungen
2.2.	Auswirkungen der Prüfungsangst
2.2.1.	Auswirkungen auf den Prüfungskandidaten
2.2.2.	Auswirkungen auf den Aussagewert von Prüfungen
3.	Konsequenzen für die Angstreduktion
3.1.	Abschaffung von Prüfungen?
3.2.	Hochschulpolitische Konsequenzen
3.3.	Individuelle Konsequenzen
	Schlußbemerkung
Anhang:	Beschlüsse der Kommission für Lehre und Studium der TU Berlin

Die Konsequenzen in unserem konkreten Beispiel sind also nicht sonderlich groß. Hinzu kommen Einleitung (vgl. S. 238 f.), Schlußwort (vgl. S. 240 f.) und ein Anhang. Das erste Kapitel wurde dahingehend aufbereitet, daß die Darstellung zunächst damit beginnen soll aufzuzeigen, welche Funktionen Prüfungen von den für das gegenwärtige Prüfungssystem Verantwortlichen offiziell zugedacht sind, um dann zu zeigen, daß zwischen Anspruch und Wirklichkeit eine erhebliche Diskrepanz besteht, die sich aus den realen Prüfungsfunktionen ergibt. Die Formulierung „Die Funktion von Prüfungen" wurde durch den Zusatz „in unserer Gesellschaft" präzisiert: Daß Prüfungen in der Bundesrepublik behandelt werden, war bei der Themenerarbeitung stets vorausgesetzt, muß aber für den Leser ausdrücklich benannt werden, da in anderen Gesellschaftsordnungen Prüfungen durchaus andere Funktionen haben können. Im zweiten Kapitel wurde lediglich die starke Trennung der verschiedenen Komponenten von Prüfungsangst, die in erster Linie der eigenen Verständigung diente, wieder aufgehoben. Schließlich wurde im dritten Kapitel eine Erörterung der Frage nach einer möglichen Abschaffung von Prüfungen vorangestellt, um deutlicher zu machen, daß für eine grundlegende Reform des Prüfungswesens eingetreten wird. Der Unterpunkt „Individuelle Konsequenzen" wurde in ein angemessenes Verhältnis zum Umfang der angenommenen Seitenzahl gesetzt.

Erste Niederschrift

Der Gliederung folgt der erste Entwurf der endgültigen Arbeit, das **Rohmanuskript**. Wesentliche Grundlage hierfür sind die Produkte des fünften und sechsten Arbeitsschrittes: Die angefertigten Auszüge, die eigenen Ideen, Bemerkungen und Resümees werden nach der entwickelten Gliederung geordnet und an entsprechender Stelle eingearbeitet. Die zu leistende Arbeit bei der Erstellung des Rohmanuskripts wird demnach maßgeblich von der Qualität des zusammengestellten Materials bestimmt – von ihm hängt es ab, ob die Literatur nochmals relativ intensiv durchgesehen und dabei unter Umständen mühselig nach bestimmten Stellen gesucht werden muß, ob eigene Überlegungen, die man während des bisherigen Arbeitsprozesses entwickelte, schnell griffbereit vorliegen oder mühsam wieder in Erinnerung gebracht werden müssen. Hier zahlt sich die Mühe und Sorgfalt aus, die beim Festhalten des Materials aufgewendet wurde!

Anlage

Bei der Anlage des Rohmanuskripts kommt es zunächst nicht darauf an, bereits endgültige Formulierungen zu Papier zu bringen. Statt von Beginn an auf exakte Form zu achten und sich unter Umständen nur mühsam von Seite zu Seite voranzuquälen, ist es sinnvoller, zunächst einmal die entwickelten Gedanken zügig niederzuschreiben und in einem ersten Durchgang den gesamten Text schriftlich zu fixieren. Während der erste Weg oft sehr ermüdend ist und die Arbeitsmotivation beeinträchtigt, wirken bei einem unbeschwerten Niederschreiben die zustandegekommenen Ergebnisse, der sichtbare Fortschritt eher motivierend. Zudem gelangt man oftmals nach einem gewissen Abstand leichter zu gesuchten Formulierungen, als bei einem mühsamen Brüten nur über einem Satz. Erst wenn die gesamte Arbeit ohne stilistische Hemmungen niedergeschrieben ist, wird sie in einem zweiten Schritt inhaltlich und sprachlich ausgefeilt.

Bei der Anfertigung eines Rohmanuskripts haben sich darüber hinaus folgende Hinweise bewährt:

Technisches

- Man benutzt DIN A 4 *Blätter,* die nur *einseitig beschrieben* werden. So können Umstellungen im Text mühelos dadurch vorgenommen werden, daß man Passagen aus einer Seite ausschneidet und an anderer Stelle einklebt.
- Für Korrekturen und Nachträge bleibt auf der linken Seite ein *genügend breiter Rand.* Der gleiche Grund spricht für große Zeilenabstände.
- *Zitate* schreibt man bereits in das Rohmanuskript (längere kopiert man zweckmäßigerweise und klebt sie ein bzw. heftet Karteikarten ein). Das hat den Vorteil, daß das betreffende Zitat stets vor Augen ist und besser überprüft werden kann, ob es tatsächlich sinnvoll in den eigenen Gedankengang integriert ist.
- *Tabellen* und *Graphiken* werden erst in die Reinschrift aufgenommen. Im Rohmanuskript wird nur gekennzeichnet, an welcher Stelle sie einzufügen sind und wieviel Raum sie einnehmen.
- Um schon beim Rohmanuskript abschätzen zu können, welchen Umfang die Arbeit einnehmen wird, empfehlen wir, schon hier mit der *Schreibmaschine* zu schreiben. Dafür spricht auch die Möglichkeit, leichter Durchschläge anfertigen zu können, etwa für Gruppenarbeit oder um Kommilitonen

ein Exemplar zur Beurteilung zu geben. Schließlich spart man erhebliche Zeit, beherrscht man das Maschinenschreiben auch nur einigermaßen. Es kann daher auch nur dringend geraten werden, Maschinenschreiben zu lernen.

Nach der Fertigstellung des Rohmanuskripts können, abhängig von der zur Verfügung stehenden Zeit und dem Charakter der Arbeit, die vorliegenden Texte noch auf entferntere Beziehungen zum Thema hin durchgesehen werden. In unserem Falle würde es sich z. B. anbieten, den Text von Prahl vorzunehmen oder zu versuchen, die Aussagen über Prüfungsangst durch die Lektüre von Krohne zu stützen.

Reinschrift

Ist das Rohmanuskript überarbeitet und fertiggestellt, wird die **Endfassung** (Reinschrift) angefertigt. Zur Gestaltung dieser Endfassung haben wir die erforderlichen Hinweise gegeben (vgl. 3.2. u. 3.4.). Wir wollen hier noch einige Bemerkungen zur Einleitung und zum Schlußteil nachtragen:

Einleitung

Der Inhalt einer **Einleitung** wird bestimmt vom Charakter der jeweiligen Arbeit. Abhängig davon kann es ihre Funktion sein,

Funktion

- das Thema ein- bzw. abzugrenzen,
- Gründe für die Konzentration auf die behandelten Aspekte zu benennen,
- die Voraussetzungen zu erläutern, unter denen das Thema behandelt wird,
- zur Problemstellung hinzuführen (bzw. das Problem zu skizzieren),
- Wege der Problembearbeitung aufzuzeigen.

In jedem Falle ist die Einleitung kein Ersatz und keine Vorwegnahme des Hauptteils, auch kein Vorwort. Im **Vorwort** werden Hinweise und Erläuterungen gegeben, die nicht unmittelbar zum eigentlichen Thema gehören: Aussagen über den Modus der Erstellung der Arbeit, Dank an Personen und Institutionen. Ein Vorwort wird gewöhnlich nur Dissertationen, Habilitationen oder Buchveröffentlichungen vorangestellt.

Um wirklich ein-leitend fungieren zu können, empfehlen wir, die Einleitung erst nach der Erstellung der Arbeit zu schreiben.

Nachstehend bringen wir ein Muster für eine mögliche Einleitung zu unserem Themenbeispiel:

Einleitung

Das Thema Hochschulprüfungen tritt seit geraumer Zeit wieder verstärkt in das Blickfeld der wissenschaftlichen Diskussion (ECKSTEIN 1971; KVALE 1972; SCHEER/ ZENZ 1973; PRAHL 1976).

War es schon seit 1968 im studentischen Hochschulkampf für eine Studienreform ständiger Gegenstand der Kritik, so hat mit der anstehenden und partiell schon vollzogenen Übernahme des Hochschulrahmengesetzes durch die Bundesländer, insbesondere vor dem Hintergrund geplanter Kurz- und Regelstudienzeiten, das Thema erneut an Relevanz gewonnen.

Das Spektrum der Kritik am derzeitigen Prüfungssystem ist breit; es reicht von der Forderung nach Prüfungsobjektivierung im Sinne einer Standardisierung der Meß- und Testinstrumente (HERTKORN 1973) über die dezidierten Forderungen des Ausschusses für Hochschuldidaktik nach „Wissenschaftlichem Prüfen“ (BAK – Schriftenreihe 5) bis hin zur Forderung nach völliger Abschaffung aller Prüfungen (KVALE 1972). Nahezu alle Kritiker leiten dabei ihre Reformvorstellungen aus dem nachweisbaren Zusammenhang von Prüfungssystem und Gesellschaftssystem ab.

Wir befassen uns deshalb zunächst (Kapitel 1) mit der Frage nach den Funktionen von Prüfungen in unserer Gesellschaft im allgemeinen, dann mit der Beschreibung einzelner Funktionen im besonderen.

Im zweiten Kapitel wenden wir uns einem spezifischen Aspekt der Prüfungsproblematik, der Prüfungsangst, zu. Dieser Aspekt gewinnt seine Bedeutung aus der Tatsache, daß Prüfungsangst als eine den Prüfungscharakter in hohem Maße beeinflussende, in einzelnen Fällen sogar bestimmende Komponente studentischen Prüfungs-, Lern- und Leistungsverhaltens gesehen werden muß (vgl. MÖLLER 1969). Es soll vor allem der Zusammenhang von Prüfungsangst und Prüfungsfunktionen nachgewiesen werden.

Im dritten Kapitel werden wir abschließend die Konsequenzen für eine mögliche Angstreduktion diskutieren. In Abgrenzung gegenüber jenen Kritikern, die für eine Abschaffung von Prüfungen plädieren, treten wir für eine Prüfungsreform ein, die sich an den Beschlüssen der Kommission für Lehre und Studium der TU Berlin orientiert (vgl. Anhang) und deren langfristiger Charakter die Thematisierung kurzfristiger Konfliktvermeidungsstrategien nicht ausschließt, sondern notwendig macht.

Schlußteil

Auch der Inhalt des **Schlußteils** wird von den Ausführungen im Hauptteil bestimmt. Abhängig davon ist hier möglich:

Funktion

- Eine *Zusammenfassung* der Ergebnisse.
- Die *Beantwortung* einer eingangs aufgeworfenen Frage.
- Ein Verweis auf ungeklärte Probleme (*Ausblick*).
- Persönliche *Schlußfolgerungen.*
- Die thesenhafte *Einordnung* des Problems in einen größeren Zusammenhang.

Auf jeden Fall ist der Schlußteil weder ein Ersatz für Schwächen im Hauptteil, noch der Ort für ungehemmte Spekulationen. Der Schlußteil für unser Beispiel könnte wie folgt aussehen:

Schlußteil

Wir haben versucht zu zeigen, daß Prüfungen den ihnen offiziell zugewiesenen Funktionen nicht gerecht werden, daß sie unter fach- und berufsbezogenen Gesichtspunkten dem Maßstab der Objektivität, Reliabilität und Validität ebensowenig nachkommen wie den postulierten pädagogischen (Steuerungs-) Funktionen.

Die diesbezügliche Dysfunktionalität erwies sich indes in anderen Zusammenhängen als funktional: Prüfungen fungieren als weitgehend reibungslos einsetzbare Mittel der Selektion, Steuerung und Anpassung sowie der Disziplinierung und zur Konservierung etablierter Strukturen.

Prüfungsangst konnte daher auch als nicht ursächlich individuell-psychisch, sondern gesellschaftlich bedingtes Problem ausgewiesen werden. Da Prüfungen durchaus sinnvolle Funktionen haben können, wurde ihre grundsätzliche Abschaffung als Alternative zum gegenwärtigen Prüfungssystem verworfen. Stattdessen wurden Reformen vorgeschlagen, die den Vorstellungen der Kommission für Lehre und Studium der TU Berlin folgen. Da solche grundlegenden Reformen nur Ergebnis langfristiger hochschulpolitischer Auseinandersetzungen sein können, haben wir schließlich Hinweise zur Bekämpfung von Prüfungsangst gegeben, die auf einer Analyse der in einer Prüfung wirkenden Faktoren basieren und bloße Appelle an die Willensstärke zurückweisen.

Einer gesonderten Erörterung bedürfen die Anstrengungen, die ausschließlich auf methodische Verfahren zur Objektivierung von Prüfungen abzielen (Standardisierung von Prüfungs-Fragebogen, computerunterstützte Prüfungen), das Prüfungssystem in seiner gegenwärtigen Form aber nicht grundsätzlich in Frage stellen.

Eine interessante Aufgabe wäre es darüber hinaus, den Ursachen für den Wandel der Auseinandersetzungen um das Prüfungswesen – von der Kritik an der Ordinarien-Herrlichkeit bzw. -Willkür bis hin zur Debatte um die zunehmend stärkeren staatlichen Eingriffe in Prüfungsfragen – nachzugehen.

Korrektur

Vor der Abgabe einer schriftlichen Arbeit wird eine **Schlußkorrektur** vorgenommen, die Reinschrift noch einmal sorgfältig durchgelesen und erforderliche Korrekturen angebracht. Diesen Arbeitsschritt nimmt man möglichst nicht unmittelbar nach der Niederschrift der Endfassung vor: Einige Zeit Abstand – sofern man sie zur Verfügung hat – erleichtert die Fehlersuche.

Letzter Arbeitsschritt

Damit ist der Prozeß von der Themenwahl bis zur Niederschrift abgeschlossen. Allerdings bleibt noch ein Arbeitsgang zu tun: die **Dokumentation.** Wir haben die fremden Texte und eigenen Gedanken nicht ausschließlich für die einmalige Erstellung der Arbeit festgehalten, sondern auch um sie für spätere Zwecke stets greifbar zu haben. Die möglichen Wege, Material festzuhalten und zu ordnen haben wir beschrieben (vgl. 3.3.). Zu erörtern ist noch kurz, welches Material in die Kartei eingeordnet wird und welches nicht. Richtlinie für die Beantwortung dieser Frage ist der Aspekt der Zweckmäßigkeit. So werden Notiz- und Kommentarkarten ohne Bedenken weggeworfen, wenn sie vollständigen Eingang in die angefertigte Arbeit gefunden haben oder bereits im Prozeß ihrer Erstellung als unbrauchbar qualifiziert wurden. Anmerkungen, deren Inhalt über das Thema hinausging und nicht verwertet werden konnte, sowie Exzerpt- und Kurzexzerptkarten sortiert man in die Schlagwort- bzw. Verfasserkartei ein, um sie stets zur Verfügung zu haben. Gründe, festgehaltenes Material zu dokumentieren, könnten in unserem Beispiel sein:

Dokumentations-Gründe

- Bei Rückfragen zur Arbeit kann man schnell wieder auf die entsprechenden Grundlagen zurückgreifen.
- Bei einer späteren Lektüre der nicht ausgewerteten Literatur kann man das festgehaltene Material zum Vergleich heranziehen.
- Teilaspekte des Themas werden in einem anderen Zusammenhang (z. B. einer Arbeit zum Problem Leistung, Leistungsdruck, -motivation oder Studienreform) noch einmal relevant.
- Schließlich ist das Problem der Prüfungen – und weiter: von Noten, Zensurengebung, Leistungsbeurteilung – für die Mehrzahl der Pädagogikstudenten in der künftigen Berufspraxis von beständiger Aktualität.

Abschlußbemerkung

Eine abschließende Bemerkung, die an unsere Ausführungen in 2. anknüpft, ist noch erforderlich, um Mißverständnisse zu vermeiden. Unsere Darstellung im vorangegangenen Kapitel orientiert sich an den vorwiegenden Anforderungen *während* des Studiums. Arbeiten vom Typ unseres Beispiels machen nach unseren Erfahrungen das Gros aller Arbeiten während des Studiums aus – nicht selten besteht nicht einmal die Möglichkeit mit der hier unterstellten Intensität ein Thema zu behandeln. Die Orientierung an diesem Regelfall hat zur Folge, daß hier ein Prozeßverlauf geschildert wurde, der nicht den Erfordernissen etwa einer Arbeit zum Abschluß des Studiums nachkommt. So wenig die Techniken wissenschaftlichen Arbeitens mit wissenschaftlichem Arbeiten schlechthin identifiziert werden dürfen, so wenig dürfen die vorangegangenen Ausführungen als die Beschreibung des Prozesses wissenschaftlichen Arbeitens überhaupt angesehen werden. Obgleich also der Bereich der Techniken überschritten wurde, haben wir lediglich Aspekte wissenschaftlichen Arbeitens an einer konkreten Form in ihrer sachlich-zeitlichen Abfolge expliziert, also weder für alle möglichen Bereiche und Formen wissenschaftlichen Arbeitens während des Studiums (oder gar danach) eine allgemeinverbindliche Richtlinie gegeben, noch die grundlegenden Fragen wissenschaftlichen Arbeitens thematisiert. Hierfür ist die Behandlung forschungslogischer und wissenschaftstheoretischer Kategorien unabdingbar – womit erneut (vgl. 2.) auf die Grenzen dieses Buches und die Notwendigkeit der Auseinandersetzung mit diesen weitergehenden Fragestellungen verwiesen ist.

Bekämpfung von Prüfungsangst

Wir wollen zum Schluß die möglichen Inhalte des Abschnittes 1.3. der Arbeit, deren Erstellung wir im Kapitel „Von der Themenwahl bis zur Niederschrift" exemplarisch behandelten, anführen.
Was sind des Prüfers „. . . Steckenpferde und wovon versteht er nichts? Soll man als Dame kommen oder lieber im Dirndlkleid? Mag er nur unbedingte devote Zustimmung oder hat er es vielleicht sogar lieber, wenn man ihm vorsichtig widerspricht, damit er einen überzeugen kann (große, gläubige Augen machen und viel mit dem Kopf nicken)."

Mit diesen Sätzen karrikieren SADER u. a. (S. 110) in der Literatur häufig anzutreffende Hinweise zum Thema Prüfung und Prüfungsangst, die letztlich darauf hinaus laufen, sich jeder Eigenart des Prüfers anzupassen und/oder sich auf Bekleidungsvorschriften und Empfehlungen zur angemessenen Stimmlage beschränken (neuerdings sogar Psychopharmaka anpreisen).

Vorbemerkung 1

Auf ein solches Niveau wollen wir uns hier nicht einlassen, wenngleich unsere Ratschläge alles andere als umwälzend sind. Wir halten zwar einerseits das hochschulpolitische Engagement für eine grundsätzliche Reform des fragwürdigen Prüfungssystems für dringend notwendig, erachten es aber andererseits auch für borniert, wenn (sich besonders kritisch wägende) Hochschullehrer nur das Eintreten für eine grundlegende Veränderung des Prüfungswesens als legitim gelten lassen wollen und sich über das Bedürfnis nach konkreten und aktuellen Hilfestellungen für eine möglichst angstfreie Prüfungsbewältigung hinwegsetzen: Solange der Konfliktherd nicht beseitigt ist, muß den davon betroffenen Studenten kurzfristig geholfen, muß an den Symptomen kuriert werden.

Vorbemerkung 2

Noch eine Bemerkung zuvor: Wir sind zwar der Auffassung, daß die nachfolgenden – unterschiedlich gewichtigen – Empfehlungen nützlich sein können, für den Fall aber, daß Prüfungsangst solche Ausmaße annimmt, daß sie die gesamte Arbeitsfähigkeit lähmt, empfehlen wir, eine therapeutische Beratungsstelle aufzusuchen. Empirische Untersuchungen belegen, daß verschiedene Therapieformen durchaus unmittelbare Erfolge zeigen können.[22]

Der denkbar schlechteste Weg ist der Griff zu Psychopharmaka, die – von ihren unter Umständen gefährlichen Nebenwirkungen (Suchtgefahr, Realitätsverlust) abgesehen – Probleme nicht beseitigen, sondern – wenn überhaupt – nur verlagern.

4 Prüfungsfaktoren

Es sind vier gedanklich trennbare Faktoren, mit denen man vor und während einer Prüfung umgehen muß: Mit sich selbst, dem Prüfer, den Anforderungen, der Situation.

Faktor 1

Beginnen wir, da die aufgeführte Reihenfolge keine Rangfolge darstellt, mit den **Anforderungen**: Eine zentrale Voraussetzung, um Prüfungsangst zu reduzieren, ist die Minimierung möglicher Unsicherheitsfaktoren. Das heißt vor allem: Umfassend über die *Prüfungsbedingungen* und *-anforderungen informieren.*[23] Hierzu gehört

Information

- die Prüfungsordnung besorgen und studieren,
- die Zulassungsvoraussetzungen klären (Scheine und sonstige Nachweise),
- sich über die zuständigen Prüfungsstellen informieren,
- die in der Prüfung zu erbringenden Leistungen klären,
- Wahl- und Kombinationsmöglichkeiten (Prüfer, Fächer) feststellen,

---

22 Vgl. Florin, I.; Rosenstiel, L. v.: Leistungsstörung und Prüfungsangst. München 1976. Heinerth, K.; Graessner, D.: Verminderung von Prüfungsangst durch therapeutische Gespräche. Zeitschrift für Entwicklungspsychologie und Pädagogische Psychologie. 5 (1973) 1, S. 62–68. Heinerth, K.: Möglichkeiten der Verminderung von Prüfungsangst. Zeitschrift für Entwicklungspsychologie und Pädagogische Psychologie. Bd. IV. (1972) 4, S. 249–260.

23 Dieser Hinweis ist weniger banal als er klingt: Eine Erhebung von WILCKE an der Ruhruniversität Bochum ergab, daß 63 % der 3245 befragten Studenten „. . .keine oder nicht ausreichende Informationen darüber besitzen, welche Anforderungen in der nächsten Prüfung an sie gestellt werden." (WILCKE, S. 158)

– Möglichkeiten und Bedingungen einer Terminverlängerung klären.

Planung

Auf der Grundlage dieser Kenntnisse kann eine *gezielte Vorbereitung* geplant werden. An deren Anfang steht die Klärung der Fragen: Was wird verlangt? Was beherrsche ich davon? Worauf muß ich mich noch vorbereiten? Ergebnis dieser Überlegungen muß ein eindeutig formuliertes Ziel sein. Zum Beispiel: Bis zum . . . muß ich die beiden gegensätzlichen Auffassungen über die Bedeutung der Berufstätigkeit der Mutter für die Persönlichkeitsentwicklung des Kindes kennen und fundiert beurteilen können. Dieses Ziel wird in Teilschritte zerlegt, die durch konkrete Tätigkeiten ausgedrückt werden: lesen wiederholen, vergleichen, zusammenstellen usw. Zur Koordinierung und Kontrolle der notwendigen Studienschritte hilft ein Vorbereitungsplan. Ein solcher Plan verzeichnet die zu bearbeitenden Gebiete und Themen, das dafür erforderliche Material (Bücher, Aufzeichnungen) und deren Umfang, den Inhalt des jeweiligen Arbeitsschrittes und die dafür eingeplante Zeit sowie das angestrebte Zwischenziel.

Abb. 37: Vorbereitungsplan

Gebiet	Material	Umfang	Tätigkeit	Zeit	Ergebnis
Sozialisation	Gottschalch u. a.	200 S.	wiederholen	14 T	Grundlegender Überblick
Mutter-Kind-Beziehung	. . .	40 S.	durcharbeiten	. . .	. . .
. . .	. . .	. . .	. . .	. . .	. . .
. . .	. . .	. . .	. . .	. . .	. . .

Wichtig ist dabei, das angestrebte Ergebnis jeder Vorbereitungsphase in ein angemessenes Verhältnis zu der zur Verfügung stehenden Zeit zu setzen, also immer *rea-*

Kontrolle

listisch und *konkret* zu planen. Allerdings ist eine solche Planung nur dann hilfreich, wenn man sie auch für sich als *verbindlich* ansieht. Hierfür sprechen neben inhaltlichen Gründen (der Notwendigkeit, die entsprechende Stoffmenge in einem vorgegebenen Zeitraum zu bewältigen) vor allem motivationspsychologische Erkenntnisse: Erfolgreich erreichte Zwischenziele geben Ansporn zur Weiterarbeit und verleihen Sicherheit. Auch aus unseren Ausführungen in 1.2. folgt, daß einer richtigen Zeiteinteilung große Bedeutung zukommt. Weitere Empfehlungen lauten deshalb:

- frühzeitig mit der Vorbereitung beginnen,
- das Lernpensum dosieren,
- genügend Reserven einplanen,
- spätestens 48 Stunden vor der Prüfung nicht mehr lernen.

In Anknüpfung an Abschnitt 1.3. und unseren Exkurs ergeben sich folgende Hinweise:

- Nach Möglichkeit immer in *Gruppen prüfen* lassen.
- Stets so viel wie möglich von *eigenen Zielsetzungen* und *Interessen* in die Prüfungsarbeit *integrieren,* um ihr wenigstens einige positive Seiten abgewinnen zu können.
- Bei freier Themenwahl die Themen möglichst so wählen, daß *inhaltliche Verbindungen* zwischen ihnen *herzustellen* sind.
- Wird das Thema selbst gewählt, ist es wichtig, das *Anspruchsniveau adäquat* zu *bestimmen.*

Faktor 2

Zum **Umgang mit sich selbst** gehört vor allem, daß der bisherige *Lebens- und Arbeitsrhythmus* auch während der Prüfungsvorbereitungen *beibehalten* wird: Also nicht Tag und Nacht durchlernen, nicht jeden Sozialkontakt abbrechen und nicht bis zur letzten Minute über den Büchern sitzen. Ein weiterer Ratschlag, der sich besonders an Studienanfänger wendet, lautet in diesem Zusammenhang: Möglichst frühzeitig und oft in den Seminaren an der Diskussion beteiligen, Redebeiträge und Referate halten, um so – schrittweise – Ängste abzubauen und damit gleichzeitig auch präventiv etwas gegen Prüfungsangst zu unternehmen.

Faktor 3

Wenn wir empfehlen, sich immer über den **Prüfer** zu informieren, dann nicht, um sich seinen Auffassungen anzupassen, sondern um auf mögliche Überraschungen vorbereitet zu sein. Vertritt ein Prüfer beispielsweise dezidiert eine andere Position, wird man sich darauf einstellen müssen, die eigenen Ansichten besonders gründlich zu fundieren. Neben dem Gespräch mit anderen Kommilitonen ist der Besuch von mündlichen Prüfungen anderer Kommilitonen ein geeignetes Mittel, um einen zukünftigen Prüfer kennenzulernen. Bei freier Prüferwahl sind umfassende Informationen über mögliche Prüfer vielleicht noch wichtiger, denn sie sind eine grundlegende Hilfe für die Entscheidung, von wem man sich prüfen lassen will. Wir empfehlen, diese Entscheidung nach *inhaltlichen* Präferenzen vorzunehmen (welcher Hochschullehrer beschäftigt sich überwiegend mit dem von mir geplanten Prüfungsthema?). In jedem Fall ist auf die Möglichkeit zu drängen, mit dem Prüfer den Themenbereich intensiv durchzusprechen, wozu auch Hinweise auf wichtige Literatur gehören. Wichtig ist ferner, sich die erarbeiteten Gliederungspunkte bestätigen zu lassen.

Entscheidungskriterien

Faktor 4

Schließlich sollte man **in der (mündlichen) Prüfung** immer versuchen, auf ihren Verlauf aktiv einzuwirken, die Themenschwerpunkte möglichst selbst zu setzen, gegebenenfalls darauf hinweisen, daß eine Frage den Prüfungsrahmen überschreitet. Die Herstellung von Öffentlichkeit in mündlichen Prüfungen ist ein nicht zu unterschätzender Faktor zur Verhinderung von Prüferwillkür.

Die vorangegangenen Ausführungen mögen die Frage aufkommen lassen, warum so viel über die Zeit vor der Prüfung und so wenig zur eigentlichen Prüfung geschrieben wurde? Wir sind der Auffassung, daß der *Vorbereitungsphase* die *entscheidende Bedeutung* bei der Bekämpfung von Prüfungsangst zukommt. Gelingt es in ihr, den Prüfungsstoff zu bewältigen, ist eine inhaltliche – und damit reale – Grundlage gegeben, um Prüfungsangst zurückzudrängen. Appelle an die Willenskraft helfen dagegen wenig. Eine inhaltlich fundierte Vorbereitung ist auch die Basis, um in der Prüfung nicht von Ängsten überwältigt zu werden. Hinweise wie „erst denken, dann sprechen" sind nicht nur banal, sondern auch sinnlos, wenn nicht vor der Prüfung die Voraussetzungen geschaffen wurden, worüber man nachdenken soll. Auf Empfehlungen zur Kleidung, Stimmlage u. ä. wollen wir verzichten.

Übersicht: Von der Themenwahl bis zur Niederschrift

Das nachstehende Schema gilt im Prinzip auch für die Gruppenarbeit. Hier sind allerdings die notwendigen Klärungs- und Diskussionsphasen zwischenzuschalten. Der Diskussion in der Gruppe entspricht – formal – das Gespräch mit dem Dozenten bei Einzelarbeit.

Phase	Operation	Produkt
Themenwahl	Folgende Voraussetzungen klären: – Anlaß – Zweck – Interesse – Zeitplanung (grob)	Thema im Umriß
Themenreflexion	Folgende Fragen klären: – Anforderungen des Themas – eigener Anspruch – Vorkenntnisse zum Thema – erste inhaltliche Vorstellungen entwickeln	Arbeitstitel
Zeitplanung	– Zeitplanung (detailliert)	Zeitplan
Materialsuche	Auf der Grundlage der Themenreflexion und der für die Themenwahl ausschlaggebenden Voraussetzungen beginnt die Suche: – Tertiärliteratur – SyK – ggf. andere Kataloge – Arbeit mit Bibliographien – Schneeballsystem – Literaturhinweise durch Dozenten und Kommilitonen Literaturauswertung I: – kursorisch lesen – Relevanzprüfung – zurückweisen und auswählen	Verfasserkartei Literaturliste

Material-aufnahme = Rezeption und Reflexion	Literaturauswertung II: – studierend lesen – exzerpieren – Notizkarten Reflexion der bisherigen Arbeitsschritte und ihrer Ergebnisse: – Informations- und Kenntnisstand klären – Themenverständnis vertiefen – Fragestellungen festhalten – Differenzen in der Literatur festhalten – erste Schlußfolgerungen festhalten Literaturauswertung III: – selektives Literaturstudium, d. h. – zu offenen Fragen – einzelnen Aspekten	Exzerpte Kommentarkarten Disposition
Material-verarbeitung	Auf der Grundlage des erreichten Kenntnisstandes erfolgt die weitere Durchdringung des Themas: – Strukturierung der Kenntnisse – Erarbeitung des eigenen Argumentationsganges	vorläufige Gliederung
Material-darstellung	Klärung der Darstellungsform in Abhängigkeit von Zweck und Adressat der Arbeit: – Überarbeitung der vorläufigen Gliederung – Gewichtung einzelner Aspekte Schreiben Auf der Grundlage des Rohmanuskripts: – inhaltliche und stilistische Überarbeitung – Klärung der Darstellungsformalia – Belegen – Literaturverzeichnis Schreiben	Rohmanuskript Reinschrift

Glossar

adäquat	angemessen
additives Lernen	Lernverhalten, das schrittweise Einzelheiten, ohne innere Beziehung zwischen ihnen herzustellen, aneinanderreiht. Aufgenommene Kenntnisse bleiben unstrukturiert und unverbunden, eine Übertragung auf andere Bereiche ist somit nicht möglich
Analogie	Entsprechung, Ähnlichkeit
anorganisch	unbelebt
Antriebsprozesse	Prozesse der unmittelbaren Handlungsauslösung (Bedürfnisse, Motive)
Apathie	Gleichgültigkeit, Teilnahmslosigkeit
audiovisuell	auf Ohr und Auge bezüglich
Aversion	Abneigung
Banalität	Selbstverständlichkeit, Alltäglichkeit, Plattheit
bilanzieren	gegenüberstellen, aufrechnen
Chronologie	(hier:) zeitliche Ordnung, Abfolge
Curriculum	eine Beschreibung der Aufgaben organisierter Bildungs- und Erziehungsprozesse in Form geordneter Sequenzen von Lernschritten
Deklination	Formabwandlung (Beugung) des Substantivs, Adjektivs, Pronomens und Numerales
Desiderat	(hier:) Mangel, Lücke
Determinante	Bestimmungsfaktor
Didaktik	„der Zusammenhang all derjenigen Probleme, die auftauchen, sobald irgendwo organisiert gelernt und gelehrt wird." (Giesecke)
Dissertation	wissenschaftliche Arbeit („Erörterung") zur Erlangung des Doktortitels
divergieren	auseinandergehen, abweichen
Erkenntnisprozesse	Prozesse der Handlungsorientierung (Was, Warum, Wie) und Handlungsregulation
Essay	kurze wissenschaftliche oder literarische Abhandlung eines Themas
extrahieren	Auszüge anfertigen
exzeptionell	außergewöhnlich, ausnahmsweise
Gefühlsprozesse	unmittelbar erlebter Ausdruck der subjektiven Beziehungen zu den Objekten und Vorgängen der Realität, zu anderen Menschen und sich selbst
Genesis	Ursprung, Entstehungsgeschichte
Hermeneutik	(a) Verfahren der verstehenden Reinterpretation sprachlicher Dokumente; (b) philosophische Theorie des Sinnverstehens
heterogen	ungleichartig; heterogene Gruppe: Teilnehmer haben ungleiche (Studien-)Voraussetzungen

homogen	gleichartig; homogene Gruppe: Mitglieder verfügen über gleiche oder annähernd gleiche Voraussetzungen
immanent	in der Sache liegend; (hier:) keine Kriterien heranziehen, die nicht im Text enthalten sind
Intention	Absicht, Vorhaben
Interaktion	Wechselbeziehung zwischen zwei oder mehreren Individuen
Interdependenz	gegenseitige Abhängigkeit
intern	innerhalb
Interpunktion	Zeichensetzung
Intervall	(hier:) Zeitspanne, -abstand
Kapazität	(hier:) Fassungsvermögen, Aufnahmefähigkeit
Klassifikation	Einteilung
Kommunikation	Austausch von Informationen
kompensieren	ausgleichen
komprimiert	(hier:) auf das Wesentliche zusammengefaßt
Konjugation	Formabwandlung (Beugung) des Verbs
Konsens	Übereinstimmung
konsistent	in sich schlüssig
Konstituierung	Gründung
Konstitution	(hier:) physische und/oder psychische Verfassung, Widerstandsfähigkeit
Kontext	Zusammenhang
Kriterien	Kriterium: Maßstab, Prüfstein, unterscheidendes Merkmal
Mentalität	Sinnes-, Geistesart, Denk-, Auffassungs-, Anschauungsweise; Geisteshaltung
modifizieren	abwandeln (unter Beibehaltung der Grundstruktur)
Modus	Art und Weise
neurophysiologisch	das materielle Substrat psychischer Prozesse betreffend
Periodika	regelmäßig erscheinende Schriften
prägnant	exakt, treffend, genau
präsumtiv	vermutlich, wahrscheinlich
primär	vorrangig, die Grundlage bildend, wesentlich; ursprünglich; erst . . .
proportional	im gleichen Verhältnis stehend
Psychopharmaka	Arzneimittel, die auf die menschliche Psyche wirken
realiter	in Wirklichkeit
Referateblätter	Zusammenstellung von Hinweisen auf Fachliteratur, die inhaltlich kurz beschrieben (annotiert oder referiert) wird
Reflexion	(hier:) vergleichendes und prüfendes Denken
rekonstruieren	wiederherstellen
Reliabilität	Zuverlässigkeit
reproduzieren	(hier:) wiedergeben
Restriktion	Einschränkung, Beschränkung
Rezeption	Aufnahme
Selektion	Auslese
sensorisch	auf die Sinnesorgane bezogen

Sozialisation	Prozeß der individuellen Aneignung der gesellschaftlichen Bewußtseins- und Verhaltensformen
Steuerungsprozesse	Prozesse der unmittelbaren Ausführungsregulation von Handlungen
subsumieren	unterordnen
subversiv	untergrabend
Sujet	Gegenstand, Stoff einer künstlerischen Darstellung
syntaktisch	den Satzbau betreffend
Validität	Gültigkeit; die Validität einer Messung, eines Tests bringt zum Ausdruck, ob das gemessen wird, was gemessen werden sollte
verbalisiert	mit Worten ausgedrückt

Literaturverzeichnis

AURAS, Sigrid (Hrsg.): Grundlagen der geistigen Arbeit. 3. Aufl. Berlin (DDR): Verlag Die Wirtschaft 1975.

BAER, Hans: Bibliographie und bibliographische Arbeitstechnik. 2. verb. Aufl. Frauenfeld: Huber 1964 (= Bibliothek des Schweizer Buchhandels. 3).

CLAUSS, Günter u. a. (Hrsg.): Wörterbuch der Psychologie. Köln: Pahl-Rugenstein 1976.

DIN 1505. Die Titelangaben von Schrifttum. Richtlinien. Hrsg.: Deutscher Normenausschuß. 3. Ausg. Berlin, Köln: Beuth-Vertrieb 1961.

EDWARDS, Allan L.: Political Frames of Reference as a Factor Influencing Recognition. The Journal of Abnormal and Social Psychology 36 (1941) 1, S. 34–50.

ETZEL, Gerhard: Zur Wirkung kognitiver Schemata auf Behalten und Erinnern bei der Verarbeitung von Informationen. In: Komplexe menschliche Informationsverarbeitung. Beiträge zur Tagung „Kognitive Psychologie" in Hamburg 1978. Hrsg.: H. Ueckert, D. Rhenius. Bern, Stuttgart, Wien: Huber 1979.

FILL, Karl: Einführung in die Anwendungstechnik der Dezimalklassifikation. In: Dezimalklassifikation. DK-Handausgabe. Internationale mittlere Ausgabe der universellen Dezimalklassifikation. Hrsg.: Deutscher Normenausschuß. Bd. 1: Systematische Tafeln. Berlin, Köln: Beuth-Vertrieb 1967.

FLECHTNER, Hans-Joachim: Memoria und Mneme. Bd. 1: Gedächtnis und Lernen in psychologischer Sicht. Stuttgart: Hirzel 1974.

FRIEDRICH, Walter; HENNIG, Werner: Der sozialwissenschaftliche Forschungsprozeß. Zur Methodologie und Organisation der marxistisch-leninistischen Sozialforschung. Berlin (DDR): Deutscher Verlag der Wissenschaften 1975.

GALPERIN, Pjotr Jakowlewitsch: Die Entwicklung der Untersuchungen über die Bildung geistiger Operationen. In: Ergebnisse der sowjetischen Psychologie. Hrsg.: H. Hiebsch. Berlin (DDR): Akademie Verlag 1967.

GRESCHAT, Martin u. a.: Studium und wissenschaftliches Arbeiten. Eine Anleitung. 2. Aufl. Gütersloh: Gütersloher Verlagshaus Mohn 1970.

GRONEMEYER, Marianne: Motivation und politisches Handeln. Grundkategorien politischer Psychologie. Hamburg: Hoffmann & Campe 1976 (= Kritische Wissenschaft).

HECKHAUSEN, Heinz: Förderung der Lernmotivierung und der intellektuellen Tüchtigkeiten. In: Begabung und Lernen. Hrsg.: H. Roth. 9. Aufl. Stuttgart: Klett 1974.

HERZ, Otto; REIF, Karlheinz; SADER, Manfred (Hrsg.): Lernen in der Hochschule. Beiträge und Vorschläge aus motivationspsychologischer Sicht. Hamburg: Arbeitskreis für Hochschuldidaktik 1972 (= Blickpunkt Hochschuldidaktik. 22).

HOLZKAMP-OSTERKAMP, Ute: Grundlagen der psychologischen Motivationsforschung 1. Frankfurt am Main, New York: Campus Verlag 1975 (= Campus Studium. 520).

HOLZKAMP-OSTERKAMP, Ute: Grundlagen der psychologischen Motivationsforschung 2. Die Besonderheit menschlicher Bedürfnisse. Problematik und Erkenntnisgehalt der Psychoanalyse. Frankfurt am Main, New York: Campus Verlag 1976 (= Campus Studium. 521).

JESSE, Andreas: Informationen systematisch gewinnen. Leitfaden für Studenten aller Fachrichtungen. Reinbek: Rowohlt 1975 (= Vieweg Basiswissen. 18).

KOSSAKOWSKI, Adolf: Über persönlichkeitstheoretische Grundlagen der Pädagogischen Psychologie. In: Ideologisch-theoretische und methodologische Probleme der Pädagogischen Psychologie. Hrsg.: A. Kossakowski, J. Lompscher. 4. Aufl. Berlin (DDR): Deutscher Verlag der Wissenschaften 1975.

LEONTJEW, Alexejew N.: Probleme der Entwicklung des Psychischen. Mit einer Einführung von Klaus Holzkamp und Volker Schurig. Frankfurt am Main: Fischer Athenäum Taschenbuch Verlag 1973 (= FAT. 4018).

LEWIN, Jerome M.; MURPHY, Gardner: The Learning and Forgetting of Controversial Material. The Journal of Abnormal and Social Psychology 38 (1943) 4, S. 507–517.

LÖWE, Hans: Einführung in die Lernpsychologie des Erwachsenenalters. 5. Aufl. Berlin (DDR): Deutscher Verlag der Wissenschaften 1974.

LOOSJES, Th. P.: Dokumentation wissenschaftlicher Literatur. München: Bayerischer Landwirtschaftsverlag 1962.

MORIN, Robert E.: Factors Influencing Rate and Extent of Learning in the Presence of Misinformative Feedback. Journal of Experimental Psychology 49 (1955) 5, S. 343–351.

RIECHERT, Johannes; SCHWARZ, Kurt: Erfolgreich studieren – sich qualifizieren. Eine Anleitung. 4. durchges. Aufl. Leipzig: Deutscher Verlag für Grundstoffindustrie 1973.

ROLOFF, Heinrich: Lehrbuch der Sachkatalogisierung. 4. überarb. Aufl. München-Pullach: Verlag Dokumentation 1976.

ROSENFELD, Gerhard: Theorie und Praxis der Lernmotivation. Ein Beitrag zur Pädagogischen Psychologie. Berlin (DDR): Deutscher Verlag der Wissenschaften 1964.

RUBINSTEIN, Sergej L.: Grundlagen der allgemeinen Psychologie. 7. Aufl. Berlin (DDR): Verlag Volk und Wissen 1971.

RUBINSTEIN, Sergej L.: Sein und Bewußtsein. Die Stellung des Psychischen im allgemeinen Zusammenhang der Erscheinungen in der materiellen Welt. 7. Aufl. Berlin (DDR): Akademie Verlag 1973.

RÜCKRIEM, Georg: Lernbedingungen im Erwachsenenalter. Hrsg.: Evangelische Arbeitsstelle Fernstudium für kirchliche Dienste. Hannover 1975 (= Fernstudium für Mitarbeiter in der Erwachsenenbildung. Lehrgang A. Studienbrief. 2).

SADER, Manfred u. a.: Kleine Fibel zum Hochschulunterricht. Überlegungen, Ratschläge und Modelle. 3. verb. Aufl. München: Beck 1973 (= Beck'sche Elementarbücher).

SCHOCH, Gisela: Die Informationsmittel einer Universitätsbibliothek. Ihre Nutzung durch die studentischen Leser. Dargestellt am Beispiel der Staats- und Universitätsbibliothek Hamburg. München-Pullach: Verlag Dokumentation 1971 (= Bibliothekspraxis. 2).

SEIFFERT, Helmut: Einführung in das wissenschaftliche Arbeiten. Bibliographie – Dokumentation – Manuskript. Mit einem Abschnitt Datenverarbeitung von Benno Bachmair. 2. durchges. Aufl. Braunschweig: Vieweg 1976 (= uni-text).

SINTSCHENKO, P.I.: Probleme der Gedächtnispsychologie. In: Ergebnisse der sowjetischen Psychologie. Hrsg.: H. Hiebsch. Berlin (DDR): Akademie Verlag 1967.

VERRES-MUCKEL, Marita: Lernprobleme Erwachsener. Befunde und Konzepte für die praktische Arbeit. Stuttgart, Berlin, Köln, Mainz: Kohlhammer 1974.

WILCKE, Bernd-Achim: Studienmotivation und Studienverhalten. Göttingen, Toronto, Zürich: Hogrefe 1976 (= Motivationsforschung. 5).

Veröffentlichungen des „Projekts Studientechniken" (ProSt):

FRANCK, Norbert; RÜCKRIEM, Georg; STARY, Joachim (1977): Literaturbericht: Wissenschaftliches Arbeiten. Das Argument. H. 103, S. 382–386.

FRANCK, Norbert; STARY, Joachim (1978): Wissenschaftliches Arbeiten. Hilfen gegen die „Schwellenangst". Betrifft: Erziehung. H. 7, S. 68–75.

FRANCK, Norbert (1978): Lernen und Studierfähigkeit. Das TIPS-PROJEKT. Informationen zur Hochschuldidaktik. H. 3, S. 97–101.

FRANCK, Norbert; STARY, Joachim (1979). Vermittlung von Studientechniken. Informationen zur Hochschuldidaktik. H. 3, S. 107–112.

FRANCK, Norbert; RÜCKRIEM, Georg; STARY, Joachim (1979) Studientechniken. Ein hochschuldidaktisches Problem in beiden deutschen Staaten. Pädagogik und Schule in Ost und West. H. 4, S. 92–100.

FRANCK, Norbert; STARY, Joachim (1980): Studientechniken. Eine Analyse internationaler Forschung zu ihrer Bedeutung. Hamburg: AHD. (= Hochschuldidaktische Forschungsberichte 15).

RÜCKRIEM, Georg (1980): Vorwort zu N. Franck, J. Stary: Studientechniken. Eine Analyse internationaler Forschung zu ihrer Bedeutung. Hamburg AHD.

STARY, Joachim (1980): Wissenschaftliches Arbeiten (Rez.). Betrifft: Erziehung. H. 3.

FRANCK, Norbert; STARY, Joachim (1981): Vermittlung von Studientechniken II. Informationen zur Hochschuldidaktik. H. 1, S. 27–33.

FRANCK, Norbert; STARY, Joachim (1981): Umgang mit Texten. Bericht über einen Kurs für nebenamtliche Dozenten in der Erwachsenenbildung im Rahmen der universitären Erwachsenenbildung. Erwachsenenbildung. H. 2, S. 105–107.

FRANCK, Norbert; RÜCKRIEM, Georg; STARY, Joachim (1981): Projekt Studientechniken. Beiträge. Berlin: Hochschule der Künste 1981 (= Materialien 1/81).

FRANCK, Norbert; RÜCKRIEM, Georg; STARY, Joachim (1981): Methoden, Strategien und Verfahren der Bearbeitung wissenschaftlicher Texte und Themen aus dem Bereich der Weiterbildung. Studieneinheit für das Fernstudium an der Fernuniversität Hagen. Hagen. 2 Tle.

FRANCK, Norbert (1981): Das Problem des Übergangs von der Schule zur Hochschule. Das Argument, Sonderband 58: „Die Wertfrage in der Erziehung“. Berlin, S. 194–204.

FRANCK, Norbert; STARY, Joachim (1982): Propädeutik. Studieren lernen in Studieneinführungsveranstaltungen. Hamburg: AHD (= Hochschuldidaktische Forschungsberichte 21).

FRANCK, Norbert; STARY, Joachim (1982): Forschung und Lehre im Bereich Studientechniken. In: Projekt Studientechniken. Beiträge II. Berlin: Hochschule der Künste (= Materialien 2/82), S. 24–32.

FRANCK, Norbert; STARY, Joachim (1982): Studientechniken-Literatur in der UdSSR. In: Materialien 2/82, S. 48–56.

FRANCK, Norbert; STARY, Joachim (1982): Studieren ist ein seltsames „Spiel“. In: Materialien 2/82, S. 66–135.

STARY, Joachim (1982): Kognitive Strategien und Stile studentischen Lernens. Auswahlbibliographie. In: Materialien 2/82, S. 62–65,

STARY, Joachim; RICHTER, Meinhard (1982): „$a^2 + b^2 = c^2$, damischer Hirsch“. (Rez.) Unterrichtswissenschaft H. 4.

FRANCK, Norbert; RÜCKRIEM, Georg; STARY, Joachim (1982): Projekt Studientechniken. Beiträge III. Joachim Stary: Bibliographie pädagogischer Bibliographien. Berlin: Hochschule der Künste (= Materialien 2/82).

ANHANG

Lösungen und Muster

1. a) Arbeiterbildung
Weiterbildung
Erwachsenenqualifizierung
Andragogik
Zweiter Bildungsweg
Erwachsenenunterricht

b) Gegenschule
Freie Schule
Entschulung
Antiautoritäre Erziehung
Alternativschulen
Schulversuch
Reformpädagogik

2. Lehrplan – Curriculum
Unterrichtslehre – Didaktik
Alterforschung – Gerontologie
Gefühl – Emotion

3. Eine Einschränkung auf eine bestimmte pädagogische Zeitschrift läßt sich vom Thema her nicht vornehmen.
   a) Der „BIB-report" weist keinen Aufsatz zu diesem Thema nach. Sie hätten unter folgenden Schlagwörtern im Sachindex suchen müssen: „Hochschul-. . ." und „Reform".
   b) Die „Bibliographie Pädagogik" weist den Titel nach: Bibliographie Pädagogik. 10(1975)01.S.3.bp75-01-0044.
   c) Die „IBZ" kann diesen Aufsatz noch nicht abweisen, da der Berichtszeitraum erst bis 1974 reicht.

4. Die Überschrift unterscheidet sich nicht vom Text. Es fehlt auf der linken Seite Platz zum Lochen, rechts ist kein Raum für eigene Bemerkungen und Literaturhinweise. Die Notizen sind zu eng geschrieben, es fehlt der Raum für Nachträge. Es wurde zuviel mitgeschrieben, keine Abkürzungen u. ä. benutzt.

Unser Vorschlag:

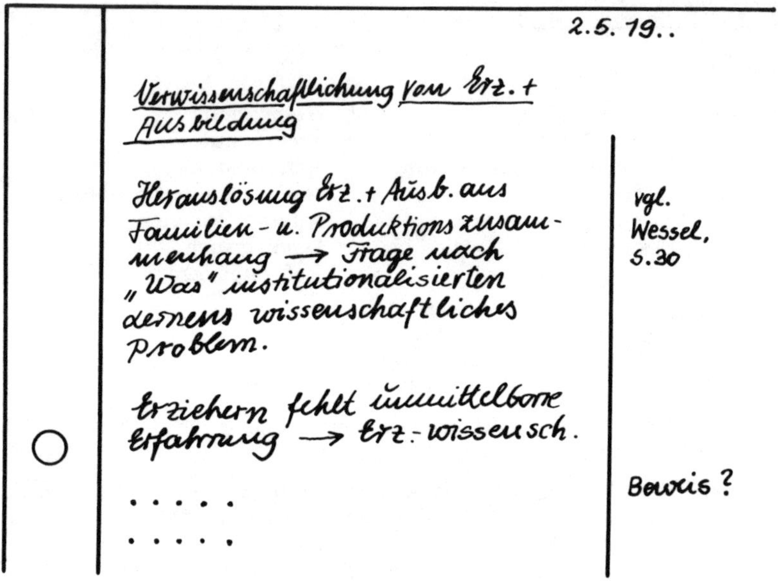

5. a) Ein Literaturverzeichnis enthält die zum Thema benutzte Literatur.

   Dazu gehören:
   - gelesene Literatur,
   - in Auszügen gelesene Literatur,
   - zitierte Literatur,
   - statistisches Material,
   - mündliche Informationen.

   b) Wenn der Beleg am Fuße der betreffenden Seite steht.
   Vielleicht haben Sie bemerkt, daß die Angaben
   (1.) unmittelbar unter einer Überschrift zu finden bzw.
   (2.) im Text hervorgehoben sind.

6. Unser Vorschlag: Wesen pädagogischer Einwirkungen.
Sämtliche Aussagen beziehen sich auf pädagogische Einwirkungen. Aus diesem Grund muß „pädagogische Einwirkungen“ im Schlagwort auftauchen. Ohne zusätzliche Kennzeichnung wäre das Schlagwort allerdings zu vage, da hier inhaltliche Kennzeichnungen

vorgenommen werden. Da aber die Inhalte zu vielfältig sind, um als Inhalte ins Schlagwort aufgenommen zu werden, sie andererseits aber die pädagogischen Einwirkungen in ihrem grundlegenden Gehalt kennzeichnen, wählen wir den Zusatz „Wesen".

7. Fundort (Bibliothek, Freunde, Bekannte) und Signatur.

8. Unser Vorschlag:
   Das Spezifikum menschlicher Entwicklung liegt darin, daß die Substanz zur Menschwerdung nicht im, sondern außerhalb des Individuums liegt, in dem akkumulierten „gesellschaftlichen Erbe" („Produktivkräfte, gesellschaftliche Beziehungen, Sprache und Wissen, Institutionen usw."). Im Prozeß der An-Eignung des gesellschaftlichen Erbes vollzieht sich die psychische Entwicklung zum Menschen (= Übergang von der „internen, erblichen Ansammlung von psychischen Eigenschaften zu einer externen, gesellschaftlich vermittelten"). (S. 90)

9. Weitere Möglichkeiten:

   Bildung(s)

– Ausgaben	– Interesse
– Reform	– und Gesellschaft
– Forschung	– und Herrschaft
– Soziologie	– Wesen in der BRD (Struktur)
– Privileg	– Abstinenz

   Diese Schlagwörter können selbst wiederum als Oberbegriffe dienen und weiter aufgegliedert werden. Z. B.:

Bildungsplanung	Bildungsreform
– Notwendigkeit	– Verlauf nach '45
– Grenzen	– Determinanten
– Organisation	– demokratische
– Entwicklung	– Eckpfeiler offizieller
– Kritik bürgerlicher	– Liquidierung
. . .	. . .

10. Die Klammer enthält einen erläuternden Zusatz und muß deshalb vom Zitierenden durch einen entsprechenden Vermerk (z. B.: d. Verf.) gekennzeichnet werden: (positivistischer Ansatz, d. Verf.).

11. Der Autor betont, „. . . daß der Studienerfolg in hohem Maße abhängt von den Lerneinstellungen und Lerngewohnheiten . . .".
    In unserem Beispiel handelt es sich um Auslassung eines Satzanfangs („. . .) und die Auslassung eines Satzendes (. . .".).

12. Die Zusätze „d. Verf." sind hier unangebracht, da es sich nicht um eine erläuternde Ergänzung des Zitierenden, als vielmehr um eine

Anpassung an die syntaktische Struktur des eigenen Textzusammenhangs handelt:
Deshalb kommen „(der) Klärung und (dem) Erwerb adäquater Lerngewohnheiten . . .“ eine große Bedeutung bei.

13. Fremdsprachliche Ausdrücke und Titel müssen hervorgehoben werden:
Wenn SIEBERT in den „Hessischen Blättern für Volksbildung“ auf den großen Stellenwert der „education permanente“ hinweist, dann . .

Intervallprotokoll (zu S. 71)

Sachkunde: Sozialkundlicher und muttersprachlicher Bereich. Grundschule, 4. Klasse, 1976

Thema der Stunde: Vater ist auch nur ein Mensch (Bildungsgeschichte) v. E. O. Plauen

Zeit	Zählwerk	Text (und Bemerkungen)
Beginn	045	(L präsentiert ein Bild über OH-Projektor)
57"	066	*Was seht ihr denn auf diesem Bild? – Marius?*
1'	068	Da ist August und da ist seine Frau – äh und da die essen grad und da fehlt es – übern andern Stuhl, übern dritten Stuhl ist ein Fragezeichen, da soll man bestimmt – äh – raten oder sagen, wer da hin – sitzt.
1'30"	078	*August nennst du den, könn' wir sagen – August und seine Frau, ja? – Wollen wir ihn so n e n n e n?*[1] *Ja?* (Zustimmung der Schüler: mh)
		Und Marius meint, die essen gerade, was meinen die anderen? –– Melanie? – Daniela? Daniela: Die wollen gerad' anfangen, und die Mutter sagt zum August, er soll mal nach dem Sohn gucken.
2'	088	*Mh. Woher weißt'n, daß sie den Sohn meint? Woher weißt'n, daß sie nicht 'ne Tochter* h a b e n? – *Christina?* Christina: Weil sie bestimmt das Buch hat.
		Ach so. – Wenn man das Buch nun nicht hätte? –– Marius? Marius: Da würd' man sagen, da sitzt'n – dies Kind von ihnen. –––
2'30"	099	*Wir haben also die Mutter* (Tafelanschrift) – *den Vater – und noch eine dritte Person,* j a. ––– (Lehrer präsentiert zwei Bilder über OH-Projektor.
3'	108	L a c h e n der SS)
		Katharina? Katharina: Jetzt geht der August den Sohn holen.
3'30"	119	*Mhm. Seinen Sohn, ja. – W a s macht'n der grade der Sohn? David?* David: Der liest.

1 gesperrtes Wort = Zeitfixierung

Ja. –– Was meint ihr denn, was die Mutter gerne tun möchte auf dem ersten Bild? –– Robert?
Robert: Die sagt vielleicht zu August, daß er den Sohn
4' 128 holen soll.

Ja, und warum? –– Daniela?
Daniela: Weil's Essen gibt!

Ähmh. Mutter möchte essen! Ja? Oder meint jemand, daß die Mutter etwas anderes machen möchte? –– Schreiben wir mal auf: essen. Wie sieht's denn mit dem August aus? –– Andrea?
Andrea: Der August ist ganz böse, daß er noch mal vom
4'30" 138 Tisch aufstehen muß und seinen Sohn holen, suchen soll.

Er sieht böse aus, findest du. Er will auch essen?
Mhm (ein Schüler stimmt zu) ––

Und der Sohn, was möcht' der gern' tun? –– Stefan?
Stefan: Der möchte gerne lesen. ––
(L schreibt an der Tafel)

5' 147 *Kennt ihr sowas, habt ihr sowas schon mal erlebt? Daß euch mal einer weggeholt hat, als ihr grad' was schönes gemacht habt? –– Stephanus?*
Stephanus: Ja. Schon oft. – *Ja, erzähl mal.* –
Ja, da, da hab' ich gerade, äh – da hab ich gerade gelesen, und vorher da war's, war's gar nicht – ganz uninteressant und
5'30" 157 gar nicht spannend, – und – da hat meine Mutter gesagt, kannst ruhig lesen. Und als es spannend wurde, hat meine Mutter gesagt: „Komm jetzt, jetzt essen wir Mittag." Und da wollt' ich weiterlesen, aber – und dann sind wir weggegangen, und dann bin ich gar nicht mehr dazu gekommen.

Hat noch jemand so 'was erlebt? – Marius!
Marius: Da war ich äh – hatt' ich grad son Heft gekriegt,
6' 166 und das wollt' ich mir durchlesen – das war so gut, da war was über Flugzeuge drin – und da hab ich das gelesen und da hat, äh – ist meine Schwester gekommen und hat gesagt, jetzt gibt's Essen. Und da hab' ich gesagt, mh ich komm' gleich, und da habe ich dann -mhm- doch noch weitergelesen und da ist mein Vater dann gekommen und hat gesagt: „Jetzt kommste aber!" Und da mußte ich essen gehen. Und dann bin ich gar nicht mehr dazu gekommen, denn da mußt' ich
6'30" 175 wieder aufhören, zum Geburtstag, hatte mein Cousin grad, da war ich, das war son Heft von . . . . .

Noch einer? ! – Astrid!

Astrid: Na, ich hab mal draußen gespielt mit meiner Schwester und da kam meine Mutter raus und hat gesagt, ich muß Klavierspielen. Und dann bin ich runtergegangen und da habe ich Klavier gespielt und dann war es schon so spät, und dann mußte
7’ 184 ich Abendbrot essen. Und dann konnte ich auch nicht mehr.

Wie war euch denn da so zumute? – Oder was können die anderen sich vorstellen, wie den Dreien zumute war, als sie da so weggeholt wurden? – Andrea?

Andrea: Sie waren bestimmt böse, daß sie nicht mehr weiterspielen oder weiterlesen können. –

Landesbildstellen (zu S. 90)

Landesbildstelle Berlin
Wikingerufer 7
1000 Berlin 21

Landesbildstelle Bremen
Uhlandstr. 53
2800 Bremen

Staatliche Landesbildstelle Nordbayern
Josephsplatz 8
8580 Bayreuth

Landesbildstelle Rheinland
Prinz-Georg-Str. 80
4000 Düsseldorf

Staatliche Landesbildstelle Hessen
Gutleutstr. 8–12
6000 Frankfurt am Main 1

Staatliche Landesbildstelle Hamburg
Kieler Str. 171
2000 Hamburg 54

Landesbildstelle Saarland
Am Staden 27
6600 Saarbrücken 3

Niedersächsisches Landesverwaltungsamt – Landesbildstelle
Gellertstr. 20
3000 Hannover

Landesbildstelle Baden
Rastatter Str. 25
7500 Karlsruhe 51

Landesbildstelle Rheinland-Pfalz
Hofstr. 257
5400 Koblenz

Staatliche Landesbildstelle Südbayern
Prinzregentenplatz 12
8000 München 8

Landesbildstelle Westfalen
Fürstenbergstr. 10
4400 Münster

Landesbildstelle Württemberg
Landhausstr. 70
7000 Stuttgart

Landesbildstelle Schleswig-Holstein
Schloß
2300 Kiel 1

Verzeichnis: Pädagogische Dokumentationsstellen (zu S. 95)

Bundesinstitut für Berufsbildungsforschung
Fehrbelliner Platz 3
1000 Berlin 31

Max-Planck-Institut für Bildungsforschung
Lentzeallee 94
1000 Berlin 33

Pädagogisches Zentrum (PZ)
Uhlandstr. 96–97
1000 Berlin 31

Institut für Didaktik der Mathematik (IDM)
Heidsieker Heide 94
4800 Bielefeld 15

Institut für Pädagogik der Universität Bochum (IPB)
Universitätsstr.
4630 Bochum

Georg-Eckert-Institut für internationale Schulbuchforschung
Rebenring 53
3300 Braunschweig

Bundesministerium für Bildung und Wissenschaft (BMBW)
Stresemannstr. 2
5300 Bonn Bad Godesberg

Westdeutsche Rektorenkonferenz (WRK)
Ahrstr. 39
5300 Bonn Bad Godesberg

Koordinierungsstelle Sekundarstufe II (KOSEK II)
Nordstr. 88
4000 Düsseldorf

Landesinstitut für schulpädagogische Bildung – Institut für Lehrerfortbildung
Luisenstr. 23
4000 Düsseldorf

Pädagogische Arbeitsstelle des Deutschen Volkshochschul-Verbandes e.V. (PAS des DDV)
Holzhausenstr. 21
6000 Frankfurt/M 1

Institut für Film und Bild in Wissenschaft und Unterricht (FWU)
Bavaria-Film-Platz 3
8022 Grünwald

UNESCO-Institut für Pädagogik
Feldbrunnenstr. 70
2000 Hamburg 13

HIS GmbH (Hochschul-Informations-System)
Goseriede 9
3000 Hannover 1

Forschungszentrum für Rehabilitation und Prävention, Stiftung Rehabilitation
Bonhoefferstr.
6900 Heidelberg 1

Institut für die Pädagogik der Naturwissenschaften an der Universität Kiel (IPN)
Olshausenstr. 40–60
2300 Kiel 1

Informationszentrum für Fremdsprachenforschung der Philipps-Universität (IFS)
Liebigstr. 37
3550 Marburg

Deutsches Jugendinstitut (DJI)
Saarstr. 7
8000 München 40

Staatsinstitut für Schulpädagogik (ISP)
Arabellastr. 1
8000 München 81

Deutsches Institut für wissenschaftliche Pädagogik (DIP)
Kardinal-von-Galen-Ring 45
4400 Münster

Duisburger Lehrerbücherei in der Stadtbibliothek Duisburg
Düsseldorfer Str. 5–7 und Börsenstr. 7
4100 Duisburg 1

Deutsches Institut für Internationale Pädagogische Forschung
Schloßstr. 29
6000 Frankfurt/M 90

Institut für Arbeitsmarkt- und Berufsforschung der Bundesanstalt für Arbeit (IAB)
Regensburgerstr. 104
8500 Nürnberg

Forschungsstelle für Auslandsschulwesen an der Universität Oldenburg (FO)
Ratsherr-Schultze-Str. 7
2900 Oldenburg

Die Dezimalklassifikation (DK)[1] (zu S. 101)

Die international verbreitetste Klassifikationsart ist die DK. In zahlreichen National- und Fachbibliographien sowie verschiedenen Fachbibliotheken findet sie ihre Anwendung.
Die nachstehenden Ausführungen zum Aufbau der DK sollen einen ersten Überblick über das Wesen dieser Klassifikationsart geben. Auf ihr ziemlich kompliziertes Regelwerk wollen wir hier nicht eingehen, zumal dem Benutzer einer nach der DK geordneten Bibliothek diese Mühe durch einen Schlagwort- und einen Alphabethischen Katalog abgenommen wird.

Die wesentlichen Eigenschaften, die den internationalen Rang der DK bestimmen, sind ihre *Universalität,* d. h. sie umfaßt alle Gebiete des menschlichen Wissens, und die *Kontinuität ihrer Entwicklung,* d. h. sie erfuhr seit ihrer ursprünglichen Entwicklung durch den Bibliothekar Melvil Dewey im Jahre 1876 eine ständige Weiterentwicklung im Sinne einer beträchtlichen Erweiterung ihrer Untergliederung.

Die DK ist nach dem dekadischen System (Zehnereinteilung) gegliedert. Grundlage der gesamten Klassifikation sind die zehn Hauptabteilungen, die in der von Dewey entwickelten Form noch heute gültig sind.[2]

Es sind folgende Hauptabteilungen:

0 Allgemeines
1 Philosophie
2 Religion · Theologie
3 Sozialwissenschaften · Recht · Verwaltung
4 nicht belegt

---

1 Die nachfolgenden Ausführungen folgen im wesentlichen der Darstellung von Karl FILL.

2 Hierbei darf nicht übersehen werden, daß diese Einteilung „. . . in ihrer Auswahl und Abgrenzung das Weltbild jener Zeit . . .“ widerspiegelt (FILL, S. 10), ein Tatbestand, der den Kernpunkt heutiger Kritik an der DK darstellt. So ist beispielsweise FILL der Auffassung, daß bei einem heute neuzuschaffenden Klassifikationssystem den Naturwissenschaften ein erheblich größerer Raum einzuräumen sei (S. 10), während hingegen Wissenschaftler aus sozialistischen Ländern „. . . aufgrund der bürgerlich-idealistischen Konzeption . . .“ der DK insbesondere die Gesellschaftswissenschaften unterrepräsentiert sehen (RIECHERT/SCHWARZ, S. 82).

5 Mathematik · Naturwissenschaften
6 Angewandte Wissenschaften · Medizin · Technik
7 Kunst · Kunstgewerbe · Photographie · Musik · Spiel · Sport
8 Sprachwissenschaft · Philologie · Schöne Literatur (Wortkunstwerke) · Literaturwissenschaft
9 Heimatkunde · Geographie · Biographien · Geschichte

Jede Hauptabteilung wird durch das Anhängen der Ziffern von 0 bis 9 weiter gegliedert. Z. B.:

3 Sozialwissenschaften · Recht · Verwaltung
30 Soziologie · Soziale Frage · Soziographie
31 Statistik
32 Politik
33 Volkswirtschaft
34 Recht · Rechtswissenschaft
35 Öffentliche Verwaltung · Kriegskunst · Kriegswissenschaften
36 Fürsorge · Volkshilfe · Soziale Bewegungen · Versicherung
37 Erziehung · Unterricht · Freizeitgestaltung
38 Handel · Verkehr
39 Völkerkunde · Volkskunde · Sitte · Brauchtum · Volksleben

Je nach Komplexität des Sachverhaltes wird weiter untergliedert, verlängert sich die DK-Zahl.

Die DK begreift sich als eine hierarchische Klassifikation, „. . . bei der das Prinzip der Begriffsleiter verwendet wird. Hierbei ist ein Oberbegriff so gewählt, daß ihm eine Reihe anderer Begriffe untergeordnet werden kann, von denen jeder nur einen Teil des Oberbegriffs umfaßt. Jeder dieser Unterbegriffe kann seinerseits Oberbegriff werden . . .“. (FILL, S. 12)

z. B.: 371 = Organisation des Erziehungs- und Bildungswesens · Schulwesen

Oberbegriff zu:

371.1 = Organisation des Unterrichts
371.2 = Formen der vorschulischen Erziehung
371.3 = Erste Schulstufe
usw.

371.2 = Formen der vorschulischen Erziehung

Oberbegriff zu:

371.22 = Säuglingskrippen
371.23 = Kleinkindergärten
371.24 = Kindergärten
usw.

Heute umfaßt die DK ca. 150 000 Sachverhalte als einfache DK-Zahlen.[3] In Bibliotheken, die ihre Bestände nach der DK ordnen entspricht die DK-Zahl der üblichen Standortsignatur oder Notation. Die Ermittlung gesuchter Titel zu einem bestimmten Gegenstand kann vom Benutzer sowohl über die DK-Systematik als auch über den eingangs bereits genannten Schlagwortkatalog vollzogen werden.

Übersicht der Abteilung 37 (= Erziehung · Bildung · Unterricht · Freizeitgestaltung) bis zur vierten Ziffer

37.01	= Grundlagen der Erziehung
37.02	= Allgemeine Fragen der Didaktik und Methodik
37.03	= Bildung der Intelligenz und der Persönlichkeit
37.04	= Erziehung im Hinblick auf den zu Erziehenden · Beratung
37.05	= Schulträger
37.06	= Gesellschaftliche Probleme · Kontakte
37.07	= Verwaltungsfragen
37.08	= Personalfragen
371	= Organisation des Erziehungs- und Bildungswesens · Schulwesen
371.1	= Leitung · Lehrer · Sonstiges Personal
371.2	= Organisation der Bildungseinrichtungen und des Unterrichts
371.3	= Lehrverfahren · Unterrichtsformen · Formen des Bildungserwerbs
371.4	= Erziehungssysteme
371.5	= Schulordnung · Disziplin als Erziehungsmittel
371.6	= Lage · Grundstücke · Schulgebäude · Ausstattung · Lehrmittel
371.7	= Gesundheitszustand und -pflege von Schülern und Studierenden
371.8	= Leben von Schülern und Studierenden
372	= Inhalte und Tätigkeitsformen in der vorschulischen Erziehung und im Anfangsunterricht
372.3	= Beschäftigungen im Vorschulalter
372.4	= Anfangsunterricht
372.8	= Weitere Unterrichtsfächer
373	= Allgemeinbildende Schularten
373.1	= Organisation des Unterrichts
373.2	= Formen der vorschulischen Erziehung
373.3	= Erste Schulstufe
373.4	= Übergang zur zweiten Schulstufe
373.5	= Zweite Schulstufe
373.6	= Fachunterricht
374	= Bildung und Erziehung außerhalb der Schule
374.1	= Organisatorische Formen der Selbstbildung und Bildung in Gruppen
374.3	= Jugendbildung
374.7	= Erwachsenenbildung

---

3 Nach drei Ziffern wird der Übersichtlichkeit wegen ein Punkt gesetzt. Man spricht von einfachen DK-Zahlen, wenn neben diesem Punkt keine weiteren Zeichen und Symbole in der Zahl auftreten.

375	= offen
376	= Erziehung, Bildung und Unterricht besonderer Gruppen von Personen
376.1	= Organisation
376.2	= Erziehung von Personen mit Körper- und Gliederbehinderungen
376.3	= Erziehung von Personen mit Sinnes- und Nervenbehinderung
376.4	= Erziehung von Personen, die geistig behindert sind
376.5	= Erziehung von Personen mit Anpassungsschwierigkeiten
376.6	= Erziehung von Personen in besonderen Sozialumständen
376.7	= Erziehung von nationalen Sondergruppen, von Minderheiten
377	= Fachausbildung · Berufsausbildung · Berufsbildende Schularten
377.1	= Organisation der Bildungsarbeit
377.2	= Ausbildung, die nicht zu qualifizierenden Berufen führt
377.3	= Ausbildung von Facharbeitern, kaufmännischen Angestellten usw.
377.4	= Fortbildung und Umschulung von Facharbeitern · Fachschulen · Meisterschulen
377.5	= Weiterführende Berufsausbildung zur Bildung von mittleren Führungskräften
377.6	= Fachausbildung im Anschluß an die Hochschulreife
377.8	= Lehrerausbildung · Lehrerseminare
378	= Hochschulwesen · Wissenschaftlicher Unterricht
378.1	= Organisation des Unterrichts
378.2	= Grade · Berechtigungen
378.3	= Stiftungen · Stipendien
378.4	= Universitäten
378.6	= Fachhochschulen

Thesen (zu S. 145)

(Vgl. die Textgrundlage in Exzerptform S. 225 f.)

1. Bei den Funktionsbestimmungen von Hochschulprüfungen (HP) ist zwischen offiziell ausgewiesenen und real wirkenden Funktionen zu unterscheiden. Es können drei hauptsächliche Funktionen von HP benannt werden: eine Rekrutierungsfunktion, eine pädagogische und eine Herrschaftsfunktion.[1]
2. HP dienen der Auslese des akademischen Nachwuchses, sie entscheiden über den weiteren Ausbildungs- und Berufswerdegang (Rekrutierungsfunktion).

2.1. Um zu diesem Zwecke als angemessenes Entscheidungsmittel zu fungieren, um tatsächlich – wie dies erklärt wird – nur Leistungen als Auslesekriterium heranzuziehen, muß gesichert sein, daß sie dem Gütemaßstab Objektivität, Reliabilität und Validität nachkommen. Diesen Anforderungen werden sie aber erwiesenermaßen nicht gerecht.

2.2. Daß HP trotzdem in der gegenwärtigen Form grundsätzlich beibehalten werden, hat seine Ursache darin, daß sie als geeignetes Mittel zur Aufrechterhaltung der sozialen und Bildungshierarchie dienen und dabei gleichzeitig den Anschein erwecken, sozial bedingte Unterprivilegierung sei Resultat des eigenen Leistungsvermögens.

3. HP dienen der Steuerung des Studiums (pädagogischen Funktion).

3.1. Um in dieser Funktion pädagogischen und lernpsychologischen Erkenntnissen zu entsprechen, wären es zentrale Aufgaben, den Studierenden eine Rückmeldung über den erreichten Studienstand, Entscheidungskriterien für das weitere Studium an die Hand zu geben. Diesem Anspruch wird das gegenwärtige System der HP nicht gerecht. Aufgrund ihrer Selektionsfunktion wird das Bestehen einer Prüfung zu einem Ziel an sich, mit der Konsequenz, daß in jeder Hinsicht negative Lernhaltungen erzeugt werden.

3.2. Dieser Tatbestand kann als durchaus funktional angesehen werden: Die Aufrechterhaltung etablierter Strukturen kann es notwendig machen, die künftige Intelligenz – statt ihr ein kritisches Studium zu ermöglichen – darauf vorzubereiten, willig fremde Zielsetzungen zu akzeptieren, sie in Prestige- und Konkurrenzverhalten einzuüben.

---

1 Die Thesen greifen hier – anders als das Exzerpt – dem Darstellungsverlauf vor (auf die Behandlung der Herrschaftsfunktion verzichten wir hier, da auch das Exzerpt nur die beiden ersten Funktionen behandelt).

Verzeichnis: Wichtige Abkürzungen und bibliographisch-technische Ausdrücke

A

a.a.O.	am angeführten Ort
Abb.	Abbildung
Abdr.	Abdruck
Abh.	Abhandlung
Abs.	Absatz
Abt.	Abteilung
acc.	accedit (Zusatz, Zugang)
ad inf.	ad infinitum (usw., unendlich)
ad lib.	ad libitum (beliebig)
ad us.	ad usum Delphini (Schüler-Ausgabe)
alph.	alphabetisch
angek.	angekündigt
Anh.	Anhang
Anm.	Anmerkung
Ann.	Annalen
ann.	annotativ (Anmerkung von)
Anon.	Anonymus
anon.	anonym
App.	Appendix (Anhang)
Arch.	Archiv
Aufl.	Auflage
ausf.	ausführlich
Ausg.	Ausgabe
ausgew.	ausgewählt
Ausz.	Auszug
autogr.	autographiert
autor.	autorisiert

B

Bd.	Band
Bde.	Bände
Bearb.	Bearbeiter
bearb.	bearbeitet
begr.	begründet
Beih.	Beiheft
Beil.	Beilage
Beisp.	Beispiel
Beitr.	Beitrag
Ber.	Bericht
Bibl.	Bibliothek
Bibliogr.	Bibliographie
bibliogr.	bibliographisch
Bl.	Blatt
br.	broschiert

C

c., ca.	circa
cf.	confer (vergleiche)
coll.	collegit (gesammelt von)
corr.	correctus (korrigiert)
cur.	curavit (besorgt durch)

D

dass.	dasselbe
ders.	derselbe
d. h.	das heißt
d. i.	das ist
dies.	dieselbe
Diss.	Dissertation
DK	Dezimalklassifikation
Dok.	Dokument
dt.	deutsch
durchges.	durchgesehen

E

ebd., ebda.	ebenda
Ed.	Edition
ed. (Pl.: edd.)	edidit (edidurent) (Herausgegeben von)
ed. cit.	editio(ne) citata (in der angeführten Ausgabe)
e. g.	exempla gratia (zum Beispiel)
Einf.	Einführung
Einl.	Einleitung
em.	emendavit (verbessert von)

erg.	ergänzt
Erg.-H.	Ergänzungsheft
Erl.	Erläuterung
erl.	erläutert
ersch.	erschienen
erw.	erweitert
et. al.	et alii (und andere)
etc.	et cetera (und so weiter)
ex. rec.	ex recensione (aus der Besprechung)

F

F.	Folge
f.	folio (Blatt)
f. (Pl.: ff.)	(und) der, die, das folgende
Faks.	Faksimile
Fig.	Figur
fl.	floruit (wirkte um)
Fol.	Folio (Blatt)
fortgef.	fortgeführt
fortges.	fortgesetzt
Forts.	Fortsetzung
Fußn.	Fußnote

G

gedr.	gedruckt
Ges.	Gesellschaft
Ges. Ausg.	Gesamtausgabe
ges. W.	gesammelte Werke
gez.	gezeichnet
gez. Bl.	gezählte Blätter

H

H.	Heft
Habil.-Schr.	Habilitationsschrift
Hb., Handb.	Handbuch
hekt.	hektographiert
Hg. (Pl.: Hgg.)	Herausgeber
hg.	herausgegeben
hj.	halbjährlich
h. q.	hoc quaere (siehe dies)
Hrsg.	Herausgeber
hrsg.	herausgegeben
Hs. (Pl.: Hss.)	Handschrift(en)
hs.	handschriftlich
h. t.	hoc titulo (unter diesem Titel)
Hwb.	Handwörterbuch

I

ib., ibid.	ibidem (ebenda)
id.	idem (derselbe, dasselbe)
i. e.	id est (das ist)
Ill.	Illustration
ill.	illustravit (illustriert)
imp.	impramatur (darf gedruckt werden)
Inh.-Verz.	Inhaltsverzeichnis
in lim.	in limine (zu Beginn)
Inst.	Institut
i. q.	idem quod (dasselbe wie)

J

J.	Journal
Jb.	Jahrbuch
Jg.	Jahrgang
Jh., Jhrd.	Jahrhundert

K

Kap.	Kapitel
Komm.	Kommentar
Kt.	Karte

L

Lex.	Lexikon
Lfg.	Lieferung
Lit.	Literatur
loc. cit.	loco citato (am angeführten Ort)
l. s. c.	loco supra citato (an der oben zitierten Stelle)

M

MA.	Mittelalter
Masch.	Maschinenschrift
Mitarb.	Mitarbeiter
mitget.	mitgeteilt
Mitw.	Mitwirkung
m. m.	mutatis mutandis (mit entsprechender Abänderung, im ganzen)
Ms. (Pl.: Mss.)	Manuskript(e)
Mschr.	Monatsschrift

N	
Nachf.	Nachfolger
Nachw.	Nachwort
N. B., NB	nota bene (beachte)
Neudr.	Neudruck
N. F.	neue Folge
N. N.	nomen nominandum (der zu nennende, unbekannte)
N. R.	neue Reihe
Nr.	Nummer
O	
o. a.	oben angeführt
o. J.	ohne Jahr
o. O.	ohne Ort
o. O. u. J.	ohne Ort und Jahr
op. cit.	opere citato (im angeführten Werk)
Orig.	Original
P	
P.	pars (Teil)
p. (Pl.: pp.)	pagina (Seite)
p.	partim (zum Teil)
p.	post (nach)
p. a.	per annum (jährlich)
passim	hier und da, öfter
period.	periodisch
Pl.	Plural
Pl.	Plan
pro temp.	pro tempore (zur Zeit)
P. S., PS	postscriptum (Nachschrift)
Pseud.	Pseudonym
Q	
q. v.	quod vide (siehe dies)
R	
R.	Reihe
r	recto (auf der Vorderseite des Blattes, die rechte Seite eines aufgeschlagenen Buches)
rec.	recensuit (besprochen von)
Red.	Redaktion
red.	redigiert
Ref.	Referat
Reg.	Register
rev.	revidiert
Rez.	Rezension, Rezensent
rr.	rarissime (sehr selten)
S	
S.	Seite
s.	siehe
Samml.	Sammlung
sc.	scilicet (nämlich, ergänze)
seq.	sequens (und der, die, das folgende)
Ser.	Serie
Sign.	Signatur
s. l. a. n.	sine loco, anno, vel nomine (ohne Ort, Jahr oder Name)
Slg.	Sammlung
s. o.	siehe oben
Sp.	Spalte
s. u.	siehe unten
Suppl.	Supplement
s. v.	sub voce (unter dem Stichwort)
T	
T.	Teil
T., t.	tomus (Band)
Tab.	Tabelle
Taf.	Tafel
tr., trans.	translation (Übersetzung)
trad.	traduit (übersetzt von)
U	
u. a.	und andere
u. a.	unter anderem
u. ä.	und ähnliche
u. dergl.	und dergleichen
u. d. T.	unter dem Titel
Übers.	Übersetzer
übers.	übersetzt
übertr.	übertragen
umgearb.	umgearbeitet
u. ö.	und öfter
usf.	und so fort
usw.	uns so weiter

V

v.	vide (siehe)
v.	verso (auf der Rückseite des Blattes, die linke Seite des aufgeschlagenen Buches)
veränd.	verändert
verb.	verbessert
Verf.	Verfasser
verf.	verfaßt
Verl.	Verlag
Veröff.	Veröffentlichung
veröff.	veröffentlicht
vers.	versehen
Vertr.	Vertrieb
Verz.	Verzeichnis
vgl.	vergleiche
vic.	videlicet (nämlich)
v. inf.	vide infera (siehe unten)
v. l.	varia lectio (andere Leseart)
Vlg.	Verlag
vj.	vierteljährlich
Vjschr.	Vierteljahresschrift
vollst.	vollständig
Vorr.	Vorrede
Vorw.	Vorwort
vs.	versus (gegen, gegenüber)
v. s.	vide supra (siehe oben)

W

Wb.	Wörterbuch
wiss.	wissenschaftlich

Z

Z.	Zeile
Zs., (Pl.: Zss.), Ztschr.	Zeitschrift(en)
z. B.	zum Beispiel
Zeichn.	Zeichnung
Ziff.	Ziffer
zsgest.	zusammengestellt
Ztg.	Zeitung
z. Z.	zur Zeit